"十三五"国家重点图书

湖北省学术著作
Hubei Special Funds for Academic Publications 出版专项资金

海上共同开发国际案例与实践研究丛书 / 总主编 杨泽伟

争议海域既有石油合同的法律问题研究

董世杰 著

WUHAN UNIVERSITY PRESS
武汉大学出版社

图书在版编目(CIP)数据

争议海域既有石油合同的法律问题研究/董世杰著.—武汉:武汉大学出版社,2019.4
海上共同开发国际案例与实践研究丛书/杨泽伟总主编
“十三五”国家重点图书　湖北省学术著作出版专项资金资助项目
ISBN 978-7-307-12539-1

Ⅰ.争…　Ⅱ.董…　Ⅲ.海洋资源—石油—国际贸易—贸易合同—合同法—研究　Ⅳ.D996.1

中国版本图书馆CIP数据核字(2018)第297978号

责任编辑:张　欣　　责任校对:李孟潇　　版式设计:马　佳

出版发行:**武汉大学出版社**　(430072　武昌　珞珈山)
(电子邮箱:cbs22@whu.edu.cn　网址:www.wdp.com.cn)
印刷:武汉中远印务有限公司
开本:720×1000　1/16　印张:18　字数:257千字　插页:2
版次:2019年4月第1版　2019年4月第1次印刷
ISBN 978-7-307-12539-1　定价:60.00元

本书得到了2017年度教育部人文社会科学重点研究基地重大项目“维护中国国家权益的国际法问题研究”（项目编号17JJD820006）、2017年湖北省学术著作出版专项资金、教育部哲学社会科学研究重大课题攻关项目“海上共同开发国际案例与实践研究”的资助，特致谢忱。

总　序

一般认为，海上共同开发是指两国或两国以上的政府在协议的基础上，共同勘探开发跨界或争议海域的自然资源。例如，德国教授雷纳·拉戈尼（Rainer Lagoni）认为，海上共同开发是建立在协议的基础上，对一块有争议海域的非生物资源进行以开发为目的的国家间经济合作方式。① 日本学者三好正弘（Masahiro Miyoshi）强调："共同开发是一种临时性质的政府间安排，以功能性目的旨在共同勘探和（或）开发领海之外海床的碳氢化合物资源。"② 中国学者高之国博士也指出："共同开发是指两个或两个以上的国家达成政府间的协议，其目的是为开发和分配尚未划界的领土争议重叠区的潜在自然资源，而共同行使在此区域内的主权和管辖权。"③

从国际法角度来看，海上共同开发是和平解决国际争端原则的具体化。按照《联合国海洋法公约》第 74 条和第 83 条的规定，在达成划界协议前，"有关各国应基于谅解和合作的精神，尽一切努力作出实际性的临时安排，并在此过渡期间内，不危害或阻碍最后协议的达成。这种安排应不妨碍最后界限的划定"。此外，国际法院在 1969 年"北海大陆架案"（the North Sea Continental Shelf

---

① 参见 Rainer Lagoni, Oil and Gas Deposits Across National Frontiers, American Journal of International Law, Vol. 73, 1979, p. 215。

② Masahiro Miyoshi, The Joint Development of Offshore Oil and Gas in Relation to Maritime Boundary Delimitation, Maritime Briefing (International Boundaries Research Unit), Vol. 2, No. 5, 1999, p. 3.

③ Zhiguo Gao, The Legal Concept and Aspects of Joint Development in International Law, in Ocean Yearbook , Vol. 13, the University of Chicago Press 1998, p. 112.

Cases）的判决中也确认，大陆架划界可通过协议解决，或达不成协议时通过公平划分重叠区域，或通过共同开发的协议解决。① 可见，无论是国际条约还是国际司法实践，都把海上共同开发看做相关海域划界前的一种临时性安排。

自 1958 年巴林与沙特阿拉伯签订《巴林—沙特阿拉伯边界协定》、实施海上共同开发以来，共同开发跨界或争议海域资源的国家实践已成为一种较为普遍的现象，迄今海上共同开发的国际案例也有近 30 例。回顾海上共同开发 60 年左右的发展历程，海上共同开发可以分为以下四个阶段：第一，海上共同开发的产生阶段（1958—1969 年），在波斯湾和西欧一共出现了 5 例海上共同开发案。第二，海上共同开发的发展阶段（1970—1993 年），一共出现了 14 例海上共同开发案，涉及 26 个国家，包括亚洲国家 11 个，欧洲国家 5 个，非洲国家 7 个，美洲国家 2 个及大洋洲的澳大利亚。第三，海上共同开发的回落阶段（1994—2000 年），只有一例海上共同开发案，即 1995 年 9 月英国与阿根廷签订的《关于在西南大西洋近海活动进行合作的联合声明》。第四，海上共同开发的平稳阶段（2001 年至今），进入 21 世纪以来，海上共同开发活动又渐趋增多，产生了近 10 例的海上共同开发实践。

就中国而言，中国拥有约 1.8 万千米的大陆海岸线，海上与 8 个国家相邻或相向。中国与一些周边海上邻国存在岛屿主权争议和海域划界争端。早在 20 世纪 70 年代末，中国政府就提出了“主权属我、搁置争议、共同开发”原则，试图解决中国与周边海上邻国间的岛屿主权和海洋权益争端。然而，30 多年过去了，从中国整体的周边海域来看，海上共同开发举步维艰，迄今尚未得到真正实现。

---

① 杰塞普（Jessup）法官在该案的个别意见中也强调，在有争议但尚未划界而又有部分领土重叠的大陆架区域，共同开发的方法更合适。参见 North Sea Continental Shelf Cases（Federal Republic of Germany/Denmark, Federal Republic of Germany/Netherlands），Judgments, I. C. J. Reports 1969, available at http：//www.icj-cij.org/docket/files/52/5561.pdf，最后访问日期 2017 年 11 月 29 日。

值得注意的是，2013 年 10 月，中国、文莱两国发表了《中华人民共和国和文莱达鲁萨兰国联合声明》，双方决定进一步深化两国关系，并一致同意支持两国相关企业开展海上共同开发、勘探和开采海上油气资源。紧接着，中国、越南两国发表了《新时期深化中越全面战略合作的联合声明》，双方同意积极研究和商谈共同开发问题，在政府边界谈判代表团框架下成立中越海上共同开发磋商工作组；本着先易后难、循序渐进的原则，稳步推进湾口外海域划界谈判并积极推进该海域的共同开发。① 2014 年 11 月，中国国家主席习近平分别会见前来参加亚太经合组织第 22 次领导人非正式会议的文莱苏丹哈桑纳尔、马来西亚总理纳吉布时也指出："中方愿意同文方加强海上合作，推动南海共同开发尽早取得实质进展"；中、马"双方要推进海上合作和共同开发，促进地区和平、稳定、繁荣"。2015 年 11 月，《中越联合声明》再次强调："双方将稳步推进北部湾湾口外海域划界谈判并积极推进该海域的共同开发，同意加大湾口外海域工作组谈判力度，继续推进海上共同开发磋商工作组工作，加强低敏感领域合作。"可以预见，海上共同开发问题将成为未来中国对外关系的重要内容之一。因此，全面深入研究"海上共同开发国际案例与实践"，无疑具有重要的理论价值与现实意义。

为了进一步推动海上共同开发的国际法理论与实践研究，2013 年 10 月，在武汉大学中国边界与海洋研究院和国际法研究所的鼎力支持下，特别是在武汉大学资深教授胡德坤老师的鼓励和帮助下，我以首席专家的身份，联合国内外 20 多家教研机构和实务部门的专家，成功申报了教育部哲学社会科学研究重大课题攻关项目——"海上共同开发国际案例与实践研究"，并被批准立项。经过几年的悉心研究，我们逐步推出了一些研究成果。"海上共同开发国际案例与实践研究丛书"就是其中之一。

"海上共同开发国际案例与实践研究丛书"的出版，具有以下

① 早在 2005 年 10 月，中国海洋石油总公司和越南石油总公司就在越南河内签署了《关于北部湾油气合作的框架协议》。

学术价值和现实意义。

第一，它将开拓海洋法理论的新视野。传统海洋法研究是以《联合国海洋法公约》中的相关制度为主，而在“和平、发展、合作”的新时代背景下，“中国梦”的实现、中国海洋权益的维护给我们提出了许多新问题。“海上共同开发国际案例与实践研究丛书”从海上共同开发国际案例的分析入手，着眼于海上共同开发在“和平、发展、合作”的时代背景下面临的重大挑战，对海上共同开发的相关法律问题进行深入细致的研究，同时总结归纳出海上共同开发的优势、不足、经验、教训及启示，指出中国与周边海上邻国进行海上共同开发的困境与出路，具有十分重要的现实性和前瞻性。因此，“海上共同开发国际案例与实践研究丛书”可以拓新海洋法理论研究的视野，扩大中国在该领域的国际话语权。

第二，它有利于进一步促进国际法与国内法的互动、多学科的交叉。海上共同开发问题，涉及国际公法、国际私法、国际经济法、国际投资法、国际环境法、民商法以及国际关系、国际政治和外交学等内容。“海上共同开发国际案例与实践研究丛书”对海上共同开发合同进行研究，将扩大特殊国际民商事合同的范畴，丰富国际民商事合同法的内容；对海上共同开发中的投资保护、投资保险等内容的研究，是对特殊领域的国际投资法的完善；对海上共同开发争端解决机制的研究，有利于促进对国际民商事争议解决理论的研究；对海上共同开发优势、局限及其影响因素等方面的总结，将进一步推动国际法与国际关系的相互交融。同时，海上共同开发活动的复杂性和挑战性将促使我们采用以问题为中心、多学科方向共同研究一个问题的理论研究方法，这有利于扩展研究的视角，丰富研究内容和研究方法。

第三，它有助于进一步推动能源安全问题的研究。早在1993年中国就成为了石油净进口国，到目前中国石油对外依存度已达到60%左右。因此，中国学术界一直在关注能源安全问题，这方面的研究成果也比较多。然而，已有的研究成果主要是从能源安全保障的宏观角度出发，涉及能源安全的战略、政策和法律体系的构建等问题，或对能源领域的合作做一些整体研究，并局限于一国领域内资源的合作开发。“海上共同开发国际案例与实践研究丛书”则从微观上对维护能源安全的一个具体措施——海上油气资源共同开发问题进行研究，对海上油气资源共同开发涉及的基本问题、公私法问题、争端解决机制等都进行了详细的论述，有利于进一步发展和完善有关能源安全以及海上石油资源共同开发的理论。

第四，它将为中国与周边邻国进行海上共同开发提供理论支撑。“海上共同开发国际案例与实践研究丛书”在深入研究海上共同开发基本理论问题的基础上，重点剖析已有的海上共同开发的国际案例和协定文本，详细探讨海上共同开发所涉及的第三方权利的处理、共同开发区块的划定、管理模式、税收制度、收益分配、海洋环境保护、管辖权以及争端解决程序等问题，并总结归纳出海上共同开发的优势、局限、经验、教训与启示等。“海上共同开发国际案例与实践研究丛书”的上述研究内容，无疑将为中国与周边邻国进行海上共同开发提供智力支持。同时，探讨海上共同开发周边近海资源的可行性和相关制度，为中国今后对外合作做好理论准备，也是十分必要的。

第五，它将为中国与周边邻国实现海上共同开发的突破提供法律政策建议。“海上共同开发国际案例与实践研究丛书”的出发点是分析国际社会已有的海上共同开发案例和协定文本，落脚点是中国与周边邻国海上共同开发的实践。因此，“海上共同开发国际案例与实践研究丛书”将在研究海上共同开发典型案例和协定文本的基础上，通过回顾中国与周边邻国海上共同开发的有关实践，深刻剖析中国与周边邻国的海上共同开发究竟存在哪些困境，产生这些困境的原因又是什么；最后为中国与周边邻国海上共同开发的突破提供一些具有操作性的法律政策建议。

第六，它将为维护中国岛屿主权和海洋权益提供法律解决参考方案。中国可主张的管辖海域面积约为300万平方千米。由于历史和现实的复杂原因，在属于中国主张管辖的300万平方千米的海域中，近一半存在争议，海域被分割、岛礁被占领、资源被掠夺的情况较普遍。中国的8个海上邻国，对中国的一些岛屿主权和海洋权益均提出不同程度的无理要求。然而，已有的海上共同开发的国际案例均表明，海上共同开发与海域划界存在着密切的关系。因此，“海上共同开发国际案例与实践研究丛书”的研究成果将为中国国家领导人、国家机关、政府部门在制定和实施中国海洋维权措施的过程中、在中国合理解决与邻国海洋权益争端的问题上，提供国际法方面的智讯，从而为中国合理解决岛屿主权和海洋权益争议提供参考方案。

“海上共同开发国际案例与实践研究丛书”的顺利出版，离不开武汉大学出版社的大力支持，特别是策划编辑张欣老师的鼎力相助，在此特致谢忱；同时，也很感谢“2017 年度湖北省学术著作出版专项资金”的资助。此外，“海上共同开发国际案例与实践研究丛书”存在的错讹之处，恳请读者不吝指正。

杨泽伟①

2017 年 11 月 29 日

于武汉大学珞珈山

① 武汉大学“珞珈杰出学者”、二级教授、法学博士、武汉大学国际法研究所和中国边界与海洋研究院博士生导师，国家社科基金重大招标项目和教育部哲学社会科学研究重大课题攻关项目首席专家。

目　录

绪　论

第一节　理论和现实意义

争议海域的资源开发问题是影响争议海域未来走向的重要因素，而石油资源则是其中最为重要的一种资源。尽管自 2014 年 9 月开始，国际油价一路下跌，① 但是石油终究是稀缺资源，此次油价下跌会和先前的周期性波动一样，经过一段时间后会回升。因此，当前的低油价不会削弱争端当事国对争议海域石油资源的热情。在争议海域完成划界之前，当事国可能会单方面开发石油资源，通常会通过与石油公司签订石油合同的形式进行开发。当事国的这一行为会引发一系列问题：（1）当事国能否单方面就争议海域的石油资源开发与石油公司签订石油合同？（2）石油公司能否依据石油合同在争议海域进行石油资源的勘探开发活动？（3）单方面签订石油合同以及依据该石油合同所实施的单方面行动具有何种法律效果？（4）如果意图对争议海域进行划界，应当如何处理这些既有石油合同？（5）如果计划在争议海域进行共同开发，既有石油合同又会对共同开发协议的达成施加何种影响？（6）如果争议海域维持现状，针对一方当事国单方面签订的石油合同以及实

① 参见孔祥永、李莉文：《世界能源新格局与中国之对策选择》，载《东北亚论坛》2015 年第 5 期，第 48 页。《国际能源署警告油价或再下跌》，载《参考消息》2015 年 7 月 12 日，第 4 版；《全球油价跌至六年新低》，载《参考消息》2015 年 8 月 21 日，第 4 版；《油价跌至近 7 年来最低点》，载《参考消息》2015 年 12 月 9 日，第 4 版。

施的一系列单方面行为，另一方当事国应当采取何种应对措施？为了避免加剧紧张局势而威胁国际和平与安全，当事国之间的争锋相对的措施应控制在何种范围内？

以上所列举的问题不是单纯的理论分析，而是许多国家实践中的现实遭遇。例如，在马来西亚—泰国共同开发谈判过程中，如何处理泰国在争议海域与外国石油公司签订的石油合同，一直是谈判的焦点；在马来西亚—越南共同开发谈判过程中，如何处理马来西亚单方面签订的石油合同；以及在20世纪70年代澳大利亚—印度尼西亚大陆架划界谈判中，如何处理争议海域内澳大利亚与石油公司签订的石油合同。此外，一方当事国在争议海域的单方面行动可能会引起国际诉讼或仲裁。在1976年，针对土耳其单方面在争议海域实施地震勘探活动，希腊向国际法院提起诉讼。对于圭亚那在争议海域单方面实施石油资源的钻探活动，苏里南派遣巡逻艇进行驱逐，针对苏里南的驱逐行动，圭亚那依据《联合国海洋法公约》（简称《公约》）之规定提请仲裁。2015年4月，针对英国石油公司在福克兰群岛（英阿争议岛屿）附近海域进行钻探作业，阿根廷政府威胁对作业的石油公司提起诉讼。

对这一问题进行研究，也符合中国的现实需要。由于中国与周边许多国家存在海上争端，而这些争议海域被普遍认为蕴藏丰富的油气资源，并且许多争端当事国已就争议海域的石油资源开发，与石油公司签订了石油合同。对于这些争议海域，中国政府无论是试图进行划界或者共同开发，既有石油合同都是一个必须处理的问题。如果争端长期得不到解决，中国政府还必须采取措施应对这些既有石油合同以及随后的一系列单方面行动。

第二节　研究现状

目前国内尚无关于该问题的专门研究，国内的相关研究更多关注于共同开发制度本身设计，对阻碍共同开发的因素的研究力度不够。但国内的现有研究成果仍对本课题的研究具有许多借鉴意义。例如，萧建国所著的《国际海洋边界石油的共同开发》的第六章

“中国及邻国对近海石油的勘探开发历程”，有助于了解周边国家在争议海域的单方面开发活动；余民才所著的《海洋石油勘探与开发的法律问题》第三章“海洋石油勘探与开发的法律方式”，以及余劲松主编的《国际投资法》第四章“国际合作开发与建设”，有助于对不同种类的石油合同进行分析比较；此外，黄伟在 2012 年发表的《2012 年中海油发布南海油气对外招标公告的法律问题研究》，对于研究争议海域的单方面行动具有借鉴意义。

这一问题虽然在国外很早就受到关注，但是同样缺乏专门的系统研究，多散见于论文、著作的章节之中。雷纳·拉戈尼（Rainer Lagoni）在 1984 年发表的一篇论文——《达成海洋划界协议前的临时措施》（Interim Measures Pending Maritime Delimitation Agreements）中指出，在争议海域当事国之间负有相互限制的义务，不得妨害最终划界协议的达成，但是仍享有一些权利和自由，只要对其他当事国的权利适度顾及并不妨害最终的划界即可；① 雷纳·拉戈尼在其主编的《海洋划界》（Maritime Delimitation）一书中重申了这一观点；② 雷纳·拉戈尼在海洋划界的语境下讨论该问题，并重点分析了单方面行动的合法性问题，他的观点被许多外国学者所引用。1989 年黑兹尔·福克斯（Hazel Fox）在其主编的《海上油气资源共同开发：国家间共同开发模式评注》（Joint Development of Offshore Oil and Gas: A Model for States for Joint Development with Explanatory Commentary）第一卷第七章中专门探讨了共同开发中的既有权利问题（pre-existing rights），分析了既有权利产生的原因，并提出处理既有权利的四种方法：“（1）保证既有权利不受共同开发的干预；（2）确立共同开发区的边界时，有意避开存在既有权

① 参见 Rainer Lagoni, Interim Measures Pending Maritime Delimitation Agreements, the American Journal of International Law, Vol. 78, No. 2, 1984, p. 365。

② 参见 Thomas A. Mensah, Joint Development Zones as an Alternative Disputes Settlement Approach in Maritime Boundary Delimitation, in Rainer Lagoni & Daniel Vignes (eds.), Maritime Delimitation, Martinus Nijhoff Publishers, 2006, p. 150。

利的区域；(3) 取消既有权利予以赔偿或不予以赔偿；(4) 在新的共同开发过程中，当事国尝试调整既有权利。”① 黑兹尔·福克斯（Hazel Fox）在1990年主编的第二卷第十章中，专门讨论共同开发区对既有利益（previously granted interests）的影响。② 大卫·翁（David M. Ong）在其1999年发表的《海上共同油气资源的共同开发：仅仅是国家实践还是习惯国际法？》（Joint Development of Common Offshore Oil and Gas Deposits: Mere State Practice or Customary International Law?）中指出：一方面，在争议海域当事国之间负有相互限制的义务；另一方面，除非一国所采取的单方面行动被明确地认定为有损另一国的权利，否则另一国不得反对该单方面行动。③ 对于共同开发过程中如何处理既有权利问题，大卫·翁在《2001年的新〈帝汶海安排〉：是否属于国际法中的共同海上油气资源的共同开发？》（The New Timor Sea Arrangement 2001: Is Joint Development of Common Offshore Oil and Gas Deposits Mandated Under International Law?）中提出了两种可能的方法：(1) 买下或者取消所有的既有权利，取而代之的是授予一项涵盖整个共同开发区的新的特许权；(2) 或者要求所有的既有权利所有者进行联合经营，并为整个共同开发区任命一名经营者。④ 金善表（Sun Pyo Kim）在其所著的《东北亚的海洋划界和临时安排》（Maritime

① Hazel Fox (ed.) Joint Development of Offshore Oil and Gas (Vol. I), the British Institute of International and Comparative Law, 1989, p. 216.

② 参见 Ian Townsend-Gault, the Impact of A Joint Development Zone on Previously Granted Interests, in Hazel Fox (ed.) Joint Development of Offshore Oil and Gas (Vol. II), The British Institute of International and Comparative Law, 1990, pp. 171-186。

③ 参见 David M. Ong, Joint Development of Common Offshore Oil and Gas Deposits: "Mere" State Practice or Customary International Law? the American Journal of International Law, Vol. 93, No. 4, 1999, p. 800。

④ 参见 David M. Ong, The New Timor Sea Arrangement 2001: Is Joint Development of Common Offshore Oil and Gas Deposits Mandated under International Law? The International Journal of Marine and Coastal Law, Vol. 17, No. 1, 2002, p. 98。

Delimitation and Interim Arrangements in North East Asia）第二章中对“争议海域单方面勘探石油资源”进行了专门研究。① 罗伯特·贝克曼（Robert Beckman）在其主编的《超越南海领土争端》（Beyond Territorial Disputes in the South China Sea）中同样分析了共同开发区建立前的既有权利问题，主要援引了黑兹尔·福克斯和大卫·翁的观点。② 此外，该书还探讨了争议海域当事国单方面行动的问题，认为当事国一方不应采取可能对另一方造成永久性损害的行为，在争议海域并不是所有的勘探活动都被禁止，单方面进行地震勘探就没有违反相互克制的义务。同样，瓦斯科贝克尔-温伯格（Vasco Becker-Weinberg）在其 2014 年所著的《海洋法中碳氢化合物的共同开发》（Joint Development of Hydrocarbon Deposits in the Law of the Sea）一书中提及争议海域内单方面经济活动和既有权利问题，但基本上是对以前学者观点的总结，并未提出新的观点。③ 鉴于这一课题国内尚无专门研究，国外研究又比较零散，缺乏系统性，因此值得对该课题进行系统全面的研究。此外，目前存在一些相关的国家实践以及国际判例，这有助于理论研究与实践紧密结合。

---

① 参见 Sun Pyo Kim, Maritime Delimitation and Interim Arrangements in North East Asia, Martinus Nijhoff Publishers, 2004, pp. 27-75。

② 参见 Peter Cameron, Richard Nowinski, Joint Development Agreements: Leagl Structure and Key Issues, in Robert Beckman (ed.) Beyond Territorial Disputes in the South China Sea, Edward Elgar Publishing Limited, 2013, pp. 162-165。

③ 参见 Vasco Becker-Weinberg, Joint Development of Hydrocarbon Deposits in the Law of the Sea, Springer-Verlag Berlin Heidelberg, 2014, p. 128。

第一章　争议海域既有石油合同的基本理论问题

第一节　争议海域的界定

研究争议海域内既有石油合同，首先必须明确争议海域的范围。本书所谈论的争议海域，是指海岸相邻或相向的国家之间归属不明的特定海域，具体包括两种情形：一种是当事国之间因不同的海洋划界主张所产生的争议海域；另一种则是当事国之间由于陆地领土争议所衍生的争议海域。

一般而言，当事国之间由于不同的划界主张所产生的争议海域，主要是指当事国之间未能就专属经济区或者大陆架划界达成一致的某片海域。之所以造成这一局面，主要是因为当事国援引不同的国际法依据，造成各自主张的区域存在重叠。例如，在中日东海大陆划界争端以及韩日东海大陆架划界争端中，中国、韩国主张适用自然延伸原则，而日本主张适用中间线。专属经济区或大陆架主张重叠区，是本书的研究重点，主要是因为相关海域面积较大且经济价值巨大，争端当事国对这一海域的争夺也会日趋激烈。至于因领海划界问题而出现争议的海域虽然会有所涉及，但并不是讨论的重点。首先，因为根据《公约》第 15 条之规定，海岸相向或相邻国家划定领海界限时，除非当事国达成一致，或者由于历史性所有权或者其他特殊情况，当事国均无权将自己的领海延伸至中间线以外区域。① 这也就意味着，在当事国之间未能就领海划界达成协议，且不存在历史性所有权等特殊情况时，领海划界就适用中间线，中间线两侧海域分别归各自当事国管辖。由于《公约》作了较为明确的规定，因此领海划界产生争端的可能性较小。其次，即便某一海域存在领海划界争议，通常也会与专属经济区或大陆架的划界争端相伴而生，② 由于专属经济区或大陆架位于领海的外部区域，相较于领海的领土主权性质，沿海国对专属经济区或大陆架只享有主权权利，政治敏感性不及领海；加之专属经济区或大陆架的面积明显更大，其经济价值远高于领海，更易成为争端当事国竞相进行经济活动的场所，这也符合本书研究的重点，即争端当事国在争议海域内竞相实施的石油活动。因此，虽然存在领海划界争议的海域，但不会是本书研究的重点。

对于因陆地领土争议所产生的争议海域，既包括由于大陆划界争端所引发的海洋划界争议，如委内瑞拉与圭亚那关于埃塞奎博地区（Essequibo Region 约 16 万平方公里）的归属长期存在争议，伴随陆地争端而来的就是附近海域的归属长期存在争议，加之埃克森美孚公司在该海域发现储量丰富的石油资源，更是加剧

---

① 《联合国海洋法公约》第 15 条规定：如果两国海岸彼此相向或相邻，两国中任何一国在彼此没有相反协议的情形下，均无权将其领海伸延至一条其每一点都同测算两国中每一国领海宽度的基线上最近各点距离相等的中间线以外。但如因历史性所有权或其他特殊情况而有必要按照与上述规定不同的方法划定两国领海的界限，则不适用上述规定。

② 因为领海划界争议的焦点往往在领海基线的选择，具体而言就是能否采用直线基线法以及基点的选择。同样领海基线也是确定专属经济区或大陆架外部界限的起点，选择不同的基点，对专属经济区或大陆架外部界限的划定有直接影响，领海基线越向海的方向，专属经济区或大陆架的外部界限就越向外扩展。参见 Donala R. Allen, Patrick H. Mitchell, The Legal Status of The Continental Shelf of The East China Sea, Oregon Law Review, Vol. 51, 1972, p. 797。

了紧张局势;① 也包括因岛屿归属争议所产生的海洋划界争端，如英国与阿根廷之间关于马尔维纳斯群岛（Malvinas Islands，又称福克兰群岛）归属的争议，也引发了两国关于附近海域归属的争议，而且有关该岛争议海域的问题有进一步加剧的趋势。② 虽然此类争议海域的出现，源自陆地领土争端，但调整当事国双方在争议海域内的行为的法律规范，与无陆地领土争端的争议海域并无不同。

此外，还应该明确争议海域所涉及的当事国数量。一方面，争议海域的当事国存在三个或四个的情况,③ 其中就作者目前所掌握的资料来看，单纯的海域主张重叠区的当事国最多只有三个，如马来西亚、泰国、越南在泰国湾的三方主张重叠区,④ 中国、日本、

---

① 委内瑞拉与圭亚那一直对两国交界处的埃塞奎博地区存在领土争议，1899 年，英美两国在巴黎谈判，将该地区划给英国殖民统治下的圭亚那。委内瑞拉历届政府均不承认这一做法。1966 年，英国政府和委内瑞拉政府达成《日内瓦协议》，决定成立一个委员会处理该领土争端。圭亚那独立后承认该协议。2015 年 3 月，埃克森美孚公司在埃塞奎博附近海域发现丰富的石油资源；同年 5 月，委内瑞拉政府要求该公司停止在埃塞奎博附近海域进行石油开采活动，并在随后的政府公报上颁布法令，将埃塞奎博地区及其附近海域纳入新的国防计划，同时请求联合国介入调解。详见：《圭委两国领海争端升级》，载《参考消息》2015 年 6 月 8 日，第 3 版；Venezuelan President Maduro Accuses Guyana of ‘Provocations’ in Border Dispute，http：//latino. foxnews. com/latino/news/2015/07/28/at-un-venezuelas-maduro-accuses-guyana-of-provocations-in-border-dispute/，visited on July 14，2015。

② 英国石油公司在马尔维纳斯群岛附近海域钻探活动，阿根廷政府明确表示反对，还威胁对作业的石油公司提起诉讼。详见：Argentina Plans Lawsuit against UK Oil Firms near Falklands，http：//www. channelnewsasia. com/news/world/argentina-plans-lawsuits/1774918. html，visited on April 14，2015.

③ 参见 David Anderson，Youri van Logchem，Rights and Obligations in Areas of Overlapping Maritime Claims，in S. Jayakumar，Tommy Koh，Robert Beckman（ed.）The South China Sea Disputes and Law of the Sea，Edward Elgar Publishing Limited，2014，p. 192。

④ 参见 Nguyen Hong Thao，Joint Development in The Gulf of Thailand，International Boundaries Research Unit Boundary and Security Bulletin，Vol. 7，No. 3，1999，pp. 80-81，https：//www. dur. ac. uk/resources/ibru/publications/full/bsb7-3_thao. pdf，visited on July 14，2015。

韩国在东海的三方主张重叠区；① 对于当事国数量为四个的情况，目前仅出现在领土争端所引发的海域争端之中，以南沙群岛争端最为典型。除了文莱仅对南通礁提出主权主张外，中国、越南均对整个南沙群岛提出主权主张，菲律宾对大部分南沙群岛提出主权主张，马来西亚对南沙群岛的南部提出主权要求，因此南沙群岛的主权争端既可能涉及两个当事国，也可能涉及三个或四个当事国。② 既然岛屿的主权存在争议，那么至少岛屿所属的附近水域同样存在争议。至于是否存在争议的专属经济区或大陆架，则要看争议的岛屿到底是属于"岛屿"，还是属于"岩礁"，或者是否构成群岛的一部分。比如，马来西亚和越南在它们联合提交的外大陆架申请中，认为南沙群岛中的岛屿仅是《公约》中的"岩礁"，不能产生专属经济区或大陆架。③ 但另一方面，必须明确在通常情况下，争议海域的出现主要由于两个当事国之间所主张的海域出现重叠，或者是由于两个当事国陆地领土存在争端而引发海域争议。即便争议海域的当事国为三个或者三个以上，通常争议的焦点仍会集中在其中两个国家之间，如南沙群岛及其所属海域的争端虽然会涉及三个或三个以上的当事国，但紧张局势常常发生在中国与越南，或中国与菲律宾之间；或者存在多方争

---

① 参见 Vasco Becker-Weinberg, Joint development of Hydrocarbon Deposits in the Law of the Sea, Springer-Verlag Berlin Heidelberg, 2014, p. 152。

② 例如：中国、越南和马来西亚均对南皮沙洲提出主张；中国、越南和文莱均对南通礁提出主张；中国、越南、马来西亚和菲律宾均对光星仔礁、簸箕礁、南海礁提出主权要求。详见：Nguyen Hong Thao and Ramses Amer, A New Legal Arrangement for The South China Sea,? Ocean Development & International Law, Vol. 40, No. 2, 2009, pp. 334-335; Asri Salleh, Che Hamdan Che Mohd Razali and Kamaruzaman Jusoff, Malaysia's Policy towards Its 1963-2008 Territorial Disputes, Journal of Law and Conflict Resolution, Vol. 1, No. 5, 2009, pp. 111-112。

③ 参见 Sam Bateman and Clive Schofield, Outer Shelf Claims in The South China Sea: New Dimension to Old Disputes, The S. Rajaratnam School of International Studies Commentary, July 1, 2009, http: //www. rsis. edu. sg/wp-content/uploads/2014/07/CO09065. pdf, visited on July 16, 2015。

议的海域有时局势会比较缓和，如针对日韩共同开发区涵盖中日韩三方主张重叠区，中国政府虽然在日韩共同开发协定签署后立即表示反对，但是这一争议海域并未引发紧张局势。① 此外，泰国、马来西亚、越南三方主张重叠区，同样并未对三方关系造成多大影响，三方还曾于1999年就共同开发三方重叠区，原则上达成一致。② 因此争议海域所涉及的当事国数量，以两个最具代表性，不排除存在两个以上的情形。

综上所述，本书所研究的争议海域是指由于两个或两个以上国家不同的海洋划界主张或者陆地领土争端，所产生的归属存在争议的领海、专属经济区或大陆架，其中归属存在争议的专属经济区或大陆架是本书研究的重点。

第二节　既有石油合同的界定

一、既有石油合同的定义

关于本书所使用的“既有石油合同（Pre-existing Contracts）”③一词，目前在相关著作中存在不同的表述：“既有权利（Pre-

① 参见 Sun Pyo Kim, Maritime Delimitation and Interim Arrangements in North East Asia, Martinus Nijhoff Publishers, 2004, p. 284。

② 参见 Clive H. Schofield, Blurring the Lines: Maritime Joint Development and The Cooperative Management of Ocean Resources, Issues in Legal Scholarship, Vol. 8, No. 1, 2009, pp. 16-17。

③ 参见 Paul Michael Blyschak, Offshore Oil and Gas Projects amid Maritime Border Disputes: Applicable Law, The Journal of World Energy Law and Business, Vol. 6, No. 3, 2013, p. 222; Tara Davenport, Joint Development in Asia: Some Valuable Lesson Learned, in Clive Schofield (ed.) Maritime Cooperation in Contested Waters: Addressing Legal Challenges in East and Southeast Asian Waters, The National Bureau of Asian Research Special Report, 2012, p. 155。

existing rights/Titles）”①、“既有特许权（Pre-existing Concessions/Licences）”②、“既有利益（Pre-existing Interests）”③。虽然在表述上存在差异，但是都针对同一法律现象，而且有时会在同一篇文章中交替使用。例如，将“既有权利”、“既有特许权”、“既有石油合同”交叉使用，也会将“既有利益”与“既有特许权”同等使用。④ 本书之所以选择使用“既有石油合同”这一表述，主要基于以下两点原因：（1）无论是“既有特许权”还是“既有权利”，强调的都是“权利”属性。通常可将“权利”定义为：由法律规范和保障的主体，以相对自由的作为或不作为的方式，获得利

① 参见 David M. Ong, The 1979 and 1990 Malaysia-Thailand Joint Development Agreements: A Model for International Legal Co-operation in Common Offshore Petroleum Deposits? The International Journal of Marine and Coastal Law, Vol. 14, No. 2, 1999, p. 231; Ernst Willheim, Australia-Indonesia Sea-Bed Boundary Negotiations: Proposals for A Joint Development Zone in The "Timor Gap", Natural Resources Journal, Vol. 29, 1989, p. 840。

② 参见 David M. Ong, The 1979 and 1990 Malaysia-Thailand Joint Development Agreements: A Model for International Legal Co-operation in Common Offshore Petroleum Deposits? The International Journal of Marine and Coastal Law, Vol. 14, No. 2, 1999, p. 232; Paul Michael Blyschak, Offshore Oil and Gas Projects amid Maritime Border Disputes: Applicable Law, The Journal of World Energy Law and Business, Vol. 6, No. 3, 2013, p. 221。

③ 参见 David M. Ong, The New Timor Sea Arrangement 2001: Is Joint Development of Common Offshore Oil and Gas Deposits Mandated under International Law? The International Journal of Marine and Coastal Law, Vol. 17, No. 1, 2002, p. 98。

④ 参见 David M. Ong, The 1979 and 1990 Malaysia-Thailand Joint Development Agreements: A Model for International Legal Co-operation in Common Offshore Petroleum Deposits? The International Journal of Marine and Coastal Law, Vol. 14, No. 2, 1999, pp. 231-232; David M. Ong, The New Timor Sea Arrangement 2001: Is Joint Development of Common Offshore Oil and Gas Deposits Mandated under International Law? The International Journal of Marine and Coastal Law, Vol. 17, No. 1, 2002, pp. 98-99。

益的一种手段。① 通过分析“权利”的定义可知，使用“权利”表示法律对某一法律现象的认可。对于争议海域内任一当事国的单方面行为，虽然当事国都是依据本国的国内法作出的，但是在国际法层面上这种单方面行为是否合法，仍需进行个案分析，贸然使用“权利”一词，容易造成国际法认可此类行为的假象。相反，若使用“既有石油合同”这一表述，则可以避免这一问题。因为石油合同更多的是对当事国与石油公司签订石油合同这一现象的客观描述，不带有价值评判，而且即便订立了石油合同，也并不能保证石油合同当然有效，还可能出现无效的情形。因此，相较于“既有权利”、“既有特许权”，“既有石油合同”具有客观性和中立性。(2) 至于使用“既有利益”这一表述，同样容易造成先入为主的问题，而想当然的认为在争议海域的地位发生改变时，石油公司的“既有利益”理应受到保护。既然争议海域内当事国与石油公司单方面签订石油合同的行为的合法性尚有待分析，就不能事先武断地使用一个有明显价值偏向的概念。

在确定使用“既有石油合同”这一表述后，就应当对其作出明确的界定。虽然许多著作并未使用这一表述，但是其中所作的定义，对本书具有借鉴意义。例如，“既有权利是指，私人对部分或全部位于共同开发区内的区域或矿产资源所拥有的权利，该项权利是由任一当事国在建立共同开发区的协定缔结之前所授予的”。② 又如，“对立的大陆架重叠主张，常常导致单方面授予特许权，以此行使当事国竞相主张的对争议海域的主权权利”。③ 再如，“国家非法授予运营商权利，在两个以上国家争议的海域尚未完成划界

---

① 参见李龙主编：《法理学》，武汉大学出版社，2011 年版，第 299~302 页。

② Hazel Fox (ed.) Joint Development of Offshore Oil and Gas (Vol. I), The British Institute of International and Comparative Law, 1989, p. 214.

③ David M. Ong, The New Timor Sea Arrangement 2001: Is Joint Development of Common Offshore Oil and Gas Deposits Mandated under International Law? The International Journal of Marine and Coastal Law, Vol. 17, No. 1, 2002, p. 98.

前，非法允许运营商进行钻探”。① 结合上述三种表述，可以总结出“既有石油合同”应当具有的特征：（1）位于两个或两个以上国家的争议海域内；（2）当事国一方与石油公司单方面签订的有关石油资源勘探开发的合同；（3）签订石油合同的时间应当是争议海域未完成划界或进行共同开发之前。此外，还有一点是上述著作中均未提及的，即在达成共同开发或划界协定时，石油合同的期限尚未届满，否则石油合同会因期限届满而终止，就没有研究的意义。因此，本书的“既有石油合同”是指就两个或两个以上国家间争议海域内石油资源的勘探开发，由争端任一当事国在达成共同开发或划界协定之前，与石油公司所单方面缔结的石油合同；若随后缔结了共同开发或划界协定，在达成协定时，石油合同的期限应当尚未届满。

二、既有石油合同涉及的法律关系

在明确既有石油合同的内涵之后，还应对既有石油合同所涉及的法律关系进行梳理。由于既有石油合同是一方当事国单方面（下文简称合同当事国②）与石油公司签订的，因此合同当事国与石油公司的关系，是整个既有石油合同所涉及的法律关系的基础。此外，由于既有石油合同位于争议海域，必然牵扯其他争端当事国（下文简称其他当事国），由此产生两对法律关系：既包括合同当事国与其他当事国的关系，又包括其他当事国与石油公司的关系。其中合同当事国与石油公司之间关系主要是合同关系；合同当事国与其他当事国的关系则属于国际法上的国家间的海洋划界争端的关系；其他当事国与石油公司的关系的产生，主要基于双方在争议海域的直接接触，石油公司通常会在争议海域实施勘探开发作业，而

① Vasco Becker-Weinberg, Joint development of Hydrocarbon Deposits in the Law of the Sea, Springer-Verlag Berlin Heidelberg, 2014, p. 128.

② 关于与石油公司签订既有石油合同的当事国，在国际投资法中会被称为“东道国”，本书之所以未选择这一称谓，主要在于突出既有石油合同所涉及的海域仍存在争议，但是在实际上“合同当事国”就是国际投资法中的“东道国”。

其他当事国则明确反对这些活动，甚至采取措施制止这些活动，进而二者之间容易产生直接的冲突。例如，其他当事国会派遣公务船只，驱逐争议海域内石油公司的作业船只。

鉴于已经总结出既有石油合同的法律关系中的三个主体，随后就应该分析主体的资格。要想成为合同当事国或者其他当事国，首先必须同其他国家存在海上划界争议。对于合同当事国而言，还必须就争议海域与石油公司单方面签订石油合同。

而对于石油公司的要求则相对复杂：

（1）石油公司必须具备进行海上石油勘探开发的技术和资金。

（2）石油公司通常为外国石油公司。合同当事国之所以选择与外国石油公司签订石油合同，一方面是因为许多合同当事国为发展中国家，缺乏开发海洋石油资源的资金和技术，通过与外国石油公司合作，可以克服这一困境；另一方面企图通过引入外国石油公司，引入第三方势力，强化自己的主张。大部分外国石油公司多为私营性质的跨国公司，也存在一些外国的国家石油公司，以发达国家的国有石油公司最具代表性，如意大利国家石油公司、日本国际石油开发公司。① 虽然外国政府在设立本国的国有石油公司时，都有很强的政策性，但根据《联合国国家及其财产管辖豁免公约》附件第 17 条之规定，“商业交易”包括投资事项，而外国的国家石油公司与合同当事国之间的石油合同就是有关石油勘探开发的投资事项，因此属于“商业交易”的范畴。又根据该公约第 10 条第 3 款之规定，当国家企业具有独立的法人资格，并且拥有参与诉讼以及获得、拥有或占有和处置财产的能力时，其卷入与其从事的商业交易有关的诉讼时，该国享有的管辖豁免不应受影响，也就意味着国家企业不享有管辖豁免。因此，外国的国家石油公司与合同当事国签订的石油合同不享有管辖豁免，外国的国家石油公司、外国的私营石油公司在合同当事国进行投资时，二者的法律地位

① 参见 Kamal Hossain, Law and Policy Petroleum Development: Changing Relations between Transnationals and Governments, Frances Pinter Ltd, 1979, p. 17。

是平等的。

（3）合同当事国的私营石油公司，只要其具备开发海上石油资源的实力，合同当事国没有理由拒绝与本国的私营石油公司签订石油合同。此类实践通常会出现在合同当事国为发达国家的情况下。例如，从20世纪70年代起，尽管关于解决帝汶缺口的大陆架划界问题的谈判仍在进行，澳大利亚就已经授权一些石油公司在争议海域进行石油勘探活动，其中就包括澳大利亚本国的必和必拓公司（Broken Hill Proprietary Billiton）、西部矿业公司（Western Mining Corporation）以及伍赛德石油公司（Woodside Petroleum）；①在英国与阿根廷之间存在争议的马尔维纳斯群岛北部海域，英国政府于2010年允许本国的一家私营石油公司——迪塞尔石油公司（Desire Petroleum）实施开挖探井的活动。②虽然合同当事国的私营石油公司可以参与争议海域的石油资源开发，但由于本书是从国际法角度进行问题研究，即便合同当事国与本国的私营石油公司签订石油合同，由于不存在涉外因素，因此不属于本书重点研究的对象。

（4）至于合同当事国的国营石油公司，虽然在书中会多次提及，但是其并非单纯的营利法人。合同当事国的国营石油公司的设立，往往是合同当事国通过立法的形式来实现，并且明确了国营石油公司诸多管理职责。例如，印度尼西亚1960年第44号法案规定，所有的油气资源是国家控制的国有财产，只能由国家开发；实施油气资源的开发专属于国营企业，其他当事方只能申请并被国营企业任命为执行石油作业的承包商。随后印度尼西亚着手组建国营

① 参见 Garrie J. Moloney, Australian-Indonesian Timor Gap Zone of Cooperation Treaty: A New Offshore Petroleum Regime, Journal of Energy and Natural Resources Law, Vol. 8, No. 2, 1990, p. 130。

② 参见 Alice Ruzza, The Falkland Islands and The UK v. Argentina Oil Dispute: Which Legal Regime? Goettingen Journal of International Law, Vol. 3, No. 1, 2011, p. 76。

企业，于1971年颁布第8号法案，设立了国家石油天然气公司(Pertamina)。① 马来西亚于1974年颁布了《石油开发法案》，授予马来西亚国家石油公司（Petronas）勘探开发石油资源的专属权利，同时授权马来西亚国家石油公司允许外国石油公司作为石油开发作业的承包商。② 根据2011年新修订的《中华人民共和国对外合作开采海洋石油资源条例》之规定，中华人民共和国对外合作开采海洋石油资源的业务，由中国海洋石油总公司全面负责，中国海洋石油总公司是具有法人资格的国家公司，享有在对外合作海区内进行石油勘探、开发、生产和销售的专营权。③

通过上述例证可以看出，国营石油公司的设立不同于普通公司的设立，需要通过立法形式，并且在法律中明确其职责。在合同当事国国内，它不再只是一个纯粹的以营利为目的的公司法人，还需承担诸多公共管理职能，其地位更近似于国家机关。可见，合同当事国的国营石油公司在国内的法律地位，不同于在国外的法律地位，在国外它也只是一个普通的石油公司。由于在合同当事国内，其国营石油公司常常代表国家履行管理海上石油勘探开发的职责，因此本书将合同当事国与其国营石油公司同等使用，本书只关注其管理职能，将其视为管理者。

（5）还有一种罕见的情况，即合同当事国与其他争端当事国的石油公司签订石油合同的实践，就目前作者所掌握的资料，此类实践仅一例，即在“加拿大——美国缅因湾划界案”中，加拿大从1964年起连续向数家美国石油公司颁发许可证，允许它们在争议海域实施油气资源勘探开发，其中包括德士古公司（Texaco

---

① 参见 Zhiguo Gao, International Petroleum Contracts: Current Trends and New Directions, Graham & Trotman/Martinus Nijhoff, 1994, p. 65。

② 参见 Kamal Hossain, Law and Policy Petroleum Development: Changing Relations between Transnationals and Governments, Frances Pinter Ltd, 1979, pp. 153-154。

③ 参见《中华人民共和国对外合作开采海洋石油资源条例》第6条，中央政府网，http://www.gov.cn/zwgk/2011-10/10/content_1965581.htm，2015年8月2日访问。

Exploration Company）和加利福利亚标准石油公司（California Standard Company），针对加拿大的做法，美国并没有立即作出回应。① 虽然尚不知晓为何美国的石油公司能够在海上争议尚未解决的时候，与加拿大政府签订石油合同，但有一点可以肯定，那就是当下不可能再出现此类实践。首先，任何一方当事国单方面开发争议海域的石油资源，必将遭到其他当事方的反对。其他当事国不可能在此问题上表现得前后不一，一方面反对合同当事国的单方面开发行为，另一方面又对本国石油公司参与合同当事国主持的单方面开发争议海域石油资源置之不理。在实践中，其他当事国更多强调反对非争端当事国的石油公司参与合同当事国的单方面开发。之所以未提及本国石油公司，并不是对本国石油公司不加限制，而是认为本国石油公司不参与合同当事国的单方面开发是理所当然的，无须特别强调，如果特意作此规定反而显得多余。其次，在实践中，对于合同当事国开发争议海域附近的无争议区域的石油资源，其他争端当事国对于本国石油公司参加此类活动都十分谨慎，更不可能允许本国石油公司参与合同当事国对争议海域的单方面开发。例如，根据2008年《中日东海问题原则共识》之规定，允许日本法人依照中国法律，参加位于无争议海域的春晓油气田开发，② 但是在2009年日本政府又反对对该油气田进行开发。③ 可见，日本对于本国企业参与非争议海域的春晓油气田的开发十分谨慎，更不可能想象如果中国单方面开发争议海域石油资源，日本政府会允许本

① 参见 Delimitation of the Maritime Boundary in the Gulf of Maine Area (Canada/ United States of America), Memorial of Canada of 27 September 1982, ICJ Reports 1982, para. 391。

② 参见《中日就东海问题达成原则共识》，新华网，2008年6月18日，http://news.xinhuanet.com/newscenter/2008-06/18/content_8394191.htm，2015年8月5日访问。

③ 参见 Xinjun Zhang, Why the 2008 Sino-Japanese Consensus on the East Sea Has Stalled: Good Faith and Reciprocity in Interim Measures Pending a Maritime Boundary Delimitation, Ocean Development and International Law, Vol. 42, No. 1-2, 2011, pp. 53-54.

国石油企业参与其中。因此，本书中所指的，可以与合同当事国就单方面开发争议海域的石油资源签订石油合同的石油公司，主要是指外国石油公司，既包括私营性质的外国石油公司，也包括国营性质的外国石油公司；至于合同当事国的私营石油公司，虽然也可以与合同当事国签订石油合同，但这不是本书主要关注对象，本书将在第四章第二节谈及这一问题。

第三节　既有石油合同的种类

目前国际合作是国家利用外国投资开发自然资源的一种国际合作形式。① 虽然合同当事国与外国石油公司合作开发的区域位于争议海域，但并不影响将其认定为国际合作开发石油资源。国际合作开发石油资源的形式有四种：特许协议（Concession Agreement）、合营企业协议（Equity Joint Venture Agreement）/联合作业协议（Joint Structure Agreement）、产品分成合同（Production Sharing Contract）、服务合同（Service Contract），② 那么既有石油合同就存在上述四种类型。本节的主要目的在于通过对既有石油合同四种类型的分析，总结出既有石油合同应当具备的基本条款，以及目前合同当事国与外国石油公司在谈判中的力量对比关系，以便于下文第三章中进一步分析既有石油合同的具体处理方法。

一、特许协议

作为最早出现的一种石油合同类型，特许协议的内容经历了一个演变的过程，从传统的特许协议发展为现代特许协议。

“传统特许协议是指一国允许外国公司在协议规定的期限内，

① 参见余劲松主编：《国际投资法》，法律出版社 2014 年版，第 74 页。

② Raymond F. Mikesell, Petroleum Company Operations and Agreements in the Developing Countries, Resources for the Future, 1984, pp. 26-29.

专属开发特定区域石油资源的一种协议。"① 传统特许协议盛行于20世纪上半叶，主要是表现在中东石油生产国与欧美石油公司之间的石油合同中。传统特许协议具有以下特征：（1）特许协议所涉区域面积大，② 特许协议的期限通常为60~75年；③（2）石油公司对石油作业的方方面面享有专属权利；（3）石油公司对全部石油产品享有财产权，可以自由地处置；（4）石油公司向石油生产国支付一定的税费；（5）用于石油作业的设备和装置属于石油公司。特许协议最大的特点在于，赋予石油公司对其开发的石油享有当然的所有权，石油公司通常以油井口作为获得石油产品所有权的分界点。传统特许协议在吸引外国资本进入高风险的石油开发行业中发挥了重要作用。同样，传统特许协议也存在一些缺陷，主要体现在协议的条款过度偏袒外国石油公司，石油生产国所获收益低，很难参与石油生产活动；此外，协议涵盖面积大以及期限过长，以及石油生产国承认外国石油公司所享有的众多权利，被视为剥夺了石油生产国的部分主权。传统特许协议之所以呈现这样的特点，主要是因为当时的石油生产国尚处于外国政治势力的主导之下，缺乏自主性；同时这些国家当时比较落后，不具备法律制度来规范石油生产作业，因此传统特许协议不仅有利于石油公司，同时还强调协议能够在制度上自给自足。④

由于传统特许协议不断受到批评，自20世纪50年代起，随着石油生产国自主意识和能力的不断提高，以及通过前期石油生产活

① Zhiguo Gao, International Petroleum Contracts: Current Trends and New Directions, Graham & Trotman/Martinus Nijhoff, 1994, p. 12.

② 例如阿美石油公司（Aramo）与沙特所订立的特许协议涵盖的面积为44万平方英里，伊朗石油公司（IPC）及其子公司因特许协议在伊朗所获得合同区域，几乎涵盖了伊朗全境。

③ 参见 Raymond F. Mikesell, Petroleum Company Operations and Agreements in the Developing Countries, Resources for the Future, 1984, p. 21。

④ 参见 Keith W. Blinn, Claude Duval, International Petroleum Exploration and Exploitation Agreements: Legal, Economic and Policy Aspects, Euromoney Publications, 1986, p. 55, 60, 61。

动逐渐总结的经验教训，石油生产国尝试对传统特许协议进行改进，在很大程度上改变了石油生产国之前所处的不利地位，进而产生了现代特许协议。相较于传统特许协议，现代特许协议有以下几个方面的改进：（1）大幅度提高石油生产国的收益，一方面是提高原有的税费征收比例，另一方面则是增加新的税费种类；（2）最低投资的义务，协议约定在特定期限内，外国石油公司必须为石油勘探开发活动投入不少于一定数额的资金；（3）大幅度减少特许协议的期限并执行退回制度，促使石油公司积极进行石油勘探开发。相对于传统特许协议很长的合同期限，现代特许协议的期限大大缩短，并且将勘探开发活动分为两步：勘探阶段和开发阶段。其中勘探阶段的期限较短，通常为10年左右，如泰国与外国石油公司所签订的特许协议中规定勘探期限为6年，可延长3年，① 勘探阶段的主要目的在于确定合同区域是否具有商业开采价值的石油资源。② 只有通过勘探发现具有商业开采价值的油田后，方能进入开发阶段，开发阶段的期限为协议的剩余期限。所谓的“退回制度（Relinquishment）”是指在勘探期间内，石油公司在经过一定时间后将一定比例的合同区域退还给石油生产国的一种制度。退回制度可以细分为强制性退回和选择性退回。其中强制性退回是指石油公司按照石油合同的约定，在特定期限届满后必须退回规定比例的合同区域；选择性退回是指石油公司在完成最低投资义务以及事先通知的情况下，在勘探期间内自愿放弃合同区域的全部或部分。③（4）石油生产国越来越多地参与石油生产作业。例如，石油公司应当向石油生产国提交工作计划，石油生产国越来越多参与石油生产作业的决策过程等，不断强化对石油生产作业的控制。

---

① 参见 Zhiguo Gao, International Petroleum Contracts: Current Trends and New Directions, Graham & Trotman/Martinus Nijhoff, 1994, p. 33。

② 参见 Kamal Hossain, Law and Policy Petroleum Development: Changing Relations between Transnationals and Governments, Frances Pinter Ltd, 1979, p. 108。

③ 参见余民才著：《海洋石油勘探与开发的法律问题》，中国人民大学出版社2001年版，第70页。

虽然现代特许协议对传统特许协议做了较大的改进，逐渐取消了传统特许协议中不利于石油生产国的条款，大大提高了石油生产国在石油合同中的地位，但是这种改进并没有使得现代特许协议的法律性质发生改变，即石油公司仍对其开发的石油资源享有所有权。

二、合营企业协议/联合作业协议

从20世纪50年代起，一些石油生产国采用合营的方式与外国石油公司合作开发海洋石油资源。合营的出现主要是因为石油生产国意识到，有必要在实际管理石油生产作业以及重要决策中享有话语权。合营可分为两种：一种是设立合营企业的股权式合营，所订立的石油合同被称为合营企业协议；另一种则是契约式合营，所订立的石油合同被称为联合作业协议。①

合营企业协议是指石油生产国（或者石油生产国的国有石油公司）与外国石油公司之间形成一种合作关系，组建一家以石油勘探开发为目标的作业公司。合营企业协议是由意大利国家石油公司（The Italian State Oil Corporation），为回应石油生产国控制石油生产的需要而提出的一种石油合同，并于1957年率先与埃及石油公司、伊朗国家石油公司（NIOC）分别签署了合营企业协议。②合营企业协议具有以下特点：（1）由石油生产国与外国石油公司共同设立一个具有独立法人资格的作业公司负责石油资源的勘探开发。（2）石油生产国全面参与石油生产作业的全过程。作业公司需要设立一个管理机构（通常为董事会）决定公司的重大问题，如批准工作计划、预算以及监督公司的经营活动。管理机构通常由双方各自委派同等的代表组成，通过直接委派代表组成公司的权力机构，石油生产国实现了直接参与生产经营。（3）虽然理论上石

① 参见余劲松主编：《国际投资法》，法律出版社2014年版，第80页。

② 参见Kamal Hossain, Law and Policy Petroleum Development: Changing Relations between Transnationals and Governments, Frances Pinter Ltd, 1979, p. 121。

油产品由石油生产国和外国石油公司共同享有所有权，但实际上由作业公司代表二者享有所有权，作业公司既可以在二者之间直接分配石油产品，也可以在销售石油产品后分配利润，因此外国石油公司理论上对石油产品所享有的所有权能否转化为实际，仍存在变数。（4）在发现具有商业开采价值的石油资源之前，通常由外国石油公司支付勘探阶段的全部风险投资，如果未能有商业发现，全部损失由外国石油公司承担；如果有商业发现，石油生产国分担部分风险投资，常以未来其所获得石油收入或实物来支付。

相较于合营企业协议，联合作业协议则更具灵活性，由石油生产国与外国石油公司之间达成一项合作勘探开发石油资源的协议，无须成立具备独立法人资格的公司，不受作业所在地的公司法规范。联合作业协议与合营企业协议存在相似之处，但也具有自身的特点：（1）双方在财务上、法律上均保持各自的独立性，各自计算收支，分别纳税，各自承担法律责任。（2）通常在发现商业性油田后，石油生产国会与外国石油公司组建一个非营利性的技术性机构，负责日常管理。二者同时还会设立委员会或董事会决定石油作业中的重大问题。（3）外国石油公司通常作为作业者，先行承担勘探作业的全部资金，如果出现商业发现，石油生产国分担部分费用。（4）生产的石油产品不再由二者共同所有，而是由各方对未分割的石油产品享有一定比例的份额。石油公司和石油生产国直接对各自份额的石油产品享有所有权，可以进行自由处置。

三、产品分成合同

产品分成合同是一种新的石油合同，始创于1966年的印度尼西亚国家石油公司（印尼国家石油天然气公司的前身）与独立印尼美国石油公司（Independent Indonesian American Petroleum Company）签订的第一份产品分成合同，① 随后许多发展中国家也相继采用这一种合同形式，已经成为非石油输出国组织国家中使用

① 产品分成合同这一概念早在20世纪50年代就已经在玻利维亚使用，但是现在广泛使用的产品分成合同形成于印度尼西亚。

最广泛的合同形式。① 由于殖民时期在石油合同中长期居于不利地位，独立后的印度尼西亚曾一度暂停与国外石油公司的合作，但是这种冻结造成了石油开发的停滞，对印度尼西亚和外国投资者均不利。为了能够在石油生产国对自然资源拥有主权和发展经济的现实需要之间寻求妥协，印度尼西亚在其1960年第44号法令的第3条中，作出明确规定，只能由国家开采油气资源，具体开活动专属于国营企业。该法令第6条授权矿业部长指定外国公司作为国营企业的承包商，从事国营企业无法实施或尚未实施的作业。② 产品分成合同既能满足石油生产国掌控本国石油资源的要求，又能通过与外国公司合作弥补石油生产国资金和技术上的短板。印度尼西亚的前外交部长也认为，产品分成合同本质上是基于这样一种观念，即作为资源所有者的国家，邀请外国石油公司作为承包商，承包商的工作成果在扣除成本后，根据先前约定的方法进行分配。③ 因此，产品分成合同是这样一种石油合同类型，即外国石油公司作为石油生产国或者其国家石油公司的承包商，如果有商业发现，那么外国石油公司每年以实物的形式从石油产品中回收成本，并且再在剩余石油产品中分得一定份额，作为其承担勘探风险以及提供开发服务的报酬。④

产品分成合同具有以下特点：（1）外国石油公司被指定为特定区域石油勘探开发作业的承包商。（2）外国石油公司承担勘探的风险，如果没有商业发现，损失由外国石油公司承担；一旦出现

① 参见 Raymond F. Mikesell, Petroleum Company Operations and Agreements in the Developing Countries, Resources for the Future, 1984, p. 59。

② 参见 Kamal Hossain, Law and Policy Petroleum Development: Changing Relations between Transnationals and Governments, Frances Pinter Ltd, 1979, p. 139。

③ 参见 Mochtar Kusuma-Atmadja, Indonesia's National Policy on Offshore Mineral Resources: Some Legal Issues, in Elisabeth Mann Borgese, Jose R. Morgan (ed.) Ocean Yearbook 9, University of Chicago Press, 1991, p. 92。

④ 参见 Zhiguo Gao, International Petroleum Contracts: Current Trends and New Directions, Graham & Trotman/Martinus Nijhoff, 1994, p. 72。

商业发现，外国石油公司可以从生产的石油产品中按照一定比例回收成本。无论如何，石油生产国或其国家石油公司不分担风险。(3) 发现的石油资源的所有权为石油生产国所享有，外国石油公司作为承包商，在原油到达出口点之前，不能获得对其原油份额的所有权。这也就意味着在原油离开石油生产国之前，石油生产国对全部原油享有所有权，只有到了出口点时，外国石油公司所享有的部分原油的所有权才发生转移。(4) 在管理上，石油生产国完全掌握经营管理权，通过本国的国家石油公司全面负责石油开发作业的管理，而外国石油公司仅仅作为承包商，负责具体执行作业活动，对国家石油公司负责。国家石油公司被赋予充分的管理权，外国石油公司必须将每个作业阶段的工作计划以及预算提交国家石油公司审批，此外还应将石油作业中获得的原始数据提交国家石油公司。(5) 收益分配采取实物分配的方式，在扣除相关费用后，剩余石油产品由石油生产国与外国石油公司按约定比例分配。(6) 由于只有石油生产国对石油产品享有所有权，而外国石油公司分得部分石油产品在性质上属于回收成本和获得报酬，不需要再向石油生产国缴纳特许权费（Royalty）。通过对产品分成合同特点的了解，可以看出在此类合同中，外国石油公司实际上是作为拥有开采权的石油生产国的承包商，石油产品专属于拥有开采权的石油生产国，而外国石油公司的权利在本质上是契约性质的。①

四、服务合同

除了现代特许协议、合营或者产品分成合同，一些发展中国家还尝试发展其他的合同形式，以便实现石油生产国对石油生产作业的最大程度控制以及外国石油公司的最小介入。服务合同与产品分成合同一样产生于20世纪60年代，很大程度上反映了石油生产国不满于传统特许协议中石油生产国与外国石油公司的关系。和其他

① 参见Keith W. Blinn, Claude Duval, International Petroleum Exploration and Exploitation Agreements: Legal, Economic and Policy Aspects, Euromoney Publications, 1986, pp. 70-71。

现代石油合同一样，服务合同也是国家对自然资源的主权原则和对外国投资的现实需要之间的妥协。① 使用服务合同的国家中以巴西最具代表性，由于巴西的带头作用，服务合同在拉丁美洲得到了广泛使用。

服务合同又分为两种类型：风险服务合同（Risk Service Contract）和无风险服务合同（Non Risk Service Contract）。其中无风险服务合同是指双方约定外国石油公司为石油生产国完成特定任务，石油生产国向其支付约定费用。顾名思义，在无风险服务合同中，外国石油公司不承担任何勘探风险，所有的风险和成本由石油生产国承担。很显然大部分石油生产国缺乏开发石油资源的资金和技术，这也正是它们引进外国石油公司的原因所在，即便有些石油生产国拥有资金，也会尽量让外资承担风险，因此在海上石油开发中无风险服务合同的作用有限。无风险服务合同通常只会出现在已经确定商业发现后的开采阶段，此时不存在投资风险，石油生产国只需要外国石油公司提供特定的技术服务。

风险服务合同则是指双方约定外国石油公司同意为石油的勘探开发提供全部的风险投资和服务，在生产石油产品后，以现金或低于市场价格回购石油的形式来偿还投资。风险服务合同的特点如下：（1）石油生产国（通常由国家石油公司代表）对生产的石油产品享有所有权。（2）外国石油公司作为国家石油公司的总承包商，以国家石油公司的名义实施勘探开发石油资源所必需的作业活动。外国石油公司不再是特许权持有者或者合伙人，仅仅是国家石油公司所雇佣的代理人。既然外国石油公司地位相当于代理人，意味着在与国家石油公司的关系中，外国石油公司处于从属地位，按照国家石油公司的意志行事。（3）外国石油公司必须独自提供勘探所需费用，一旦没有商业发现由外国石油公司单独承担风险。（4）如果有商业发现，外国石油公司的前期投入被视为向国家石

① 参见 Tomislavo E. J. P. Dabinovic, Petroleum Service Contracts in Argentina, Brazil and Colombia: Issues Arising from Their Legal Nature, Journal of Energy and Natural Resources Law, Vol. 5, No. 1, 1987, p. 15。

油公司提供的贷款，由石油生产所获收益来偿还，既可以是现金也可以是实物。① （5）由于风险服务合同在拉丁美洲比较盛行，在许多合同中还加入了“卡尔沃条款”，即在解决有关合同的争端时，外国石油公司同意不寻求本国的外交保护。② （6）一旦进入商业生产阶段就不再需要外国石油公司，因为此时的油田已经正常运转，无须风险资本和技术，国家石油公司会逐渐接管石油生产作业，外国石油公司开始回收投资。通过对风险服务合同特点的分析可以得出这样一个结论：在风险服务合同中，外国石油公司实际上是作为石油生产国的代理人，去完成一些石油生产国无法完成的工作，外国石油公司完全处于从属地位。风险服务合同的真正优势在于，强化了石油生产国对石油勘探开发的直接影响。③

上述四类石油合同之间的最大区别在于它们所追求的目标各不相同，进而影响石油生产国与外国石油公司之间的关系。在特许协议中（无论是传统特许协议还是现代特许协议）石油生产国的主要目标在于获取收益，因此对石油生产作业的控制权大部分由外国石油公司掌握。即便在现代特许协议中引入“政府参与”，也只是使得政府有限的参与石油生产活动，督促外国石油公司积极进行石油生产，确保政府的石油收入。而在合营企业协议/联合作业协议中，石油生产国的主要目的是直接参与石油作业的经营和管理，通过派遣政府代表直接参与经营管理，使得石油生产国能够更好地获

---

① 参见 Hasan S. Zakariya, New Directions in the Search for and Development of Petroleum Resources in the Developing Countries, Vanderbilt Journal of Transnational Law, Vol. 9, 1976, p. 564。

② 在理论上，通过合同约定能否当然排除外国石油公司的母国的外交保护是存在疑问的，主要原因在于外交保护是一国的权利，除了当事国可以放弃外，其他主体之间的约定不能剥夺这项权利。参见 Zhiguo Gao, International Petroleum Contracts: Current Trends and New Directions, Graham & Trotman/Martinus Nijhoff, 1994, p. 133。

③ 参见 Kamal Hossain, Law and Policy Petroleum Development: Changing Relations between Transnationals and Governments, Frances Pinter Ltd, 1979, p. 171。

得管理经验和技能，相较于特许协议中的较为宏观的“国家参与”，在合营企业协议/联合作业协议中石油生产国的参与更加微观。在产品分成合同以及服务合同中，石油生产国的主要目的在于培养本国公民直接进行石油生产作业的能力，通过与外国石油公司进行合作来获得专业知识和技能，在这两类合同中石油生产国拥有充分的管理权。如果说在特许协议和合营企业协议/联合作业协议中，外国石油公司与石油生产国是相对平等的合作伙伴，那么在产品分成合同和服务合同中，外国石油公司则处在从属于石油生产国的地位，石油生产国在重大问题上拥有决定权。因此，从特许协议到合营企业协议/联合作业协议、再到产品分成合同和服务合同，石油生产国对石油作业的控制程度不断加深，外国石油公司的自主权逐渐丧失。但这并不意味着石油生产国与外国石油公司的关系是一边倒的，如果在某类石油合同中，石油生产国意图强化对生产活动的控制，为了吸引外国石油公司进行合作，就必须承诺给予外国石油公司更高收益。由于石油生产国在选择石油合同种类时，是为了实现特定目标，因此不能断言何种合同形式对石油生产国更有利，只能说特定石油合同在实现特定目标时会更有效。

通过对不同石油合同进行比较，不难发现特许协议是石油公司最为青睐的一种形式，因为采用这种形式能够保证石油公司对其所生产的石油享有所有权，而直接拥有石油相较于分配利润，更符合石油公司的利益。因为许多石油公司尤其是跨国石油公司都拥有自己一套生产销售体系，由于在特许协议中外国石油公司对其所生产的石油拥有所有权，就能够将其供应给自身的下游产业，这样可以将利润最大化，而不是一次性地分配销售所得利润。由于特许协议能够带来更多的经济利益，因此当需要处理的既有石油合同为特许协议时，石油公司会尽力维护该协议，合同当事国若要撤销或变更原协议，会遇到很大阻力。

尽管不同石油合同之间存在明显的差异，同样它们之间也具有以下一些共同特征：（1）勘探的风险由外国石油公司承担，除非有商业发现，否则勘探的费用由外国石油公司承担，无法得到补偿；（2）勘探阶段与开采阶段有明显的界限，如果在规定的期限内未能有商业发现，外国石油公司无法进入开采阶段，并有义务退回整个合同区域；（3）外国石油公司负有最低投资额或者最低工作量的义务；（4）外国石油公司有义务向石油生产国提供相关数据和信息；（5）规定石油收益的具体分配方法；（6）规定石油合同终止的各种情形；（7）约定有关合同争端的具体处理方法。正是由于这些共同特征的存在，本书的第三章才便于分析总结处理既有石油合同的方法。

从最初的传统特许协议发展到如今多种石油合同并存，石油生产国不断努力提高自己在石油合同中的地位，这种努力一方面取得了很多成果，另一方面也不断遭到石油公司尤其是跨国石油公司的反对，因此石油合同的发展并不总是向着有利于石油生产国的方向发展。石油合同内容的变化，实际是外国石油公司与石油生产国不断博弈的结果。影响二者博弈结果的因素有多种：（1）石油生产国的石油资源储量大小，决定了其对外国石油公司的吸引力。如果石油生产国的石油资源储量丰富，即便石油合同条款对外国石油公司比较苛刻，外国石油公司也可能会接受。例如，虽然印度尼西亚所采用的产品分成合同中外国石油公司的收益率较低，但是由于印度尼西亚蕴藏丰富的石油资源，可以为外国石油公司带来长期稳定的收益，因此许多外国石油公司仍在印度尼西亚投资。① 相反，如果一国的石油资源储量有限，为了吸引外国石油公司，只能提供更为丰厚的投资条件。例如，菲律宾现有的油田除了一个发现位于陆地上，其余均位于巴拉望海盆区域，而且现有的油田属于低产量高成本的类型，因此菲律宾在与外国石油公司订立石油合同时并无太多主动权。② （2）政治稳定程度和经济发展水平，对石油生产国在谈判中态度的影响是显而易见。石油生产国的政治稳定经济发展水平高，外国石油公司投资的风险就会减少，自然具有吸引力，无

① 参见 Zhiguo Gao, International Petroleum Contracts: Current Trends and New Directions, Graham & Trotman/Martinus Nijhoff, 1994, p. 101。

② 参见 Raymond F. Mikesell, Petroleum Company Operations and Agreements in the Developing Countries, Resources for the Future, 1984, p. 90。

须开出丰厚的条件来吸引外资；相反，对于经济欠发达国家而言，只能通过提供丰厚的条件来弥补其他方面的不足。（3）石油公司的实力大小，同样对谈判的结果产生影响。（4）国际油价对双方至关重要。油价上涨会增加石油生产国的谈判筹码，油价下跌则会增加外国石油公司的谈判筹码。例如，1973 年第一次石油危机后油价大涨，石油生产国会制订更有利于自己的石油合同；在 1982 年石油价格下跌后，各石油生产国开始提供各种优惠条件，吸引外国石油公司投资。由于不同的石油生产国具有不同的国情，进而决定了石油合同的内容会因国家而异，不同的合同内容就会影响处理既有石油合同的难易程度。

第四节　既有石油合同产生的原因

一方当事国之所以选择在争议海域与外国石油公司签订石油合同是有诸多考量的，其中主要是基于政治、法律和经济三种因素。

一、政治考量

（一）国际局势

由于既有石油合同的产生少不了外国石油公司，而目前有实力的外国石油公司主要分布在有限的几个国家，其中以欧美发达国家为主。因此，能否达成既有石油合同，首先要看合同当事国与外国石油公司母国的关系如何，如果双方关系融洽，便于合同当事国与外国石油公司商谈石油合同，反之外国石油公司的母国会阻碍双方的接触。例如，越南在 20 世纪 70—80 年代与西方关系交恶，此时越南如果打算开发争议海域的石油资源，只能与苏联的石油公司进行合作。① 而欧美国家则允许本国的石油公司参加与越南存在海上争端的其他东南亚国家对争议海域石油资源的单方面开发，其中包

① 参见 Vietnam Exploring Disputed Tonkin Gulf, Oil and Gas Journal, Vol. 80, No. 31, 1982, p. 33。

括：1972 年柬埔寨授权法国埃尔夫石油公司（Elf）和美国埃索石油公司（Esso），对其与越南存在争议的泰国湾部分海域实施勘探活动；泰国就其与越南争议海域的石油资源开发，与美国加州联合石油公司（Union）续签了石油合同；在印度尼西亚与越南存在争议的纳土纳海域，印度尼西亚与三家美国石油公司签订石油合同。① 但是进入 20 世纪 90 年代后，随着美国和越南关系正常化，② 许多欧美石油公司参与越南在争议海域的石油资源开发。例如，对于靠近南沙群岛的，中国和越南存在争议的南昆山盆地区域，英国石油公司（BP）联合美国康菲石油公司（Conoco Phillips）为开发这一争议海域的石油资源与越南国家石油公司签订了产品分成合同。③ 此外，印度石油天然气公司（ONGC）也曾与越南就南沙群岛附近海域开发石油资源签订产品分成合同。④ 其次，外国石油公司母国与其他争端当事国之间的关系，对于能否达成既有石油合同十分重要。例如，在 1968 年由联合国亚洲及远东经济委员会所赞助的东海、黄海地质勘探报告公布后，日本、韩国以及中国台湾分别与西方石油公司签订石油合同，并于 1970 年在中国政府缺席的情况下，尝试共同勘探开发争议海域的石油资源。上述行为遭到中国政府的强烈反对，为了不进一步刺激中国政府，美国政府警告本国的石油公司不要参与东北亚争议海域的石油资源开发，否则风险自负。到了 1971 年的年中时，所有美国石油公司

---

① 参见 Mark J. Valencia, Masahiro Miyoshi, Southeast Asian Seas: Joint Development of Hydrocarbons in Overlapping Claim Areas? Ocean Development and International Law, Vol. 16, No. 3, 1986, pp. 224, 226, 233。

② 美国于 1994 年 2 月正式解除对越南的经济禁运政策，1995 年美国与越南正式建立外交关系。

③ 参见 Andrew Symon, China, Vietnam spar over gas, Asian Times Online, May 1, 2007, http://www.atimes.com/atimes/Southeast_Asia/IE01Ae01.html, visited on August 13, 2015。

④ 参见 Brian McCartan, Roiling the Waters in the Spratlys, Asia Sentinel, February 4, 2008, http://www.asiasentinel.com/politics/roiling-the-waters-in-the-spratlys/, visited on August 13, 2015。

均停止了勘探开发活动。① 最后，合同当事国之所以选择与外国石油公司签订石油合同，不排除有引入第三方势力的目的。对于外国石油公司参与争议海域石油资源的开发，争端当事国体现出两面性，一方面反对其他当事国与外国石油公司合作开发争议海域石油资源，另一方面自身又会与外国石油公司就争议海域的石油资源开发进行合作。只要一方当事国决定单方面开发争议海域石油资源，激怒其他当事国已不可避免，与其独自承担全部风险，不如邀请外国石油公司合作开发，共同分担风险。此外，一国为本国企业的海外投资提供必要的保护已是国际上通行的做法，因此一旦外国石油公司参与争议海域的开发活动，其母国都会被牵涉，更何况许多大型跨国石油公司往往具备政治背景，这也符合相关当事国引入第三方势力将争端复杂化的企图。

（二）国内政治

首先，回应国内民意。海上争端和领土争端一样，往往易被民族主义所裹挟。随着网络技术的普及以及新媒体的不断涌现，国家处理海上争端中的一言一行都备受关注。国家若未能及时表现出强硬的姿态，未能提出积极的主张，会被国内民众视为软弱。对于当事国政府而言，存在一种自然的趋势，即政府会基于国内主流的政治观点采取行动。② 为了回应国内民意，争端当事国可能会在争议

① 参见 Choon-Ho Park. Joint Development of Mineral Resources in Disputed Waters：The Case of Japan and South Korea in The East China Sea, in Mark J. Valencia, The South China Sea：Hydrocarbon Potential and Possible of Joint Development, Pergamon Press, 1981, pp. 1335-1337。

② 参见Leonardo Bernard, Prospect for the Joint Development of Hydrocarbon Resources in the South China Sea, This Paper is Prepared for the Conference on Maritime Confidence Building Measures in the South China Sea, Organized by the Australian Strategic Policy Institute, Sydney, August 11-13, 2013, pp. 4-5. http：//cil. nus. edu. sg/wp/wp-content/uploads/2013/08/Bernard-ASPI-Draft-6-Aug-2013-Prospect-for-Joint-Development-in-the-SCS. pdf, visited on July 16, 2015。

海域单方面签订石油合同。这一做法存在风险，不仅会进一步激发国内民众的情绪，而且使得当事国政府在不被指责为放弃主权的情况下，作出合理的妥协变得更为困难。

其次，党派斗争的结果。不同的国家采取不同的政权组织形式，对于那些分权色彩浓厚的国家而言，政府和立法机关可能由不同的政党所控制，政府行政权的行使易受立法权的干扰。例如，菲律宾阿罗约政府欲在南海争端上采取积极的合作态度，但是却遭到菲律宾参议院的阻挠。① 因此，作为对党派斗争的妥协，争端当事国一方可能在单方面开发石油资源的问题上表现得更积极。

二、经济原因

如果说当事国可能是迫于政治考虑而单方面签订石油合同，那么经济因素则是促使当事国采取此类行动的积极因素。

（一）获取经济收益

石油资源的勘探开发会带来巨大的经济利益，不仅包括直接销售原油的收益，还包括石油加工等下游产业所产生的经济效益。如果争议海区被认为蕴藏丰富的石油资源，争端当事国必然会跃跃欲试。实际上，许多争端当事国已经从单方面开发石油资源中获得了巨大经济利益。例如，马来西亚、越南、文莱、印度尼西亚等国，通过单方面开发南海争议海域的石油资源获取重大经济利益。此外，众多存在油气资源的争议海域的当事国多为发展中国家，利用自然资源吸引外国投资，是许多发展中国家通行的发展经济的方法。

（二）满足国内能源需求

如果某一当事国石油资源匮乏，这必然激发该国对任何可能

① 参见 Nguyen Hong Thao and Ramses Amer, A New Legal Arrangement for The South China Sea? Ocean Development & International Law, Vol. 40, No. 2, 2009, p. 343。

蕴藏石油资源的区域（包括争议海域）进行勘探开发。例如，正是由于菲律宾陆地石油储量小，现有的海上油田产量低，① 菲律宾才打算与外国石油公司合作，在石油资源丰富的礼乐滩进行勘探开发。② 韩国也正是由于严重依赖石油进口，才在研究报告认为东海蕴藏丰富石油资源后，立即与外国石油公司签订石油合同。此外，原本已进行单方面开发的当事国，随着国内石油消费的增长，可能会从石油净出口国变成石油净进口国，如越南和马来西亚，③ 会促使它们在争议海域缔结更多的石油合同，扩大石油开采量。

三、法律因素

争议海域的出现，通常是由于争端当事国依据不同的国际法规则提出不同的海洋主张或者陆地领土争端所造成的。争端当事国会尝试采取一些单方面行动来支撑自己的主张，反制对方的主张，其中就包括与外国石油公司签订石油合同。

（一）宣示或强化对争议海域的主张

在争议海域归属不明的情况下，当事国首先必须明确地宣示自己的主张，主要包括当事国所主张的海域的范围，以及在该海域内当事国享有何种权利。例如，在当事国双方对大陆架或者专属经济区存在主张重叠的情况下，当事国有必要将其主张公诸于众，并采取一切必要措施强化自己的主张，方法之一当然就是以对争议海域

---

① 参见 Raymond F. Mikesell, Petroleum Company Operations and Agreements in The Developing Countries, Resources for The Future, Inc. 1984, p. 90。

② 参见《菲“无限期中止”礼乐滩油气钻探》，载《参考消息》2015 年 3 月 4 日第 16 版。

③ 参见 Robert Beckman, Clive Schofield and Ian Townsend-Gault, Factors Conductive to Joint Development in Asia-Lessons Learned for the South Chiina Sea, in Robert Beckman（ed.）Beyond Territorial Disputes in the South China Sea, Edward Elgar Publishing Limited, 2013, p. 295。

拥有无可争议管辖权的姿态，与石油公司签订石油合同。① 虽然既有石油合同能够很明确地宣示合同当事国对争议海域的主张，但是能否强化合同当事国对争议海域的主张，即争议海域的既有石油合同能否在今后的划界中，作为支持合同当事国划界主张的有利证据，尚存在疑问，对于该问题将在第三章进行分析。

（二）反制对方主张

针对一方当事国单方面签订石油合同以及后续的勘探开发活动，另一方当事国除了明确提出抗议，还可以争锋相对地采取类似行动，以阻挠对方的活动。对于同一区域当事国双方重复签订石油合同，会使得双方陷入均无法实施勘探开发活动的僵局，为了打破这一局面，当事国双方很有可能重新寻求谈判解决争端，进而为争端的解决创造契机。

第五节　争议海域的未来走向

一、完成海上划界

既然争议海域是由于当事国之间不同的海洋划界主张或者陆地领土争端所产生的，那么完成争议海域的划界想必是其最终归宿，也是当事国的终极目标。根据粗略的统计，自 1958 年到 20 世纪 70 年代，在相对较短的时间内确立了现有的海上边界中的大部分界线，随后海上划界的成功率开始下降，寻求第三方争端解决机构处理海上划界问题的次数开始增加。其中一个重要的因素就是专属经济区制度被逐渐接受。② 在 20 世纪 70 年代之前，完成海上划界的区域主要集中在中东和西欧。在《公约》得到通过以后，也曾

① 参见 Hazel Fox (ed.) Joint Development of Offshore Oil and Gas (Vol. II), The British Institute of International and Comparative Law, 1990, p. 179。

② 参见 Gerald H Blake (ed.) The Peaceful Management of Transboundary Resources, Graham and Trotman/Martinus Nijhoff, 1995, p. 59。

掀起过划界的小高潮，其中以东南亚地区的表现最为抢眼。例如，1993 年缅甸、泰国和印度就安达曼海划界达成协议；① 1997 年印度尼西亚与澳大利亚签订专属经济区划界协议，泰国和越南签订大陆架和专属经济区划界协议；② 2000 年中越签订北部湾领海、专属经济区及大陆架划界协议；③ 2003 年印度尼西亚和越南就纳土纳群岛北部海域大陆架划界签订协议；④ 2009 年马来西亚和文莱通过换文完成海上划界，新加坡与印度尼西亚就新加坡海峡西部海

① Agreement between The Government of Union of Myanmar, The Government of The Republic of India and The Government of The Kingdom of Thailand on The Determination of The Trijunction Point between The Three Countries in The Andaman Sea 27 October 1993, http://www.un.org/Depts/los/LEGISLATIONANDTREATIES/PDFFILES/TREATIES/MMR-IND-THA1993DT.PDF, visited on July 19, 2015.

② Treaty between The Government of Australia and The Government of The Republic of Indonesia Establishing an Exclusive Economic Zone Boundary and Certain Seabed Boundaries, 14 March 1997, http://www.un.org/Depts/los/LEGISLATIONANDTREATIES/PDFFILES/TREATIES/AUS-IDN1997EEZ.pdf, visited on July 19, 2015; Agreement between The Government of The Kingdom of Thailand and The Government of The Socialist Republic of Viet Nam on The Delimitation of The Maritime Boundary between The Two Countries in The Gulf of Thailand, 9 August 1997, http://www.un.org/Depts/los/LEGISLATIONANDTREATIES/PDFFILES/TREATIES/THA-VNM1997MB.PDF, visited on July 19, 2015.

③《中华人民共和国和越南社会主义共和国关于两国在北部湾领海、专属经济区和大陆架的划界协定》，外交部官网，http://www.fmprc.gov.cn/mfa_chn/wjb_602314/zzjg_602420/bjhysws_603700/bhfg_603706/t556665.shtml，2015 年 8 月 20 日访问。

④ Agreement between the Government of the Socialist Republic of Vietnam and the Government of the Republic of Indonesia concerning the Delimitation of the Continental Shelf Boundary, 26 June 2003, http://www.un.org/Depts/los/doalos_publications/LOSBulletins/bulletinpdf/bulletin67e.pdf, visited on July 20, 2015.

域领海划界问题达成协议。① 进入 2010 年以后，世界范围内新完成划界的海域屈指可数，其中通过谈判完成海上划界的包括：2010 年俄罗斯与挪威就巴伦支海划界问题达成协议，2014 年菲律宾与印度尼西亚就棉兰老海、苏拉威西海以及菲律宾海的划界问题达成协议；② 还有三处海域划界是通过国际司法机构的判决实现的，分别是 2012 年国际海洋法法庭就“孟加拉—缅甸海上划界案”作出的判决，2014 年国际法院关于“智利—秘鲁海上划界案”的判决，2017 年国际海洋法法庭特别分庭就“加纳—科特迪瓦海上划界案”作出的判决。③ 随着时间的推移，现在仍未完成海上划界的争议海域多为情况复杂的海域，当事国之间虽然进行了长期谈判，但并未取得实质性进展，而且当事国对于提交国际司法机构进行处理，多数持抵触态度，因此在将来一段时间内很难再出现争议海

① Joint Press Statement by Leaders on the Occasion of the Working Visit of YAB Dato' Seri Abdullah Haji Ahmad Badawi, Prime Minister of Malaysia, to Brunei Darussalam on 15-16 March 2009, http://bn.china-embassy.org/eng/wlxw/t542877.htm, visited on July 20, 2015; Treaty between the Republic of Indonesia and the Republic of Singapore relating to the Delimitation of the Territorial Seas of the two countries in the Western Part of the Strait of Singapore, in Ramses Amer, Dispute Management in The South China Sea, National Institute for South China Sea Studies Report, No. 1, 2015, p. 13.

② Treaty between the Kingdom of Norway and the Russian Federation concerning Maritime Delimitation and Cooperation in the Barents Sea and the Arctic Ocean, 15 September 2010, http://www.un.org/Depts/los/LEGISLATIONANDTREATIES/PDFFILES/TREATIES/NOR-RUS2010.PDF, visited on July 20, 2015; Agreement between the Government of the Republic of the Philippines and the Government of the Republic of Indonesia Concerning the Delimitation of the Exclusive Economic Zone Boundary, 23 May 2014, http://www.gov.ph/2014/05/23/philippines-and-indonesia-sign-agreement-on-eez-boundary/, visited on July 20, 2015.

③ Dispute concerning Delimitation of the Maritime Boundary between Bangladesh and Myanmar in the Bay of Bengal (Bangladesh/Myanmar), Judgment, ITLOS Reports 2012; Maritime Dispute (Peru/Chile), Judgment, ICJ Reports 2014; Dispute Concerning Delimitation on the Maritime Boundary between Ghana and Côte d'Ivoire in the Atlantic Ocean, Judgment, ITLOS Reports 2017.

域划界潮。

此外，也并不排除个别当事国之间完成海上划界的可能性。首先，国际司法机构正在审理的案件中就包括数起涉及海上划界的案件，如“索马里—肯尼亚海上划界案”、“哥斯达黎加—尼加拉瓜海上划界案”、“尼加拉瓜—哥伦比亚200海里外大陆架划界案”。① 随着数年后这些案件的审结，必将会出现新的海上界线。其次，现有的争议海域中也存在一些情形相对简单的个例，例如，越南与柬埔寨在泰国湾争议海域的划界问题，两国早在1982年签署的历史性水域协议中，就解决了两国间的在争议海域的岛屿归属问题，② 这大大降低了划界谈判的难度。随着2012年两国完成陆地勘界活动并树立第314号界桩作为陆地边界的终点，③ 两国只剩下海上划界问题，同时第314号界桩也为两国海上划界谈判确立了起点；中韩海上划界谈判同样值得期待，虽然双方围绕苏岩礁问题存在争议，但是均认为其对海域划界的影响不大，在2013年《充实中韩战略合作伙伴关系行动计划》中，明确提出两国要尽早启动海域划界谈判，④ 并在2014年《中华人民共和国和大韩民国联合声明》附件中，再次确认两国海域划界对推动两国关系长期稳

① Maritime Delimitation in the Indian Ocean (Somalia v. Kenya), Maritime Delimitation in the Caribbean Sea and the Pacific Ocean (Costa Rica v. Nicaragua), Question of the Delimitation of the Continental Shelf between Nicaragua and Colombia beyond 200 nautical miles from the Nicaraguan Coast (Nicaragua v. Colombia), http://www.icj-cij.org/en/pending-cases, visited on October 12, 2017.

② 参见 Clive H. Schofield, Unlocking the Seabed Resources of the Gulf of Thailand, Contemporary Southeast Asia, Vol. 29, No. 2, 2007, pp. 293-296。

③ 参见“VietNam-Cambodia Land Border Marker Inaugurated”, http://www.mofa.gov.vn/en/nr040807104143/nr040807105001/ns120624224926, visited on July 21, 2015。

④ 参见《充实中韩战略合作伙伴关系行动计划》，外交部官网，http://www.fmprc.gov.cn/mfa_chn/ziliao_611306/1179_611310/t1054065.shtml，2015年8月22日访问。

定发展与海洋合作十分重要，商定于 2015 年启动海域划界谈判。①中韩两国已经于 2015 年 1 月 29 日在上海举行了海域划界谈判的预备会议，② 并于同年 12 月 22 日正式启动海域划界谈判。③

二、实施共同开发

完成争议海域的划界是一个耗时且复杂的过程，若能在完成划界之前采用共同开发这种临时措施作为一种过渡手段，既能缓解当事国之间的紧张关系，又能充分利用争议海域的自然资源，不失为一种可行的方案。值得注意的是，本书所研究的共同开发，仅指在争议海域内实施的共同开发，不包括跨界共同开发，即在已完成海域划界的情况下，双方通常会在边界线两侧选择面积大体相同的区域进行共同开发。④ 根据本书的统计，截至目前共有 11 起争议海域共同开发案例（详见表 1）：

表 1　**海上共同开发案例统计表**

序列	年份	共同开发案	共同开发的基本法律文件
1	1974 年	沙特阿拉伯—苏丹共同开发案	Agreement relating to the joint exploitation of the natural resources of the sea-bed and subsoil of the Red Sea in the common zone

① 参见《中华人民共和国和大韩民国联合声明》附件，外交部官网，http：//www.fmprc.gov.cn/mfa_chn/ziliao_611306/1179_611310/t1054065.shtml，2015 年 8 月 24 日访问。

② 参见《中韩今天开谈海洋划界》，载《环球时报》，2015 年 1 月 29 日第 3 版。

③ 参见《中韩海域划界谈判为东亚树立典范》，载《光明日报》，2015 年 12 月 22 日第 12 版。

④ 参见董世杰：《海上共同开发的法律适用》，载《武大国际法评论》2015 年第 17 卷第 2 期，第 72 页。

续表

序列	年份	共同开发案	共同开发的基本法律文件
2	1974 年	日本—韩国共同开发案	Agreement between Japan and the Republic of Korea Concerning Joint Development of the Southern Part of the Continental Shelf Adjacent to the Two Countries
3	1979 年	马来西亚—泰国共同开发案	Memorandum of Understanding between Malaysia and the Kingdom of Thailand on the Establishment of the Joint Authority for the Exploitation of the Resources of the Sea Bed in a Defined Area of the Continental Shelf of the Two Countries in the Gulf of Thailand; 1990 Agreement between Thailand and Malaysia on the Constitution and Other Matters relating to the Joint Authority
4	1989 年	澳大利亚—印度尼西亚共同开发案	Treaty between Australia and the Republic of Indonesia on the Zone of Cooperation in an Area between the Indonesian Province of East Timor and Northern Australia
5	1992 年	马来西亚—越南共同开发案	Memorandum of Understanding between Malaysia and the Socialist Republic of Vietnam for the Exploration and Exploitation of Petroleum in a Defined Area of the Continental Shelf Involving the Two Countries
6	1993 年	哥伦比亚—牙买加共同开发案	Maritime Delimitation Treaty between Jamaica and the Republic of Colombia
7	2001 年	尼日利亚—圣多美和普林西比共同开发案	Treaty between the Federal Republic of Nigeria and the Democratic Republic of Sao Tome and Principe on the Joint Development of Petroleum and other Resources, in respect of Areas of the Exclusive Economic Zone of the Two States

续表

序列	年份	共同开发案	共同开发的基本法律文件
8	2001 年	泰国—柬埔寨共同开发案	Memorandum of Understanding between the Royal Thai Government and the Royal Government of Cambodia regarding the Area of their Overlapping Maritime Claims to the Continental Shelf
9	2002 年	澳大利亚—东帝汶共同开发案	Timor Sea Treaty between the Government of East Timor and the Government of Australia; Agreement between the Government of Australia and the Government of the Democratic Republic of Timor-Leste relating to the Unitisation of the Sunrise Troubador Fields; Treaty between Australia and the Democratic Republic of Timor-Leste on Certain Maritime Arrangements in the Timor Sea
10	2003 年	巴巴多斯—圭亚那共同开发案	Exclusive Economic Zone Co-operation Treaty between the Republic of Guyana and the State of Barbados concerning the Exercise of Jurisdiction in their Exclusive Economic Zone in the Area of Bilateral Overlap within Each of their Outer Limits and beyond the Outer Limits of the Exclusive Economic Zones of Other States
11	2008 年	中国—日本共同开发案	《中日东海问题原则共识》

通过对表 1 的分析可以看出，在上述 11 个共同开发案中，有 3 个出现在 20 世纪 70 年代，其余 8 个出现在 20 世纪 70 年代以后，这一局面的出现，也正好印证了前文所提及的在 20 世纪 70 年代以后，争议海域的划界所遇到的阻力在不断增大，许多国家在相当长一段时间内完成海域划界无望的情况下，退而求其次选择共同开发这一临时性安排。

即便适用共同开发这一方法也未必能一蹴而就。如表 1 中所列的“中国—日本共同开发案”，由于当事国之间对《中日东海问题原则共识》的解读存在分歧，加之政治上缺乏互信，双方无法就共同开发的具体事宜继续进行磋商，最终导致共同开发停滞。① “泰国—柬埔寨共同开发案”，同样由于 2009 年两国间关系紧张而最终被终止。② 因此，当前仍存在争议的海域，即使当事国意图实施共同开发，其推进过程同样面临诸多挑战。

值得注意的是，还出现了少有的从共同开发转入海洋划界的情况。在“澳大利亚—东帝汶共同开发案”中，双方通过不断谈判最终缔结了三项条约，曾在一段时间内被视为共同开发的典范。但在 2013 年东帝汶启动仲裁程序，以澳大利亚在《帝汶海特定海上安排条约》（Treaty between Australia and the Democratic Republic of Timor-Leste on Certain Maritime Arrangements in the Timor Sea）谈判过程中从事间谍活动违反“善意”为由，主张《帝汶海特定海上安排条约》无效。③ 2015 年，为解决双方关于《帝汶海条约》（Timor Sea Treaty）第 8 条（b）款的争端，东帝汶启动了另一仲裁程序。④ 2016 年 4 月 11 日，东帝汶又启动了《公约》项下的强

① 参见 Xinjun Zhang, Why the 2008 Sino-Japanese Consensus on the East China Sea Has Stalled: Good Faith and Reciprocity Considerations in Interim Measures Pending a Maritime Boundary Delimitation, Ocean Development and International Law, Vol. 42, No1-2, 2011, p. 57。

② 参见 Termination of the Memorandum of Understanding between the Royal Thai Government and the Royal Government of Cambodia regarding the Area of their Overlapping Maritime Claims to the Continental Shelf, http://www.ryt9.com/es/mfa/88839, visited on July 24, 2015。

③ 参见 Arbitration under the Timor Sea Treaty, 3 May 2013, https://foreignminister.gov.au/releases/2013/bc_mr_130503.html, visited on October 14, 2017。

④ 参见 Timor-Leste initiates arbitration proceedings under the Timor Sea Treaty, 24 September, 2015, http://timor-leste.gov.tl/wp-content/uploads/2015/09/Timor-Leste-initiates-arbitration-proceedings-under-the-Timor-Sea-Treaty3.pdf, visited on October 14, 2017。

制调解程序，以求与澳大利亚划定永久海洋边界。① 2016 年 9 月 19 日，“东帝汶—澳大利亚海洋划界争端强制调解委员会”就管辖权问题作出决定，认为其有权处理东帝汶在启动强制调解通知书中所列事项。② 此后，两国政府参与了调解委员会召集的多次会议，达成综合性一揽子措施。于 2017 年 1 月 9 日和 24 日，先后发表两份澳大利亚、东帝汶和调解委员会三方联合声明，东帝汶宣布将于 2017 年 4 月 10 日正式终止《帝汶海特定海上安排条约》，并撤销先前针对澳大利亚的两项仲裁。③ 这两份联合声明，事实上终结了双方先前进行的共同开发，转而进入海洋划界。

三、维持争议海域现状

目前，鉴于争议海域无论是划界或是共同开发都面临重重障碍，很多争议海域只能长期维持归属不明的争议状态；即便最终就划界或共同开发达成协议，也必将是一个耗时很长的过程，那么在达成协议之前的很长一段时间内，争议海域仍将处于既无法进行划界又不能进行共同开发的不确定状态。“特定海域未进行划界，并不妨碍当事国在争议海域可能进行的经济活动，如利用争议海域的自然资源。”④ 虽然当事国通常都会在争议海域采取一系列的行动，

---

① 参见 Timor-Leste's conciliation with Australia on maritime boundaries, http: //timor-leste. gov. tl/wp-content/uploads/2016/04/15398-FACT-SHEET-CONCILIATION. pdf, visited on October 14, 2017。

② 参见 Conciliation between The Democratic Republic of Timor-Leste and The Commonwealth of Australia, Decision on Competence, 19 September 2016, para. 111。

③ 参见 Joint Statement by the Governments of Timor-Leste and Australia and the Conciliation Commission Constituted Pursuant to Annex V of the United Nations Convention on the Law of the Sea, 9 Juanuary 2017; Joint Statement by the Governments of Timor-Leste and Australia and the Conciliation Commission Constituted Pursuant to Annex V of the United Nations Convention on the Law of the Sea, 24 Juanuary 2017。

④ Vasco Becker-Weinberg, Joint Development of Hydrocarbon Deposits in the Law of the Sea, Springer-Verlag Berlin Heidelberg, 2014, p. 94.

但并不意味着一方当事国会允许其他当事国在争议海域采取类似的行动，相反当事国通常会在争议海域实施单方面行动的同时，反对其他当事国的单方面行动，这必然导致当事国之间围绕争议海域产生摩擦，此时合理的管控当事国之间的冲突就变得尤为重要。在争议海域完成划界或实施共同开发之前，当事国的工作重点就在于维护争议海域相对稳定的局面，这需要当事国之间通过合作建立一套完善的危机预防和管控机制，至于如何建立这套机制将在本书第三章的第三节详细论述。

本章小结

本章主要是阐述一些基本理论问题，以便为下文的研究奠定基础。其中争议海域是指由于两个或两个以上国家不同的海洋划界主张或者陆地领土争端，所产生的归属存在争议的领海、专属经济区或大陆架，其中归属存在争议的专属经济区或大陆架是研究的重点。而既有石油合同则是指由争端任一当事国在达成共同开发或划界协定之前，就争议海域的石油资源开发与石油公司（主要是外国石油公司）所单方面缔结的石油合同。争端当事国之所以要与外国石油公司订立既有石油合同，主要是出于政治、经济以及法律方面的考虑。既有石油合同可以被分为四类：特许协议、合营企业协议/联合作业协议、产品分成合同、服务合同，不同类型合同中的合同当事国与外国石油公司的权利义务不尽相同。尽管争议海域的未来存在三种可能，完成划界、进行共同开发，维持争议现状，但是无论哪一种情形，既有石油合同都是一个无法回避的问题。

第二章　争议海域既有石油合同的法律效力分析

在对既有石油合同的基本概念做了一个较为详细的介绍分析之后，接下来有必要重点研究既有石油合同的法律效力问题。鉴于既有石油合同从订立到最终履行完毕，通常要经历数个阶段，因此本章所要探讨的既有石油合同的法律效力问题，就不仅限于订立石油合同这一行为的效力，还包括合同履行阶段相关行为的法律效力问题。之所以要研究既有石油合同的法律效力问题，是因为其有效与否，直接影响第三章关于既有石油合同的具体处理方法。如果既有石油合同具有法律效力，那么在进行处理时必须妥善处理外国石油公司、合同当事国以及其他争端当事国之间的利益关系；反之如果既有石油合同不具法律效力，那么就不受法律保护，处理起来就相对容易。需要指出的是，此处所探讨的法律效力问题，有别于一般国内法所探讨的合同效力问题，由于既有石油合同是争端当事国与石油公司签订的，并授权石油公司实施一系列石油活动，在此过程中争端当事国占据主导地位，因此在判断既有石油合同的法律效力时，最核心的问题就是认定争端当事国是否有权这么做。

要判定争端当事国是否有权实施此类行为，则需从国内法和国际法两个层面进行研究，但最终落脚点仍在其是否符合国际法。原因在于，主权国家在国际法上都负有一定的国际义务，国际义务主要来源于习惯国际法和对当事国产生拘束力的条约之规定，主权国家必须善意履行其国际义务。这一基本要求在国际法与国内法的关系上就表现为："国家不能援引国内法律情形作为其违反国际法的正当理由。不能够以国内法的命令要求来为违反国际义务做辩护。不允许将国内法作为逃避国际责任的借口，其原因是显而易见的，否则任何情况下都可以用国内立法这种简单的方法来规避国际法。"① 甚至在"关于《联合国总部协议》第 21 部分的仲裁义务的可适用性的咨询案"中，国际法院也强调了"国际法优先于国内法是国际法的一项基本原则"②。换言之，如果国际法要求当事国以作为的形式履行义务，当事国就不得以国内法为借口拒不执行；反之，如果国际法要求当事国以不作为的形式履行义务，当事国就不得以国内法为理由而实施国际法禁止的行为。

本章首先研究各国国内法是如何规定既有石油合同的，因为要理解并发现一国对于诸多重要国际法问题的态度，研究该国的国内法是一种可行的方法。③ 我们通过对国内法的研究，可以了解各国对既有石油合同的态度。在第二节研究国际法如何规定既有石油合同问题后，各国的国内法规则还可以作为各国是否履行国际义务的证据。正如常设国际法院在"波属上西里西亚德国利益案"的判决中所强调的那样，"从国际法和作为国际法机构的本院的立场来说，国内法仅仅是表达国家意志并构成国家行为的事实，正如法律判决或行政措施一样。本院当然不会被要求对波兰法律进行解释，但是也不能阻止本院，就波兰在适用法律时，是否遵守日内瓦公约所规定的对德国所负的义务作出判决"。④

第一节　国内法层面

争端当事国就争议海域与外国石油公司签订石油合同的国内

---

① Malcolm N. Shaw, International Law (Sixth Edition), Cambridge University Press, 2008, pp. 133-134.

② Applicability of the Obligation to Arbitrate under Section 21 of the United Nations Headquarters Agreement of 26 June 1947, Advisory Opinion, ICJ Reports 1988, para. 57.

③ 参见 Malcolm N. Shaw, International Law (Sixth Edition), Cambridge University Press, 2008, p. 136。

④ The Saiga (No. 2) Case (Saint Vincent and the Grenadines v. Guinea), Judgment, ITLOS Reports, para. 120.

法依据，主要有两类：（1）确立一国领海、专属经济区、大陆架的基本海洋立法。此类立法在于表明当事国对于争议海域拥有管辖权，这也构成了当事国与外国石油公司签订石油合同的国内法基础。（2）授权当事国政府就本国管辖的海域与外国石油公司签订石油合同的立法。当事国的法律明确规定对争议海域拥有管辖权，只是当事国与外国石油公司签订石油合同的第一步，当事国还必须出台相关的法律，允许外国石油公司参与海上石油资源的开发。

一、明确海洋主张的基本立法

争端当事国通常会以立法的形式明确各自的海洋主张，以及所采用的划界方法。本节的目的不在于分析比较各国海洋立法孰优孰劣，重点在于展现各国海洋立法的基本形式和内容。

（一）基本形式

世界上几乎所有的沿海国家都进行了基本的海洋立法，其中非洲地区共有 38 个国家，亚洲及南太平洋地区共有 50 个国家，欧洲和北美地区共有 32 个国家，拉美及加勒比海地区共有 31 个国家。① 各国在立法时通常会采用制定普通法的形式，来主张其对特定海域的管辖权。这种法律主要是由立法机关按照一般立法程序制定而成。虽然此类普通立法的形式被各沿海国广泛使用，但具体的名称不尽相同，有的称为“法律”，如爱尔兰 1979 年 6 月 1 日制定

① 此处数据是对联合国网站：“Maritime Space：Maritime Zones and Maritime Delimitation”中所提供的信息统计后得出的，其中非洲地区的信息更新至 2013 年 10 月 29 日，亚洲及南太平洋地区的信息更新至 2015 年 9 月 29 日，欧洲及北美地区的信息更新至 2010 年 4 月 19 日，拉美及加勒比海地区的信息更新至 2010 年 4 月 19 日，详见：http：//www. un. org/Depts/los/LEGISLATIONANDTREATIES/regionslist. htm。

的《关于领海、经济区和大陆架的法律》，① 韩国于 1977 年 12 月 31 日制定的《领海法》；② 有的叫做“法案”，如印度尼西亚于 1983 年制定的《关于印度尼西亚专属经济区的法案》，1996 年制定的《关于印度尼西亚水域的法案》。③ 法令、命令、声明、公告也是各国经常采用的一种形式。它们通常是行政机关（主要是指中央政府）为具体执行立法机关有关海洋的基本立法而颁布的法律文件。例如，挪威于 1976 年 12 月 17 日颁布《挪威经济区法案》，为执行该法案，挪威政府同日颁布《建立挪威经济区的法令》；④ 英国政府为执行 1987 年的《领海法案》，于 1989 年颁布第 482 号《领海界限的命令》；⑤ 中国政府为执行 1992 年《领海及毗邻区法》，于 1996 年发布《中华人民共和国关于中华人民共和国领海基线的声明》；⑥ 澳大利亚 1983 年 2 月 4 日《根据〈1973 年海洋和水下土地法案〉第 7 部分确定领海基线的公告》以及 1987 年 3 月 19 日《根据〈1973 年海洋和水下土地法案〉第 8 部分的公

① Law No. 41 of 1 June 1979 concerning the Territorial Sea, the Economic Zone and the Continental Shelf, http://www.un.org/Depts/los/LEGISLATIONANDTREATIES/PDFFILES/ISL_1979_Law.pdf, visited on October 10, 2015.

② Territorial Sea Law No. 3037 of 31 December 1977, http://www.un.org/Depts/los/LEGISLATIONANDTREATIES/PDFFILES/KOR_1977_Law.pdf, visited on October 10, 2015.

③ Act No. 5 of 1983 on the Indonesia Exclusive Economic Zone, 18 October 1983 and Act No. 6 of 8 August 1996 regarding Indonesia Waters, http://www.un.org/Depts/los/LEGISLATIONANDTREATIES/STATEFILES/IDN.htm, visited on October 10, 2015.

④ Royal Decree of 17 December 1976 relating to the Establishment of the Economic Zone of Norway, http://www.un.org/Depts/los/LEGISLATIONANDTREATIES/PDFFILES/NOR_1976_Decree.pdf, visited on October 10, 2015.

⑤ The Territorial Sea (Limits) Order 1989, http://www.un.org/Depts/los/LEGISLATIONANDTREATIES/PDFFILES/GBR_1989_Order.pdf, visited on October 10, 2015.

⑥《中华人民共和国关于中华人民共和国领海基线的声明》，国务院法制办官网，http://fgk.chinalaw.gov.cn/article/fgxwj/199605/19960500276656.shtml，2015 年 10 月 5 日访问。

告》，都是澳大利亚总督根据联邦行政委员会（the Federal Executive Council）的建议，为执行《1973 年海洋和水下土地法案》而颁布的。① 另外，还存在个别国家通过宪法明确其海洋主张。据统计当前共有五个国家在其宪法中明确提出其海洋主张，即危地马拉、洪都拉斯、萨尔瓦多、马尔代夫、菲律宾，其中 1965 年的危地马拉共和国宪法第 3 条，1982 年的洪都拉斯共和国宪法中第 11、12 条，1983 年的萨尔瓦多共和国宪法第 84 条，② 1975 年的马尔代夫宪法第 1 条修正案，菲律宾 1973 年的宪法第 1 条均对本国的海洋主张做了概括性规定。③ 除了萨尔瓦多之外，④ 其余四国还进行了专门的海洋立法，细化各自的海洋主张。

（二）基本内容

各国在海洋方面的基本立法的内容大体涵盖以下几个方面：（1）确定领海基线或群岛基线。不同国家会采用不同的基线方法，有的会采用正常基线，有的会采用直线基线。如果采用直线基线法，还涉及基点的选择问题。（2）划定内水或者群岛水域、领海、毗邻区、专属经济区、大陆架的界限，其中还包括海岸相邻或相向国家间领海、专属经济区、大陆架的划界方法的选择问题，不同国家会主张不同的划界方法。（3）确立各国在不同海域

---

① Proclamation of 4 February 1983 [Proclamation of the Inner Limits (the Baseline)], pursuant to section 7 of the Sea and Submerged Lands Act 1973 and Proclamation of 19 March 1987, pursuant to Section 8 of the Seas and Submerged Lands Act 1973, http://www.un.org/Depts/los/LEGISLATIONANDTREATIES/STATEFILES/AUS.htm, visited on October 6, 2015.

② 张海文、李云红主编：《世界各国海洋立法汇编：非洲国家、拉美和加勒比国家卷》，法律出版社 2012 年版，第 522、549、698 页。

③ 张海文、李云红主编：《世界各国海洋立法汇编：亚洲和大洋洲国家卷》，法律出版社 2012 年版，第 284、463 页。

④ 在五个国家的宪法当中，萨尔瓦多宪法第 84 条篇幅最大，规定最为详尽，但到目前为止尚未掌握萨尔瓦多专门进行海洋立法的信息。

所享有的权利，以及在不同海域实施的管理制度。虽然各国在立法的内容上千差万别，但是有一点可以肯定，那就是每个国家都会在本国立法中明确规定自己对争议海域拥有无可争议的主权或主权权利，也正是由于这一原因，才会在争议海域出现相互冲突的主张。

二、海上石油开发立法

鉴于当事国在明确其海洋主张的基本立法中都认为自己对争议海域拥有无可争议的主权或者主权权利，那么当事国当然认为自己有权对争议海域的石油资源进行勘探开发。为了规范石油开发活动，许多国家通常会选择就海上石油开发进行立法。有些国家会单独就海上石油资源的开发进行单独立法，比如下文将要提及的挪威、意大利；也有些国家选择对陆地和海洋石油开发活动进行综合立法，比如越南、马来西亚；还有的国家会选择对所有的矿产资源开发进行综合立法，如日本。无论采用何种形式，所有立法均从以下几点来规范海上石油开发：（1）明确规定当事国对本国海域内的石油资源享有所有权，勘探开发石油资源的权利属于国家。例如，印度尼西亚 1960 年颁布的专门规范油气资源开发活动的第 44 号法案规定，所有的油气资源是国家控制的国有财产，只能由国家进行开发；① 挪威于 1963 年颁布的《关于勘探开发海底自然资源的法案》第 2 条规定，“海底自然资源的权利属于国家”；② 意大利第 613 号《领海和大陆架油气资源勘探开发法案》第 2 条规定，

① 参见 Zhiguo Gao, International Petroleum Contracts: Current Trends and New Directions, Graham & Trotman/Martinus Nijhoff, 1994, p. 65。

② Article 2 of Act of 21 June 1963 Relating to Exploration and Exploitation of Submarine Natural Resources, http://www.un.org/Depts/los/LEGISLATIONANDTREATIES/PDFFILES/NOR_1963_Act.pdf, visited on October 10, 2015.

“勘探开发大陆架自然资源的权利属于国家”;① 越南《石油法》第1条规定，“越南内水、领海、专属经济区和大陆架底土下的所有石油资源，是在越南社会主义共和国唯一管理下的越南人民的财产”。②（2）允许外国石油公司参与本国海域内石油资源的开发。例如，挪威在1965年颁布的《关于勘探开发挪威大陆架海床和底土中石油资源的法令》第3条规定，勘探许可证可以授予挪威本国的人、公司、机构和其他团体，或者外国的人、公司、机构和其他团体;③ 为了吸引外国公司参与本国海上石油资源的开发，韩国于1970年颁布了《海底矿产资源开发法》;④ 而泰国在1971年3月26日颁布的第一部《石油法案》，其目的之一也是鼓励和吸引外国投资;⑤ 但也存在特例，日本的《矿业法》第17条规定：“采矿权只能由日本国民或日本法人所持有；除非相关条约有相反

① Article 2 of Act No. 613 on the Surveying and Production of Oil and Gas in the Territorial Sea and Continental Shelf, and Amendments to Act No. 6 of II January 1967 on the Surveying and Production of Oil and Gas, http://www.un.org/Depts/los/LEGISLATIONANDTREATIES/PDFFILES/ITA_1967_Act.pdf, visited on October 10, 2015.

② Article 1 of The Petroleum Law (Amended and Supplemented in 2000), http://www.mof.gov.vn/portal/pls/portal/btc.qppl_search.download_file? p_file=35041&p_type=1, visited on October 10, 2015. 越南《石油法》最早于1993年制定，后在2000年、2008年分别进行过修改，但是本法第1条并未改动。

③ Article 4 of Royal Decree of 9 April 1965 relating to Exploration for and Exploitation of Petroleum Deposits in the Sea-Bed and its Subsoil on the Norwegian Continental Shelf, http://www.un.org/Depts/los/LEGISLATIONANDTREATIES/PDFFILES/NOR_1965_Decree.pdf, visited on October 10, 2015.

④ 参见 Masahiro Miyoshi, The Joint Development of Offshore Oil and Gas in Relation to Maritime Boundary Delimitation, in Clive Schofield (ed.) Maritime Briefing, International Boundary Research Unit, Vol. 2, NO. 5, 1999, p. 11。

⑤ 参见 Zhiguo Gao, International Petroleum Contracts: Current Trends and New Directions, Graham & Trotman/Martinus Nijhoff, 1994, p. 27。

规定，否则本条之内容不得适用。”① 可见，在日本海上石油资源的开发在原则上是不允许外国石油公司参与，但是在日本对外缔结的条约中可以允许外国石油公司的参与，其中最具代表性的例子就是，在日韩共同开发案中，日韩双方根据共同开发协议分别指定本国的企业作为特许权获得者，由两国指定的企业共同开发石油资源。(3) 发展中国家往往选择设立国家石油公司，并以立法的形式授予其勘探开发本国海上石油资源的专属权，并负责与外国石油公司签订石油合同。例如，马来西亚在其《石油开发法案》中，明确授予马来西亚国家石油公司专属勘探开发石油资源的权利；印度尼西亚国家石油天然气公司和越南国家石油天然气公司，同样被本国赋予勘探开发各自海上石油资源的专属权。这些国有石油公司不仅拥有勘探开发石油资源的专属权利，还作为合同当事方与外国石油公司签订石油合同。(4) 石油合同的基本条款。各国立法会明确由谁代表国家与外国石油公司签订石油合同，如果设立了国家石油公司，通常会由国家石油公司与外国石油公司签订石油合同；反之则由政府或政府中主管石油资源开发的部门与外国石油公司签订石油合同。至于各国会选择何种石油合同以及合同的基本条款，笔者已在第一章第三节中详细论述过。(5) 管理海上石油开发活动的机构。通常各国都会指定政府中的某一职能部门管理海上石油开发活动。例如，在挪威由工业部（the Department of Industry）负责颁发海上石油勘探开发许可证，进行日常的管理;② 在日本则是由经济产业省（Ministry of Economic, Trade and Industry）负责授

① Article 17 of Mining Act, http://www.japaneselawtranslation.go.jp/law/detail/?id=29&vm=04&re=01, visited on October 10, 2015。

② 参见 Article 3 of Royal Decree of 9 April 1965 relating to Exploration for and Exploitation of Petroleum Deposits in the Sea-Bed and its Subsoil on the Norwegian Continental Shelf, http://www.un.org/Depts/los/LEGISLATIONANDTREATIES/PDFFILES/NOR_1965_Decree.pdf, visited on October 10, 2015。

予采矿权。① 也有国家为了管理石油开发活动而特设管理机构。例如，在 2000 年修订后的越南《石油法》中，越南政府为了管理石油活动而要专门设立国家石油管理局（The State Petroleum Management Authority）。②

通过本节的分析，不难看出争议海域的既有石油合同能够在国内法找到依据，即争端当事国的国内法明确规定对争议海域享有主权或主权权利，同时国内法又允许当事国与外国石油公司就海上石油资源的开发订立合同。反之，若是国内法不对争议海域提出主张，那么就不会出现争议海域；或者国内法禁止外国石油公司参与石油开发，那么石油合同只在当事国与本国的公民或法人之间缔结，这将不属于本书的主要研究范围。

第二节 国际法层面

虽然当事国与外国石油公司之间的既有石油合同，能够比较容易地在国内法中寻得法律依据，但这并不必然代表当事国的行为符合国际法的要求，因此有必要检验当事国依据国内法所实施的行为是否有违国际法的要求。为了验证当事国的行为是否符合国际法的要求，我们可以从两个方面入手：（1）从积极方面来说，就是能否在国际法上找到允许争议海域存在既有石油合同的法律依据，也就是在争议海域归属不明的情况下，争端当事国能否主张在争议海域内行使主权或主权权利。（2）从消极方面来说，就是分析当事国在争议海域与外国石油公司所实施的此类行为，是否违反国际法中规范争议海域石油资源开发活动的禁止性规定。

---

① 参见 Article 21 of Mining Act, http://www.japaneselawtranslation.go.jp/law/detail/?id=29&vm=04&re=01, visited on October 10, 2015。

② 参见 Article 39 of The Petroleum Law (Amended and Supplemented in 2000), http://www.mof.gov.vn/portal/pls/portal/btc.qppl_search.download_file?p_file=35041&p_type=1, visited on October 10, 2015。

一、争端当事国能否在争议海域行使主权或主权权利

（一）基本观点

在无争议的海域内，当事国与石油公司签订石油合同开发石油资源，是当事国对其所属的海域行使主权或主权权利的具体体现。由于位于争议海域，分析既有石油合同是否符合国际法的要求，首先必须明确当事国在争议海域归属不明的情况下，其海洋主张能否在国际法上站住脚。当事国一方的海洋主张能否在国际法上站得住脚，关键取决于当事国是否依据善意（Good Faith）提出自己的主张。之所以这么说，是由于善意在国际法中的重要地位，正如耶佩斯先生（Yepes）所指出的那样，由于《联合国宪章》第 2 条第 2 款对善意的明确规定，使得善意在国际生活中居于至高地位。① 根据善意的要求，可以避免对条约进行一种双方均意想不到的解读，从而避免任何一方当事国从中获得不公平的优势。对于判断当事国是否具有善意，其最低标准应该是当事国的海洋主张在国际法上是否具有初步基础（A Prima Facie Basis）。② 所谓的初步基础，就是指当事国的海洋主张能否在现行国际法，特别是在国际海洋法中，找到明确的法律依据。

通常而言，争端当事国都会明确提出自己海洋主张的国际法依据，认为自己的主张在国际法上具有初步基础，同时认为其他当事国的海洋主张缺乏国际法基础。此时就出现了一个难题，即如何认定当事国的海洋主张中哪些有国际法依据，哪些没有国际法依据；或者哪一方的海洋主张更具说服力。除了当事国之间通过谈判协商来解决它们之间相互冲突的海洋主张外，就是寻求国际司法机构来

---

① 参见 J. F. O'Connor, Good Faith in International Law, Dartmouth Publishing Company Limited, 1991, p. 35。

② Xinjun Zhang, Why the 2008 Sino-Japanese Consensus on the East China Sea has Stalled: Good Faith and Reciprocity Consideration in Interim Measures Pending a Maritime Boundary Delimitation, Ocean Development and International Law, Vol. 42, No. 1-2, 2011, p. 59.

判定它们的主张。

当事国之间进行谈判虽然会以各自的海洋主张为基础，但是最终的结果会有很明显的相互妥协的痕迹，而不是简单的否定一方当事国的划界主张而支持其他当事国的划界主张，很难看出哪一方的海洋主张更符合国际法，法律性不明显，这是双方政治博弈的结果。例如，在2009年“马来西亚—文莱海上划界案”中，马来西亚承认了双方主张重叠的海域归文莱所有，由文莱行使主权权利；作为回报，马来西亚国民和居民享有通过文莱海域的权利，在双方主张重叠的海域建立商业安排区（Commercial Arrangement Area），石油资源的收益由两国分享,① 马来西亚国家石油公司参与商业安排区内的石油资源开发。② 马来西亚之所以急于同文莱完成海上划界，主要有两点原因：（1）争议海域的存在一直妨碍两国关系的发展；（2）2005年中国国家主席访问文莱，提议进行共同开发，可能促使马来西亚必须在同文莱的谈判中有所进展。③ 马来西亚作出让步并不是因为自身海洋主张站不住脚，而是为了缓和与邻国关系的政治需要，而且也得到了相应的补偿。

至于通过国际司法机构来认定当事国海洋主张是否有效，虽然能够很好地体现法律性，但这一做法同样存在局限性：首先，很多国家将海洋划界问题排除适用导致有拘束力裁判的强制程序，因此能否启动国际诉讼或仲裁程序，本身就是未知数。其次，如果启动了诉讼或仲裁程序，其结果往往很难被当事国所控制，很有可能会

① 参见 Brunei has Sovereign Rights over 2 Oil Rich Areas：Wisma Putra，2010-05-03，http：//www. thestar. com. my/story/？ file =% 2f2010% 2f5% 2f3% 2fnation%2f20100503123605&sec=nation，visited on October 10，2015。

② 参见 Patronas：Malaysia still has Oil Exploration Deal with Brunei，2010-05-02，http：//www. thestar. com. my/story/？ file =% 2f2010% 2f5% 2f2% 2fnation%2f6176292&sec=nation，visited on October 10，2015。

③ 参见 Jianwei Li，Ramses Amer，Recent Practices in Disputes Management in the South China Sea，in Clive Schofield（ed.）Maritime Cooperation in Contested Waters：Addressing Legal Challenges in East and Southeast Asian Waters，The National Bureau of Asian Research Special Report，February 2012，p. 89。

出现当事国意料之外的结果。例如，美国和加拿大于1979年曾就缅因湾争议海域达成渔业协定，但由于新英格兰州渔业游说团体的反对，认为其渔业方面的利益受损，致使美国参议院拒绝批准该协定；最终两国将该海域划界问题提交国际法院，国际法院通过判决确立了单一的海上边界，使得新英格兰州处于更加不利的地位，倒不如接受原先的渔业协定。①

既然寻求国际司法机构解决海洋争端不会是多数国家的首选，而谈判的过程又很漫长，那么许多海域将长期处于归属不明的状态。在此期间，当事国任何一方都不会认同其他当事国的主张，也没有中立的第三方来评判它们的各自主张。因此，在争议海域完成划界之前，我们只能寄希望于当事国善意提出各自的海洋主张，而且推定所有的单方面主张在国际法上都是有效的；② 既然在争端解决之前只能推定当事国的主张均有效，那么当事国就可以据此在争议海域行使主权或主权权利，这就为既有石油合同的存在提供了国际法依据。

（二）国际判例的支持

上述观点也为国际判例所支持。目前国际法庭或仲裁庭已决的案件中，有一定数量的案件，涉及争议海域内当事国的石油活动在海洋划界中具有何种法律意义的问题。对此问题，国际法庭或仲裁庭在不同的案件，对各国的石油活动的法律意义给予的认定不尽相同。在一些案件中，当事国在争议海域内的石油活动没被作为划界的考虑因素。例如，在“利比亚—突尼斯大陆架划界案”、“缅因湾划界案”、“利比亚—马耳他大陆架划界案”、“法国—加拿大仲裁案”、“喀麦隆—尼日利亚划界案”、“黑海划界

① Elliot Richardson, Jan Mayen in Perspective, the American Journal of International Law, Vol. 82, 1988, p. 451.

② 参见 Tara Davenport, the Exploration and Exploitation of Hydrocarbon Resources in Areas of Overlapping Claims, in Robert Beckman (ed.) Beyond Territorial Disputes in the South China Sea, Edward Elgar Publishing Limited, 2013, p. 106。

案”以及“加纳—科特迪瓦海上划界案”中，当事国一方或双方认为在划界过程中，应当考虑它们之前在争议海域内所实施的石油活动，但是这种主张并没有被国际法庭或仲裁庭所采纳。① 在这些案件中，当事国在争议海域的石油实践之所以没有被作为划界的考虑因素，原因在于国际法庭或仲裁庭认为，当事国之间未能就石油活动达成临时协议、默认、明示或默示的协议（具体原因将在第三章第一节分析），并没有在判决中表明是由于当事国在争议海域的石油活动为国际法所禁止；相反，国际法庭或仲裁庭愿意通过分析当事国的石油活动，以探明当事国之间是否就争议海域内的石油活动达成明示或默示的协议，就足以表明国际法庭或仲裁庭不认为争议海域内的石油活动为国际法所禁止，否则一个完全被国际法所禁止的行为，是没有必要分析其能否作为海洋划界的考虑因素。

在另外一些案件中，国际法庭或仲裁庭则明确认可了当事国可以在争议海域单方面实施石油活动。在“爱琴海大陆架划界案”中，土耳其与希腊围绕爱琴海大陆架归属问题产生争议，希腊依据1958年《日内瓦大陆架公约》第1条b款之规定，认为靠近土耳其海岸的希腊岛屿应当拥有大陆架，两国间的大陆架应当以等距离为基础，使用中间线来划定；而非《日内瓦大陆架公约》当事国

① 参见 Continental Shelf (Tunisia/Libyan Arab Jamahiriya), Judgment, ICJ Reports 1982, para. 118; Delimitation of the Maritime Boundary in the Gulf of Maine Area, Judgment, ICJ Reports 1984, paras. 149-151; Continental Shelf (Libyan Arab Jamahiriya/ Malta), Judgment, ICJ Reports 1985, paras. 24-25; Court of Arbitration for the Delimitation of Maritime Areas between Canada and France: Decision in Case concerning Delimitation of Maritime Areas, International Legal Materials, Vol. 31, No. 5, 1992, para. 89; Land and Maritime Boundary between Cameroon and Nigeria (Cameroon v. Nigeria: Equatorial Guinea intervening), Judgment, ICJ Reports 2002, paras. 282, 283, 302, 303; Maritime Delimitation in the Black Sea (Romania vv. Ukraine), Judgment, ICJ Reports 2009, paras. 189-198; Dispute Concerning Delimitation on the Maritime Boundary between Ghana and Côte d'Ivoire in the Atlantic Ocean, Judgment, ITLOS Reports 2017, paras. 220-226, 243-244。

的土耳其则认为,① 一些靠近土耳其海岸的希腊岛屿不应拥有自己的大陆架，同时质疑等距离原则的适用性。② 针对土耳其在争议海域所进行的石油勘探活动，希腊还要求国际法院规定临时措施，“要求希腊和土耳其在国际法院作出最终判决之前，未经另一方的同意，在土耳其之前颁发过勘探许可的海域，或者在靠近土耳其海岸的希腊岛屿的临近海域，或者本案中的其他争议海域，禁止所有关于大陆架的勘探活动或科学研究……”③ 希腊的主要理由是“对争议区域拥有专属主权权利的真正沿海国对其大陆架‘认知上的专属性’（the exclusivity of knowledge）应当得到保护，任何对‘认知上的专属性’的破坏，都将对沿海国的权利造成无法弥补的损害……土耳其的地震勘探活动，威胁到希腊获取有关这一区域自然资源信息的专属权利；未经希腊同意，获取和传播这些信息，将有损希腊与潜在的许可证获得者之间的谈判，永久地损害希腊制定本国能源政策的主权权利”。④

国际法院最终并没有认同希腊的主张，反而认为土耳其所实施的地震勘探活动具有临时性，不会对海床、底土或自然资源造成无法弥补的损害。⑤ 此外，国际法院还认为即便根据其最终判决，争议海域归属希腊，土耳其在该区域的勘探活动，侵犯了希腊获得其大陆架自然资源相关信息的权利的专属性，也可以事后通过适当方

---

① 有关 1958 年《日内瓦大陆架公约》当事国数量的详细情况，参见 https：//treaties. un. org/Pages/showDetails. aspx? objid = 08000002800338fb, visited on October 16, 2015。

② 参见 Aegean Sea Continental Shelf, Judgment, ICJ Reports 1978, para. 16。

③ Aegean Sea Continental Shelf, Interim Protection, Order of 11 September 1976. ICJ Reports 1976, para. 2.

④ Aegean Sea Continental Shelf, Interim Protection, Order of 11 September 1976. ICJ Reports 1976, paras. 17, 26.

⑤ 参见 Aegean Sea Continental Shelf, Interim Protection, Order of 11 September 1976. ICJ Reports 1976, para. 30。

式进行弥补。① 换言之，在未就最终归属作出裁判前，不需要禁止土耳其的勘探活动，不禁止土耳其单方面实施的勘探活动，也就意味着在国际法院作出最终判决前，当事国可以在争议海域实施勘探活动，而在大陆架上实施勘探活动，正是沿海国对大陆架所享有的主权权利的具体体现。

在“厄立特里亚—也门仲裁案”中，也门在红海争议海域与多家外国石油公司签订了石油合同，其中大部分是其前身——阿拉伯也门共和国所缔结的。例如，1972 年与壳牌石油公司（Shell）签订地震勘探协议；在 1974 年分别与德意志壳牌石油公司（Deutsche Shell Aktiengesellschaft）、日本东绵株式会社（Tomen）以及圣达菲公司（Santa Fe International Corp）签订石油合同；1984 年与亨特石油公司（Hunt Oil Company）签订石油合同；1985 年又与法国道达尔石油公司（Total）签订石油合同；而厄立特里亚直到 1993 年才正式获得独立，因此主要由其被继承国——埃塞俄比亚，在红海争议海域与外国石油公司签订石油合同，以 1988 年与国际石油公司（International Petroleum Ltd）最具代表性。② 双方都主张自己的在争议海域的石油活动，应当作为划界的考虑因素。

“鉴于争议区域如此复杂的石油特许权历史，仲裁庭得出以下结论：也门、埃塞俄比亚、厄立特里亚所签订的海上石油合同，无法为任何一方当事国确立对于争议岛屿的主权主张，也不能强化任何一方的主权主张；在不考虑岛屿争端的情况下，这些石油合同在一定程度上，支持了厄立特里亚和也门之间的相向海岸，以中间线划分各自管辖权；在执行石油合同过程中，基于国家授权所发生的重要行为，值得仲裁庭进一步权衡和评估。”③ 仲裁庭在第一阶段所做的这一判决，在仲裁案的第二阶段中得以继承，“正如仲裁庭

① 参见 Aegean Sea Continental Shelf, Interim Protection, Order of 11 September 1976. ICJ Reports 1976, para. 32。

② 参见 the Eritrea-Yemen Arbitration (Phase 1: Territorial Sovereignty and Scope of Dispute), 3 October 1996, paras. 392-435。

③ The Eritrea-Yemen Arbitration (Phase 1: Territorial Sovereignty and Scope of Dispute), 3 October 1996, paras. 436-439.

第一阶段的裁决所认为的……海上石油合同在一定程度上，支持了在厄立特里亚和也门之间的相向海岸以中间线划分各自管辖权；现在仲裁庭所决定的边界不仅仅是出于石油特许权和石油协议的目的，而是一个为了所有目的的单一海上界线。由于岛屿的存在，要求仔细考虑它们对海上界线可能的影响。即便岛屿会对最终划界产生影响，但是最终的海上边界线中的大部分仍是两国大陆之间的中间线”。① 可见当事国在争议海域的石油合同，是仲裁庭决定以中间线作为两国间海上界线的大体走向的考虑因素，而这必然要以当事国可以在争议海域单方面实施石油活动为前提。当事国可以在争议海域单方面实施石油活动，同样表明了当事国可以在争议海域行使主权或主权权利。

“圭亚那—苏里南仲裁案”的判决同样认可当事国双方可以在争议海域行使主权或主权权利。圭亚那和苏里南关于领海、专属经济区的划界争端由来已久，其中圭亚那主张适用等距离线原则，而苏里南认为海上划界还应当考虑其他地理因素。② 虽然当事国之间在划界具体方法上存在对立，但是双方仍一直尝试通过谈判解决争端，并且在 1989 年两国总统同意在解决边界问题之前，在边境地区采取共同开发模式。③ 双方矛盾的激化源自 1999 年经圭亚那授权一家加拿大石油公司——CGX 公司在争议海域实施了石油勘探活动，2000 年遭到苏里南的强烈反对，鉴于 CGX 公司并无停止作业的迹象，苏里南派遣巡逻船实施驱逐。针对苏里南派遣巡逻船的行为，圭亚那提出一项诉求：“苏里南应对其使用武力的行为承担国际责任，并对由其违法行为所造成的损失进行赔偿。”④ 对此，

① The Eritrea-Yemen Arbitration (Phase 2: Maritime Delimitation), 3 October 1996, para. 132.

② 参见 Guyana/Suriname, Award of the Arbitral Tribunal, 17 September 2007, para. 144。

③ 参见 Guyana/Suriname, Award of the Arbitral Tribunal, 17 September 2007, paras. 146-148。

④ Guyana/Suriname, Award of the Arbitral Tribunal, 17 September 2007, para. 157.

苏里南辩称："圭亚那夸大了苏里南海军行动的性质，实际上只是一次执法行动，使用的武力没有超过实现合法目标所必要的限度……实际上不存在《联合国宪章》中规定的使用或威胁使用武力，苏里南的行动不是针对圭亚那一个国家，并且认为行使沿海国的管辖权不等同于军事武力。"① 虽然仲裁庭最终认定，苏里南使用巡逻艇驱逐加拿大石油公司的勘探船只违反国际法，但原因并不是苏里南无权采取驱逐行动，而是实施驱逐行动的过程中具体方式不当，构成以武力相威胁，因而违反国际法。② 这也表示，仲裁庭认可了苏里南有权在争议海域进行执法行使管辖权，对管辖权的承认，就意味着苏里南也可以在争议海域行使主权或主权权利。

而对于苏里南的一项重要诉求"圭亚那违反《公约》第74（3）、83（3）条之规定，授权许可证持有者在已知争议海域钻探探井，妨害海上边界协定的达成"，③ 仲裁庭认为，"在争议海区实施的两类活动是允许的：（1）当事方根据实际性的临时安排所采取的活动；（2）单方面实施的，但对最终海上划界协议的达成无损害或妨碍的活动……其中对海洋环境不产生物理改变的单方面行为属于第二类。"④ 而圭亚那授权的CGX公司在争议海域进行的钻探作业，正属于会对海上环境产生物理改变的行为，因此有违尽一切努力不妨害最终划界协议达成的义务。⑤ 虽然仲裁庭认为CGX公司的钻探行为违反国际法，但并不代表仲裁庭，反对其在争议海域内实施任何的单方面活动；相反，仲裁庭还认为"不允许争端

---

① Guyana/Suriname, Award of the Arbitral Tribunal, 17 September 2007, para. 270.

② 参见 Guyana/Suriname, Award of the Arbitral Tribunal, 17 September 2007, paras. 445-446。

③ Guyana/Suriname, Award of the Arbitral Tribunal, 17 September 2007, paras. 161.

④ Guyana/Suriname, Award of the Arbitral Tribunal, 17 September 2007, paras. 466-467.

⑤ 参见 Guyana/Suriname, Award of the Arbitral Tribunal, 17 September 2007, paras. 481-482。

一方以永久的方式，采取任何可能影响另一方权利的单方面活动；然而，国际法庭或仲裁庭应当注意不扼杀当事方在争议区域促进经济发展的能力，因为边界争端的解决是一个耗时的过程；仲裁庭关于尽力不损害或妨碍最终协议达成的义务的解读，必须反映出这种微妙的平衡”。① 这意味着仲裁庭承认，在不损害或妨碍最终协议达成的前提下，圭亚那还是可以在争议海域实施单方面的石油活动，这等于间接承认了圭亚那可以在争议海域行使主权或主权权利。通过该案的判决不难看出，在争议海域完成划界之前，仲裁庭认为争端当事国双方均可以在争议海域内行使主权或主权权利。

“科特迪瓦—加纳大西洋海上划界案”中的国际海洋法法庭的特别分庭在规定临时措施的过程中，也认为争端当事国可以在争议海域内单方面进行石油活动。从一开始特别分庭就表明其立场，即“特别分庭必须保护，依据法律是非曲直而在其最终判决中归属任何一方当事国的权利”②。这就意味着特别分庭认为，在作出最终判决之前，有关争议海域的权利可能属于任何一方，任何一方也都可以进行主张。

在本案中，科特迪瓦要求特别分庭采取以下临时措施：“（1）采取一切措施暂停所有正在争议海域进行的石油勘探开发作业；（2）禁止在争议海域授予新的石油勘探开发许可；（3）采取一切措施，防止加纳（或经其授权的主体）以前、现在或者将来在争议海域实施勘探活动所获得的信息，以任何不利于科特迪瓦的方式使用；（4）采取所有必要措施，保护大陆架以及其上覆水域和底土；（5）停止和禁止任何会对科特迪瓦权利造成损害，以及可能会加剧争端的单方面行为。”③

---

① Guyana/Suriname, Award of the Arbitral Tribunal, 17 September 2007, para. 470.

② 参见 Dispute Concerning Delimitation on the Maritime Boundary between Ghana and Côte d'Ivoire in the Atlantic Ocean, Provisional Measures, Order of 25 April 2015, ITLOS Reports 2015, para. 40。

③ Dispute Concerning Delimitation on the Maritime Boundary between Ghana and Côte d'Ivoire in the Atlantic Ocean, Provisional Measures, Order of 25 April 2015, ITLOS Reports 2015, para. 25.

虽然特别分庭最终基本上采纳了科特迪瓦的主张，但是在一些具体细节上存在出入，从这细微的变化上可以窥探特别分庭的态度。例如，特别分庭要求加纳采取所有必要措施，确保在争议海域内不再有“新的钻探活动”,① 而非科特迪瓦起初要求的“暂停所有正在进行的石油勘探开发作业”和“不授予新的石油勘探开发许可”。可见在争议海域内，加纳正在实施的所有石油活动，一律无须暂停；对于新的石油活动，只是不允许实施钻探活动，而非全部的石油勘探开发活动。同时，对于加纳在争议海域通过勘探活动所获得的信息应当如何使用的问题，科特迪瓦本身的诉求就足以表明，它并不认为勘探活动本身应当被禁止，只是需要对勘探活动中得到的信息的利用方式加以限制，不应当将这些信息公之于众，特别分庭最终支持了科特迪瓦的这一诉求。由此可见，争端当事国在争议海域实施勘探活动是被允许的，这同样说明了争端当事国可以在争议海域行使主权或主权权利。

特别分庭在最终判决中再次申明了这一观点。科特迪瓦在最终诉求中要求特别分庭“宣告和判决加纳在科特迪瓦海域单方面实施的活动，构成侵犯科特迪瓦对特别分庭划归其所有的大陆架的专属主权权利”。② 对此，特别分庭强调，在存在重叠的情况下，相关的双方当事国，基于它们各自相关的海岸，对相关大陆架均享有权利（entitlement）。只有划界决定才能确立，存在争议的大陆架的哪一部分归属于哪一声索国。这就意味着，相关判决给予一方的权利优先于（priority over）另一方的权利。这一判决因此具有建构性（constitutive nature），不能仅仅被视为宣告性（declaratory nature）；在特别分庭看来，一国在被国际判决归属于另一国的大陆架区域内从事海洋活动，不能被视为侵犯后者的主权权利，只要

① 参见 Dispute Concerning Delimitation on the Maritime Boundary between Ghana and Côte d'Ivoire in the Atlantic Ocean, Provisional Measures, Order of 25 April 2015, ITLOS Reports 2015, para. 108。

② Dispute Concerning Delimitation on the Maritime Boundary between Ghana and Côte d'Ivoire in the Atlantic Ocean, Judgment, ITLOS Reports 2017, para. 561.

这些活动是在判决送达前所实施的，并且双方当事国均对相关区域提出善意主张。①

综上所述，鉴于当前海洋争端中的当事国通常都能在国际法，特别是《公约》中为其海洋主张找到明确的法律依据，而且当事国都会论证自己的主张多么符合国际法，同时驳斥其他当事国的主张，虽然不同的学者从理论层面分析比较当事国的主张，会得出不同的结果，但是鉴于当事国均主张同一海域内的海洋权利，那么在完成最终划界之前，在国际法上只能推定当事国的主张均有效。这一做法也为国际司法实践所支持，有些国际判例明确认可了当事国可以在争议海域内单方面实施石油活动；另外一些国际判例虽然没有将当事国的石油实践作为划界的考虑因素，但是国际司法机构愿意在案件中分析这些石油实践是否具有影响海洋划界的法律效果，就足以表明它们不认为争议海域内的石油活动为国际法所禁止，而当事国在争议海域内进行石油活动的国际法基础，就是当事国可以在争议海域行使主权或主权权利。因此，只要争端当事国的海洋主张在国际法上具备初步基础，在最终划界前就可以推定其主张有效，自然就可以在争议海域行使主权或主权权利，这也为争议海域内的既有石油合同提供了法律基础。

二、是否违反国际法的禁止性规定

虽然争端当事国可以通过与外国石油公司订立石油合同的形式，来行使其对争议海域的主权或主权权利，但终究还是处在争议海域，无论是主权或主权权利都具有专属性，若所有当事国都在同一区域行使此类权利必然会产生冲突；即便只有一方当事国行使此类权利，也很有可能会对最终归属其他当事国的部分或全部海域上的主权或主权权利的专属性造成伤害。因此，原则上当事国可以在争议海域行使主权或主权权利，但是相较于无争议海域，在争议海

① Dispute Concerning Delimitation on the Maritime Boundary between Ghana and Côte d' Ivoire in the Atlantic Ocean, Judgment, ITLOS Reports 2017, paras. 591-592.

域所能行使的主权或主权权利是不完整且非常有限的，国际法还对其具体的行使方式加以限制，以适应争议海域这种权属不明的特殊情况。

（一）不危害或阻碍最后协议的达成

目前直接规定了“不危害或阻碍最后协议的达成”这一项义务的，当属《公约》第 74 条第 3 款、第 83 条第 3 款之规定，即在达成第 1 款规定的协议（即专属经济区或大陆架划界协议）以前，有关各国应基于谅解和合作的精神，尽一切努力作出实际性的临时安排，并在此过渡期间内，不危害或阻碍最后协议的达成；这种安排不妨碍最后界限的划定。① 针对相关国家在“达成协议以前”的情况下的责任，它综合两种因素：有责任“尽一切努力”作出实际性的临时安排，并负有不危害或阻碍最后协议达成的责任。第一因素旨在推动采用某些临时措施；第二因素试图限制相关国家在争议区域内的活动。“不危害或损害最后协议的达成”，这一要求不排除争议区域内相关国家所进行的活动，只要这些活动不损害最终的划界决定。②

值得注意的是，《公约》第 74 条第 3 款、第 83 条第 3 款所针对的是单纯的专属经济区或大陆架划界争端，并未提及因为领土争端而衍生出来的专属经济区或大陆架归属的争端，但是这并不影响

① 《联合国海洋法公约》第 74、83 条规定：1. 海岸相向或相邻的国家间专属经济区或大陆架的界限，应在国际法院规约第 38 条所指国际法的基础上以协议划定，以便得到公平解决。2. 有关国家如在合理期间内未能达成任何协议，应诉诸第十五部分所规定的程序。3. 在达成第 1 款规定的协议以前，有关各国应基于谅解和合作精神，尽一切努力作出实际性的临时安排，并在此过渡期间内，不危害或阻碍最后协议的达成；这种安排应不妨害最后界限的划定。4. 如果有关国家间存在现行有效的协定，关于划定专属经济区或大陆架界限的问题，应按照该协定的规定加以决定。

② 参见萨切雅·南丹、沙卜泰·罗森主编：《1982 年〈联合国海洋法公约〉评注》（第二卷），吕文正、毛彬译，海洋出版社 2014 年版，第 883 页。

“不危害或阻碍最后协议达成的义务” 在后一种情况中的适用。原因在于，虽然争议产生的具体缘由不相同，但是同属专属经济区或大陆架，法律地位是一样的，因此在争议得到解决之前，当事国所负的义务是相同的。

一些学者在其著作中，同样表达了争议海域当事国需要遵守该项义务。雷纳·拉戈尼（Rainer Lagoni）认为：“《公约》第 74 条第 3 款、第 83 条第 3 款的内容，对争议区域自然资源开发或采取其他单方面措施，未明确表达予以限制……尽管当事国不得妨碍最终划界协议的达成需要承担许多义务，但仍享有一些权利和自由，只要对其他当事国的权利予以适当的顾及。”① 托马斯·门萨（Thomas A. Mensah）声称：“《公约》第 83 条第 3 款之规定，实际上是默认了避免争议海域经济开发停滞的重要性，只要这些经济活动不影响最终协议的达成，公平有效的利用海洋资源是《公约》的目标之一。”② 大卫·翁（David M. Ong）指出：“除非一国所采取的单方行动被明确认定为有损另一当事国的权利，否则另一当事国不得反对其单方面的勘探活动。”③ R. R. 邱吉尔（R. R. Churchill）和 A. V. 劳（A. V. Lowe）主张：“任何一方当事国不得在未划界海域，实施可能被另一方当事国视为有害的行为，如进行油气资源的钻探。”④ 保罗·迈克尔（Paul Michael Blyschak）表示：“虽然海上争端暂停了当事国以永久方式开发争议海域资源的

① Rainer Lagoni, Interim Measures Pending Maritime Delimitation Agreements, the American Journal of International Law, Vol. 78, No. 2, 1984, pp. 362-365.

② 参见 Thomas A. Mensah, Joint Development Zones as an Alternative Disputes Settlement Approach in Maritime Boundary Delimitation, in Rainer Lagoni & Daniel Vignes (eds.), Maritime Delimitation, Martinus Nijhoff Publishers, 2006, p. 150。

③ David M. Ong, Joint Development of Common Offshore Oil and Gas Deposits: "Mere" State Practice or Customary International Law? the American Journal of International Law, Vol. 93, No. 4, 1999, p. 800.

④ R. R. Churchill and A. V. Lowe, The Law of the Sea, Juris Publishing, 1999, p. 192.

权利，但并没有阻止当事国采取具有较少挑衅性或物理干扰的开发活动。”①

1. 产生的过程

第73条第3款、第83条第3款的制定，是第三次联合国海洋法会议中与会各国的各种观点交锋后的产物。虽然早在第三次联合国海洋法会议的初期，与会的国家就意识到这一问题，但由于该问题并不是有关海洋划界的核心问题，一直没有受到重视。直到1974年的第二期会议上才开始讨论该问题，荷兰代表认为，在达成划界协议之前，每一当事国都无权在每一点均与测量每一国领海宽度的基线上最近各点距离相等的中间线以外的区域确定海上边界。② 希腊代表建议，当不能达成协议时，有关国家无权将其对经济区和海底区域的权利拓展至中间线以外；③ 同样，任何国家都无权将其大陆架扩展到从每一点均与测量领海宽度的基线、大陆架或岛屿上最近各点距离相等的中间线以外。④ 日本代表也认为，当事国之间若无协议，任何一方都无权将其大陆架扩展至中间线以外的区域。⑤ 而爱尔兰的代表则提议，海岸相向或相临的国家之间的大陆架的界限应当按照公平原则来确定，在就划界问题达成协议之前，除非经其他国家同意，任何当事国无权在其他国家合理主张的任何区域内进行任何勘探开发活动。⑥

---

① Paul Michael Blyschak, Offshore Oil and Gas Projects amid Maritime Border Disputes: Applicable Law, the Journal of World Energy Law & Business, Vol. 6, No. 3, 2013, p. 20.

② 参见 Netherland: Draft Article on Delimitation between States with Opposite or Adjacent Coasts, UN Doc. A/CONF. 62/C. 2/ L. 14 (1974)。

③ 参见 Greece: Draft Articles on the Exclusive Economic Zone beyond the Territorial Sea, UN Doc. A/CONF. 62/C. 2/L. 32 (1974)。

④ 参见 Greece: Draft Articles on the Continental Shelf, UN Doc. A/CONF. 62/C. 2/L. 25 (1974)。

⑤ 参见 Japan: Revised Draft Article on the Continental Shelf, UN Doc. A/CONF. 62/C. 2/L. 31/Rev. 1 (1974)。

⑥ 参见 Ireland: Draft Article on Delimitation of Areas of Continental Shelf between Neighbouring States, UN Doc. A/CONF. 62/C. 2/ L. 43 (1974)。

而在 1975 年的"非正式单一协商案文"还是采用了多数国家的观点，第二部分第 61 条第 3 款规定，在达成划界协议之前，任何国家都无权将其专属经济区扩展到中间线或等距离线以外；① 第 70 条第 3 款规定，在达成一致之前，任何当事国均无权将其大陆架延伸到中间线或等距离线以外的区域。② 可见，当时许多国家仍在坚持 1958 年《日内瓦大陆架公约》第 6 条所秉承的观点，③ 认为在达成划界协议之前，有必要作出硬性规定，为争议海域确立一条临时界线，消极地限制当事国的海上活动。

但是到了 1976 年第四期会议期间，情况发生了重大转变，"修订的单一协商案文"第 62 条第 3 款、71 条第 3 款，分别对"非正式单一协商案文"的第 61 条第 3 款、70 条第 3 款进行了修改，放弃了把中间线或等距离线作为过渡性安排的提法，规定在达成划界协议或解决问题之前，当事国可作出临时性安排。④ 与会各国关于"临时性措施"的认识，从最初的消极地禁止一切开发活动，转变为允许当事国协商安排开发事宜。虽然"修订的单一协商案文"并未明确规定当事国可以单方面开发，但是表明了与会各国态度上的转变，即海上争议不应阻碍对资源的开发利用。

在 1978 年第七期会议期间，七国协商集团（NG7）专门负责"毗邻和相向国家间的海岸划界与相关争端处理"。在此期间，20

---

① 参见 Article 61 (3) of Informal Single Negotiating Text, International Legal Materials, Vol. 14, No. 3, 1975, p. 727。

② 参见 Article 70 (3) of Informal Single Negotiating Text, International Legal Materials, Vol. 14, No. 3, 1975, p. 728。

③ 《日内瓦大陆架公约》第 6 条规定：1. 同一大陆架邻接两个以上海岸相向国家之领土时，其分属各该国部分之界线由有关各国以协议定之；倘无协议，除因情形特殊应另定界线外，以每一点均与测算每一国领海宽度之基线上最近各点距离相等之中央线为界线。2. 同一大陆架邻接两个毗邻国家之领土时，其界线由有关两国以协议定之；倘无协议，除因情形特殊应另定界线外，其界线应适用与测算每一国领海宽度之基线上最近各点距离相等之原则定之。

④ 参见 Article 61 (3), 71 (3) of Revised Single Negotiating Text, Part II, UN Doc. A/ CONF. 62/WP. 8/Rev. 1 (1970)。

国集团的非正式提议认为，在达成划界协议或处理方案之前，有关各国应避免在超出中间线或等距离线的区域行使主权，除非他们同意采取其他临时措施来进行相互限制。这一做法意图重新引入在第四期会议中已经被放弃的中间线或等距离线作为临时性措施。与之相反的，22国集团所提交的非正式提议，主张公平原则，在未达成划界协议或处理意见之前，有关各国应作出临时安排。① 22国集团对于当事国在争议海域应采用何种临时安排尚无任何限制，处于放任的状态。

到了1979年第八期会议时，印度、伊拉克和摩洛哥代表提议，在达成协议或处理方案之前，有关各国应基于合作的精神，自由作出临时安排。因此，在过渡期内，应当避免其行为或措施恶化或危害国家利益；此类安排无论是相互约束或相互适应，都不应妨害最后界限的划定。墨西哥和秘鲁的代表则认为，在达成划界协议前，有关各国应基于谅解和合作的精神，在不超过两年的合理期限内，尽一切努力作出临时安排，不阻碍最后协议的达成，这种安排不妨碍最后界限的划定。② 这两个建议中均出现了要求当事国之间要有一种合作的精神，以及不得妨害最后的划界。但是在非正式综合案文（第一次修订稿）中，并没有充分体现上述建议，仅规定在达成协议或处理方案之前，有关各国应基于合作的精神，自由作出临时安排，但没有提及不得妨碍最终划界。③

到了1980年第九期会议时，在非正式综合协商案文（第二次修订稿）中，关于第74条第3款、第83条第3款之规定已经基本

① 参见萨切雅·南丹、沙卜泰·罗森主编：《1982年〈联合国海洋法公约〉评注》（第二卷），吕文正、毛彬译，海洋出版社2014年版，第867~868页。

② 参见萨切雅·南丹、沙卜泰·罗森主编：《1982年〈联合国海洋法公约〉评注》（第二卷），吕文正、毛彬译，海洋出版社2014年版，第872页。

③ 参见Article 83（3）of Informal Composite Negotiating Text, Revision 1, A/CONF. 62/WP. 10/Rev. 1（1979）。

定型，其中明确规定“不得危害或阻碍最后协议的达成”,① 虽然后来有些国家提出修改意见，但是这两个条款的内容一直得以延续，直至《公约》得到通过。

通过对“不危害或阻碍最后协议的达成”的形成历程的梳理不难发现，在《公约》的制定过程中，对于完成划界前争议海域内的经济活动，与会各国起初持消极的抵制态度，希望通过在条约中机械地确定一条界线来限制当事国的活动范围；然后转变为允许当事国之间自行安排相关事宜，赋予当事国行动上的自由；到最后不仅当事国之间可以通过临时安排进行经济活动，还允许当事国一方自行进行经济活动，只要不影响最后划界协议的达成即可。

2. 具体内涵

仅凭《公约》第74条第3款、第84条第3款中的寥寥数语，是无法在实践中准确适用该项规则的，因此有必要在争议海域既有石油合同的背景下，探究“不危害或阻碍最后协议的达成”的具体内涵，即该项义务在争议海域石油活动中的具体表现。而探究其内涵的最有效方法就是结合国际判例进行分析研究。根据作者目前所收集的资料，到目前为止仅有“爱琴海大陆架划界案”、“圭亚那—苏里南仲裁案”以及“科特迪瓦—加纳大西洋海上划界案”直接涉及对该项义务具体内容的解读。

“圭亚那—苏里南仲裁案”是首个一方当事国在诉求中，直接要求仲裁庭认定其他当事国在争议海域内的活动危害或阻碍最后划界协议的达成的案件。苏里南认为圭亚那违反了《公约》第74条第3款、第83条第3款之规定，授权许可证获得者在已知的争议海域钻探探井，从而危害和妨碍海上边界协定的达成。仲裁庭首先指出“不危害或阻碍最后协议的达成”这一义务，构成默认了避免争议海域经济开发停滞的重要性，只要这些开发活动不影响最终协定的达成。接着仲裁庭认为，在争议海区实施的两类活动是允许的：一种是当事方根据实质性临时安排所采取的活

① 参见 Article 74 (3), 83 (3) of Informal Composite Negotiating Text, Revision 2, A/CONF. 62/WP. 10/Rev. 2 (1980)。

动；另一种则是单方面实施的，但对最终海上划界协定的达成无损害或妨碍的活动。对海洋环境不产生物理改变的单方面行为属于第二类行为。

那么，什么样的行为又属于对海洋环境产生物理改变的单方面行为?① 为了更好地阐明二者之间的区别，仲裁庭援引了“爱琴海大陆架划界案”。在“爱琴海大陆架划界案”中，国际法院认为，土耳其所实施的地震勘探活动,② 是由海面上的船只实施的，并不时地在水下引起小型爆炸（Small Explosions），实施小型爆炸的目的在于向海底发送声波，以便获得有关海底下面的地球物理结构的信息。尚无此类地震勘探对海床、底土或者自然资源存在造成物理损害的风险的报告，因此土耳其所实施的地震勘探活动仅具有临时性（Transitory Character）。与临时性活动相对应的则是非临时性（Non-transitory Character）活动，此类活动具体包括：对海床、底土或者自然资源存在造成物理损害的风险的行为；在大陆架上建立人工设施；实际占用或以其他方式使用大陆架上自然资源。非临时性活动会对归属尚不明确的海洋权利造成无法弥补的损害，在争议海域完成划界前理应被禁止。③ 由此可见，在“圭亚那—苏里南仲裁案”中所说的对海洋环境产生物理改变的行为，就是“爱琴海大陆架划界案”中的非临时性活动，争端当事国若在争议海域单方面实施此类行为，则违反了“不危害或阻碍最后协议的达成”的义务。

为了进一步回答苏里南所提的问题，仲裁庭认为一些石油勘探活动之间存在很大的法律差别，最明显的就是地震勘探和钻探

---

① 参见 Guyana/Suriname, Award of the Arbitral Tribunal, 17 September 2007, paras. 456, 460, 466-468。

② 地震勘探的原理，是利用地下介质弹性和密度的差异，通过观测和分析大地对人工激发地震波的响应，推断地下岩层的性质和形态，进而初步判断是否属于蕴藏油气资源的地质结构。而在海上进行小型爆炸则是人工激发地震波的常用方法。

③ 参见 Aegean Sea Continental Shelf, Interim Protection, Order of 11 September 1976. ICJ Reports 1976, paras. 30-32。

活动。对海洋环境产生物理改变的单方行动，只能由双方共同行使或根据协定行使。这是因为这些活动会对现状产生可以感知的改变，有损另一方当事国在划界争端中的地位，进而损害或妨碍最终划界协定的达成。最终仲裁庭认为，当事国在争议海域单方面实施地震勘探活动并不违反“不危害或阻碍最后协议的达成”的义务，只有会对海洋环境造成永久损害的钻探活动违反了该项义务。①

对于为何钻探活动就会对海洋环境造成永久的损害，“圭亚那—苏里南仲裁案”的判决并未予以解释，直到“科特迪瓦—加纳大西洋划界案”才有了详细说明。在该案中，科特迪瓦指出：“钻探是不可逆的，因为岩石一旦被压碎后就不能再还原；虽然可以向竖井内注入水泥，但是破裂仍然存在，不可能再将底土恢复到原来的状态。”② 科特迪瓦的这一主张得到了特别分庭的支持。特别分庭认为：“加纳正在争议海域所实施的勘探活动，会导致大陆架的物理性质的改变。如果在争议海域内实施的勘探活动，会对本区域的物理性质造成重大和永久的改变，并且这种改变不能够通过经济补偿的形式来充分弥补，那么就存在无法弥补的损害的风险。不论何种性质的补偿，都无法将海床和底土恢复到其原来的状态。”③

值得注意的是，虽然特别分庭在最终判决中并没有按照科特迪瓦的诉求，宣告并判决，加纳在科特迪瓦海域单方面实施的活动，违反《公约》第 83 条第 3 款规定的“不危害或阻碍最后协议的达

① 参见 Guyana/Suriname, Award of the Arbitral Tribunal, 17 September 2007, paras. 480-482。

② Dispute Concerning Delimitation on the Maritime Boundary between Ghana and Côte d'Ivoire in the Atlantic Ocean, Provisional Measures, Order of 25 April 2015, ITLOS Reports 2015, para. 78.

③ Dispute Concerning Delimitation on the Maritime Boundary between Ghana and Côte d'Ivoire in the Atlantic Ocean, Provisional Measures, Order of 25 April 2015, ITLOS Reports 2015, paras. 88-90.

成的义务”,① 但这并不意味着特别分庭一反先例。特别分庭最终未认定加纳违反“不危害或阻碍最后协议的达成的义务”，主要基于一点考虑，即加纳先前实施石油活动的争议区域，最终判决归属加纳。在此背景下，再认定加纳先前的石油活动违反“不危害或阻碍最后协议的达成的义务”确有不妥。此外，由于科特迪瓦在最终诉求中要求“宣告和判决加纳在科特迪瓦海域单方面实施的活动，违反《公约》第 83 条第 3 款规定的不危害或阻碍最后协议的达成的义务”，而加纳的石油活动并不满足科特迪瓦相关诉求的条件，因为这些石油活动并没有发生在科特迪瓦海域。②

事实上，特别分庭对加纳先前单方面石油活动并不认可。因此才在判决中指出：“特别分庭注意到，加纳履行了根据特别分庭 2015 年 4 月 25 日的临时措施命令所承担的义务，即确保在争议海域内不再有加纳所实施或受其控制的新的钻探活动，最终暂停了其所有的活动。如果加纳能够根据科特迪瓦要求，更早地暂停在争议海域的石油活动，那么就更好了。”③ 这些表述无不在暗示，加纳先前的石油活动确实存在问题，只不过被及时制止了，而且加纳原本可以做得更好。

通过对上述判例的分析，可见在石油勘探活动中，钻探和地震勘探在法律性质存在明显区别，其中钻探活动会对海洋环境造成永久性的物理改变，属于非临时性活动，会危害或阻碍最终协议的达成，因此禁止当事国在争议海域单方面实施该行为；而地震勘探则属于不会对海洋环境造成永久性物理改变的临时性活动。

对于钻探违反“不危害或阻碍最终协议的达成”的义务，作

---

① 参见 Dispute Concerning Delimitation on the Maritime Boundary between Ghana and Côte d'Ivoire in the Atlantic Ocean, Judgment, ITLOS Reports 2017, paras. 606, 634。

② 参见 Dispute Concerning Delimitation on the Maritime Boundary between Ghana and Côte d'Ivoire in the Atlantic Ocean, Judgment, ITLOS Reports 2017, para. 633。

③ Dispute Concerning Delimitation on the Maritime Boundary between Ghana and Côte d'Ivoire in the Atlantic Ocean, Judgment, ITLOS Reports 2017, para. 632.

者有所质疑，主要基于两点理由：首先，钻探活动仍处于勘探阶段，当事国实施此类活动的直接目的在于对相关海域的石油资源的分布情况加强认知。虽然这一行为会对海洋环境产生事实上物理改变，但是事实上的物理改变并不必然导致法律权利的改变，因为钻探活动尚不属于商业开采，没有对海底石油资源予以实际占有，未对潜在的权利享有者的所有权造成损害。此外，许多钻探活动表明相关区域并不具备商业开采价值的石油资源，根本不可能进入开采阶段；更何况钻探行为本身所导致的物理改变并不是剧烈的，仅限于开挖石油探井。其次，具备“临时性”的地震勘探也常常实施小型爆炸，谁也无法肯定小型爆炸不会对海洋环境产生改变，那么为什么这种行为造成的环境改变为国际法所应允，而钻探活动所产生的环境改变则为国际所禁止，究竟对环境改变达到何种程度才算得上对现状产生可以感知的改变？对此，国际法院和仲裁庭并未给出一个评判标准。以上仅是作者从理论角度对判例所作的探讨，但是实践中并无相关判例支持作者的观点。

此外，通过比较“爱琴海大陆架划界案”与“科特迪瓦—加纳大西洋划界案”，我们会发现两个案件就临时性的勘探活动是否可能违反“不危害或阻碍最终协议的达成”的义务存在差异。

在“爱琴海大陆架划界案”中，希腊认为其对大陆架“认知上的专属性”应当得到保护，任何对“认知上的专属性”的破坏，都将对沿海国的权利造成无法弥补的损害；而土耳其的地震勘探活动，威胁到希腊获取有关这一区域自然资源信息的专属权利。国际法院并未认同希腊的主张，甚至还指出，即使土耳其的勘探活动侵犯了希腊获取该海域自然资源信息的专属权利，也可以事后进行弥补。① 依据国际法院的观点，当事国一方在争议海域单方面实施地震勘探，获取并使用有关海洋自然资源的相关信息，不会给潜在的权利所属国造成无法弥补的损害。

但是这一观点并未被“科特迪瓦—加纳大西洋划界案”所继

① 参见 Aegean Sea Continental Shelf, Interim Protection, Order of 11 September 1976. ICJ Reports 1976, paras. 26, 32。

承。科特迪瓦认为，加纳及其授权的私人石油公司在争议海域对自然资源相关信息的收集，是对科特迪瓦尚存在争议的海洋权利的严重侵犯，这种持久的损害是不可逆的，以至于无法回到原来的状态，原因在于这些信息会流通，不像生物资源，议价能力无法自我再生。① 特别分庭同意科特迪瓦的观点，"认为沿海国对其大陆架的权利包括，所有对其勘探开发大陆架自然资源必要且有关的权利，以及获得大陆架自然资源信息的专属权利。因此获得并使用有关争议海域自然资源信息的行为，将会对根据特别分庭的判决，对争议区域的全部或部分享有权利的科特迪瓦造成不可逆的损害的危险"。② 因此，特别分庭要求："加纳应当采取所有必要措施，防止过去、现在或者未来其在争议海域实施的或授权实施的勘探活动中所获得的，尚未进入公共领域的信息，不被以任何形利用以损害科特迪瓦。"③

由此可见，对于单方面实施临时性的勘探活动是否危害或阻碍最终协议达成的问题，两个案件中的国际司法机构的态度有所不同，特别分庭强调，通过临时性的勘探活动所获得的有关争议海域自然资源的信息，不应以有损另一方当事国潜在权利的形式使用，尤其是将相关信息公之于众，否则就违反该义务；而国际法院则认为，临时性的勘探活动本身就不违反该项义务，没有单独考虑如何使用勘探所获信息的问题。不过目前仅凭"科特迪瓦—加纳大西洋划界案"，尚不能说明"禁止以有损另一方当事国潜在权利的形式使用勘探活动所获信息"已经成为一种趋势，仍有待日后国际

① 参见 Dispute Concerning Delimitation on the Maritime Boundary between Ghana and Côte d'Ivoire in the Atlantic Ocean, Provisional Measures, Order of 25 April 2015, ITLOS Reports 2015, para. 79。

② 参见 Dispute Concerning Delimitation on the Maritime Boundary between Ghana and Côte d'Ivoire in the Atlantic Ocean, Provisional Measures, Order of 25 April 2015, ITLOS Reports 2015, paras. 94-95。

③ Dispute Concerning Delimitation on the Maritime Boundary between Ghana and Côte d'Ivoire in the Atlantic Ocean, Provisional Measures, Order of 25 April 2015, ITLOS Reports 2015, para. 108.

实践的佐证。虽然二者对待如何使用临时性的勘探活所获得的信息观点不一，但在最根本的问题上仍保持一致，那就是临时性的勘探活动本身不危害或阻碍最终协议的达成。

根据上述分析可知，在国际实践中，对于争议海域的既有石油合同而言，不危害或阻碍最终协议的达成的义务的具体内涵包括两个方面：首先，会对海洋环境造成无法弥补损害的非临时性的单方面行为，必然违反了该项义务，包括：对海床、底土或者自然资源存在造成物理损害的风险的行为（钻探活动最具代表性），在大陆架上建立人工设施，实际占用或以其他方式使用大陆架上自然资源。其次，不会对海洋环境造成无法弥补损害的临时性单方面行为则没有违反该义务，以地震勘探最具代表性。

需要指出的是，虽然判断单方面石油活动是否违反该项禁止性规定的标准是"是否会对海洋环境造成无法弥补的损害"，但我们不能将这一标准误认为国际环境法领域的判断标准。根据《公约》第1条第1款第（4）项之规定，"海洋环境的污染"是指：人类直接或间接把物质或能量引入海洋环境……以致造成或可能造成损害生物资源和海洋生物、危害人类健康、妨碍包括捕鱼和海洋的其他正当用途在内的各种海洋活动、损坏海水使用质量和减损环境优美等有害影响。结合上文几个案件不难看出，实际上在分析海洋环境是否受到损害时，关注的并不是是否造成"海洋环境的污染"，主要是考察海床、底土或自然资源是否遭到不可逆的物理损害。之所以将它们作为考察对象，是因为海床、底土或自然资源是当事国对争议海域所享有的主权或主权权利的载体，对权利载体的损害，必然会损害最终所属国的主权或主权权利。海床、底土或自然资源本身就是海洋环境的有机组成部分，因此在司法实践中，将对海床、底土或自然资源的损害，称为"对海洋环境的损害"并不为过。但是这种称谓上的相近，并不代表"对海洋环境的损害"与"海洋环境的污染"含义相同。尽管本书不排除某些单方面石油活动也会在客观上造成一定"海洋环境的污染"，但本书所提及的禁止性规定之所以会对它们明令禁止，原因并不是这些行为违反国际环境法，而是对主权或主权权利的载体——海床、底土或自然资源的物理损害，可能会阻碍争议海域最终所属国，对自然资源所享有的专属权利的实现。

3. 例外情形

虽然原则上当事国不得在争议海域单方面实施危害或妨碍最终协议达成的活动，但是也存在例外情况，那就是当事国可以主张获得其他当事国同意或者采取反措施，来解除其实施的非临时性的活动的不法性。一般来说，当事国在争议海域内的任何活动，哪怕是临时性的活动，都可能招致其他当事国的反对，所以希望其他当事国同意自己在争议海域实施非临时性的活动是一种不现实的想法。至于默认能否成为排除非临时性的活动的违法性的理由，将在第三章第一节中进行讨论，此处仅讨论反措施。根据《国家责任条款草案》第22条之规定，① 当事国可以主张反措施来为自己的不法行为做辩护。但依据第49、50条之规定，② 当事国采取反措施时，必须满足一些条件，同时还有一些限制性规定。

如果一方当事国意图主张其在争议海域单方面实施的非临时性的活动是反措施，那么就应当满足一些基本条件：

首先，一方当事国的反措施必须是对其他当事国先前的不法行为的回应。正如国际法院在在"加布奇科沃—大毛罗斯工程案（Gabcikovo-Nagymaros Project）"中所指出的那样，"反措施首先必须是对另一国先前的国际不法行为作出的反应，且是直接针对这

---

① 《国家责任条款草案》第22条规定：一国不遵守其对另一国国际义务的行为，在并且只在该行为构成按照第三部分第二章针对该另一国采取的一项反措施的情况下，其不法性才可解除。

② 《国家责任条款草案》第49条规定：1. 一受害国只在为促使一国际不法行为的责任国依第二部分履行其义务时才可对该国采取反措施；2. 反措施限于暂不履行对责任国采取措施的一国的国际义务；3. 反措施应尽可能容许恢复履行有关义务。第50条规定：1. 反措施不得影响下列义务：(a)《联合国宪章》中规定的不得实行武力威胁或使用武力的义务；(b) 保护基本人权的义务；(c) 禁止报复的人道主义性质的义务；(d) 依一般国际法强制性规范承担的其他义务。2. 采取反措施的国家仍应履行其下列义务：(a) 实行它与责任国之间任何可适用的现行解决争端程序；(b) 尊重外交或领事人员馆舍档案和文件之不可侵犯性。

个国家”。① 这一规定看似简单，但在具体实践中却面临困难。如果争议海域只涉及两个当事国，当事国主张为反措施的非临时性的活动，当然只针对实施了不法行为的另一方当事国。但是争议海域往往会涉及三个或三个以上的当事国。如果此时一方当事国实施了非临时性的活动，另一方当事国意图采取反措施，那么此时的反措施不仅仅针对了不法行为国，还会波及并未实施不法行为的第三方当事国。这样就产生了一个奇怪的现象，另一方当事国所实施的非临时性的活动，对于不法行为国而言是一项反措施，但对于第三方当事国而言则是一个国际不法行为。

其次，不法行为出现后，不可立即采取反措施。针对其他当事国在争议海域实施了危害或阻碍最终协议达成的行为，一方当事国必须先要求不法行为国停止实施该行为。如果未能阻止不法行为国的不法行为，一方当事国应努力通过谈判解决这一问题。只有在不法行为国拒绝谈判，或有意阻挠谈判顺利进行时，一方当事国方可采取反措施。②

除了满足上述基本条件，采取反措施还应受到一些限制：

（1）必须遵守《联合国宪章》中所规定的不得以武力相威胁或使用武力的义务。这点要求对当事国而言比较容易做到，因为作为反措施的非临时性的活动无外乎钻探活动，在大陆架上建立人工设施、实际占用或以其他方式使用大陆架上自然资源，无论具体采用何种形式，都是以和平的方式进行的。

（2）不得违反保护基本人权的义务。反措施不能忽视保护人权，或者保护人类尊严和福利的国际法规则。如果某一国违反了某一国际法规则，受害国也不能违反保护该不法行为国公民的权利的国际法规则，不应当要求无辜的人承担国家不法行为的后果。一般来说，当事国将非临时性的活动作为反措施并不违反该项义务。因

① Gabcikovo-Nagymaros Project (Hungary/Slovakia), Judgment, ICJ Reports 1997, para. 83.

② 参见 Antonio Cassese, International Law, Oxford University Press, 2001, p. 235。

为非临时性的活动牵涉的是海洋矿产资源的勘探开发，对于沿海国的民众而言，海洋的矿产资源的开发具有潜在的经济意义，但是远比不上作为食物来源的海洋生物资源，因此当事国将非临时性的活动作为反措施的手段，可能会对不法行为国开发海洋矿产资源产生影响，但没有危及其国民的基本生活需求，更谈不上侵犯其基本人权。

（3）不得违反依一般国际法强制性规范承担的其他义务。此项规定是一个兜底性条款，它是一项剩余的禁止性规定（A Residual Prohibition）。①

（4）反措施不是一种惩罚形式，其目的在于促使不法行为当事国履行其国际法上的义务，为实现此目的，采取反措施的当事国可以暂时不履行其对不法行为国所承担的国际义务；反措施应当尽可能地以允许重新履行该项义务的形式进行。但这也不是绝对的，只是强调在当事国有多个合法有效的反措施手段供选择时，当事国应当选择可以恢复履行因反措施而暂停的义务的一个。② 非临时性的活动作为反措施的手段，可以保障当事国在必要的时候恢复履行其所负的义务，原因在于非临时性的活动的进度完全由人的意志掌控，只要当事国愿意，可以随时暂停实施。这种可能随时暂停的处境，也表明了反措施的临时性，因此当事国最好只将反措施作为迫使不法行为国履行国际义务的手段，而不是借此开发争议海域的自然资源，否则一旦不法行为国停止其不法行为，当事国也只能暂停开发活动，这样会使得当事国的开发计划始终处于一种不确定的状态。

（5）反措施还应当符合相称性的要求，即采取的反措施必须与遭受的损害相称，同时考虑国际不法行为的严重程度和相关权利。③ 具体到非临时性的活动而言，对于“不危害或阻碍最终协议达成的义务”违反的程度，钻探活动肯定要小于在大陆架上建立

---

① 参见 Antonio Cassese, International Law, Oxford University Press, 2001, p. 237。

② 参见 Commentaries to the Draft Articles on Responsibility of States for Internationally Wrongful Acts, International Law Commission, 2001, pp. 129-131。

③ 参见 Commentaries to the Draft Articles on Responsibility of States for Internationally Wrongful Acts, International Law Commission, 2001, pp. 134-135。

人工设施、实际占用或以其他方式使用大陆架上自然资源。因此，如果不法行为国只实施了钻探活动，当事国采取反措施时，不得实施在大陆架上建立人工设施，实际占用或以其他方式使用大陆架上自然资源的行为。

4. 是否构成习惯法规则

不危害或阻碍最终协议的达成，是《公约》中的明确规定，截至 2014 年 10 月 10 日已经有 166 个国家批准或加入了该公约，①这意味着世界上的绝大多数国家都会遵守该项规定，这是否就表示该项规定已经成为一项习惯法规则？在回答这个问题之前，我们有必要先了解一下有关“共同开发”是否构成习惯法规则的争论。共同开发和不危害或阻碍最终协议的达成，均出现在《公约》的同一条款中。目前学界关于“共同开发”是否构成习惯法规则存在很大的争论。

反对者认为：（1）共同开发尚不能构成习惯国际法的关键就是缺乏法律确信。② 习惯国际法上只存在合作的一般性程序要求，共同开发仅仅是几种可能的法律结果之一，单凭这一程序性的义务，无法对拒绝共同开发的当事国施加国际法上的制裁。③ 因为共同开发本质上是要求当事国积极的作为，如果认为其构成习惯国际法，当属为当事国设定了积极的义务，相较于消极的义务，积极的

① 参见 Status of the United Nations Convention on the Law of the Sea, of the Agreement relating to the implementation of Part XI of the Convention and of the Agreement for the implementation of the provisions of the Convention relating to the conservation and management of straddling fish stocks and highly migratory fish stocks, http://www.un.org/depts/los/reference_files/status2010.pdf, visited on October 20, 2015。

② 参见 David M. Ong, The 1979 and 1990 Malaysia-Thailand Joint Development Agreements: A Model for International Legal Co-operation in Common Offshore Petroleum Deposits? The International Journal of Marine and Coast Law, Vol. 14, No. 2, 1999, pp. 212-213。

③ 参见 Ana E. Bastida and Adaeze Ifesi-Okoye, Cross-Border Unitization and Joint Development Agreements: An International Law Perspective, Houston Journal of International Law, Vo. 29, No. 2, 2007, p. 380。

义务对于国家实践的连续性要求更高，① 也就是负有更高的举证责任，目前的国家实践尚不能满足这一连续性的要求。（2）此外，既然共同开发是一项积极的义务，就应当具有一个明确的行为模式，然后要求当事国按照该行为模式行事。虽然已经大体总结出三种共同开发模式，但是尚未出现一个范式的共同开发协议，② 正如英国国际和比较法研究所的研究结果所显示的，“每一种共同开发协议的模式都存在一系列的变种，由于不同的政治经济制度，海上冲突的传统以及国民的敏感性，没有一种模式获得广泛接受”。③ 这就意味着，在反对者看来，共同开发不仅没有在国家实践中形成法律确信，甚至连通例是否存在还尚有疑问。

本书提出这一问题的目的，不在于探讨共同开发是否成为习惯国际法，而是通过指出共同开发在成为习惯国际法过程中所遭遇的困难，来为分析“不危害或阻碍最终协议的达成”是否成为习惯国际法提供借鉴。

（1）国际判例

本书认为，在1976年的“爱琴海大陆架划界案”中，国际法院不仅首次明确禁止当事国在争议海域实施非临时性的活动，还开创了阐释该项义务具体内涵的先河，明令禁止以下行为：对海床、底土或者自然资源存在造成物理损害的风险的行为，或者在大陆架上建立人工设施，或者实际占用以及通过其他方式使用大陆架上自然资源的行为。国际法院的这一观点最终被《公约》所采纳，成为本公约当事国应当履行的义务。

虽然目前直接涉及该项义务的国际判例并不多，但是从“爱琴海大陆架划界案”起，所有直接涉及该问题的判决，都对该项

① 参见 Martin Dixon, Textbook on International Law (seventh edition), Oxford University Press, 2013, p. 33。

② David M. Ong, Joint Development of Common Offshore Oil and Gas Deposits: "Mere" State Practice or Customary International Law? the American Journal of International Law, Vol. 93, No. 4, 1999, p. 788.

③ Hazel Fox (ed.) Joint Development of Offshore Oil and Gas (Vol. I), The British Institute of International and Comparative Law, 1989, p. 115.

义务的内涵做了详细的解读，尤其是在《公约》生效后审理的“圭亚那—苏里南仲裁案”和“科特迪瓦—加纳大西洋划界案”。一方面继承了“爱琴海大陆架划界案”中的国际法院的观点。另一方面又结合公约条款，继续阐述该项义务的具体含义，不断地重申哪些行为会对海洋环境造成无法弥补的损害，因而禁止在完成划界前在争议海域实施；同时又指出哪些行为属于临时性的，可以在争议海域实施。由于“不危害或阻碍最终协议的达成”是一项消极的不作为义务，其行为模式相对简单，即明确规定哪些情况下当事国不得实施何种行为即可。已有的三个判例不仅明确规定了当事国在争议海域的具体行为模式，还规定违反该项义务所要承担的法律后果，这样使得该项规则具有很强的操作性，便于当事国遵守。

与之形成鲜明对比的则是国际司法机构对待“共同开发”的态度，直接涉及该问题的案件也只有数起，但是在这几起案件的判决中，均未阐明“共同开发”的具体内容。最早提及共同开发的“北海大陆架划界案”在时间上要早于“爱琴海大陆架划界案”，但是判决正文中没有提及该问题，而是由杰赛普法官（Judge Jessup）在其个别意见中提出来的，但也没有详细阐明其内涵。①由于只是出现在个别意见中，虽然其理论价值不容忽视，但是不具备法律效力。在“突尼斯—利比亚大陆架划界案”中，同样是文森法官（Judge Evensen）在其反对意见中概括性的提及“共同开发”，② 判决正文对此只字未提。在“厄立特里亚—也门仲裁案”的判决中，仲裁庭认为对于当事国双方的主张重叠区，要么由当事国之间达成协议进行划界，要么在未达成协议的情况下可以公平划分重叠区或者达成共同开发协议，在维护矿藏的完整性的情况下，

---

① 参见 North Sea Continental Shelf（Federal Republic of Germany/Denmark），ICJ Reports 1969，Separate Opinion of Judge Jessup，pp. 82-83。

② 参见 Continental Shelf（Tunisia/Libyan Arab Jamahiriya），Judgment，ICJ Reports 1982，Dissenting Opinion of Judge Evensen，pp. 320-323。

共同开发的方法特别适合。① 可见，仲裁庭并未将共同开发作为一项义务，只是作为当事国众多选项之一。

本书认为国际司法机构之所以迟迟未能阐明共同开发的内涵，根本原因可能在于国际社会上尚未就共同开发是否成为一项习惯法规则达成一致，所以连国际司法机构在其判决中要么回避这一问题，要么也只是建议当事国采取共同开发的方式，而不会明确指出当事国有进行共同开发的义务。由于国际司法机构的判决是各国日常行为的重要参照，因此国际司法机构对于“共同开发”法律地位的迟疑，反过来又会影响各国对该问题的看法。

相比较而言，国际司法机构对待“不危害或阻碍最终协议的达成”的态度则完全不同，国际司法机构自始至终都认为，在完成争议海域划界前，当事国在争议海域的单方面行为不得危害或阻碍最终协议的达成。更值得注意的是，虽然目前只有三个判例，但是作出判决的机构，却分别是国际法院、国际海洋法法庭以及国际仲裁庭，涵盖了当前主要的国际司法机构，所以这三起案件的判决非常具有代表性。虽然每个机构只处理了一个案件，但是在这个将近 40 年的时间跨度里，三个机构对于该问题的态度没有发生什么变化，这也足以表明该项规则早已被国际社会广泛接受。

（2）各国实践

不仅国际司法机构的判决中明确表明不得危害或阻碍最终协议的达成，各国在《公约》生效前后的实践也足以表明，它们也认为自己负有该项义务。由于对国家实践和法律确信作出一个严格区分也是不大可能的，② 所以此处在探讨国家实践时，肯定会涉及国际习惯法形成的主观因素。

首先，针对一方当事国在争议海域实施非临时性的活动，另一方当事国会明确提出抗议，要求其停止此类危害或阻碍最终协议达

① 参见 The Eritrea-Yemen Arbitration (Phase 2: Maritime Delimitation), 3 October 1996, para. 84。

② 参见 Michael Wood, State Practice, Max Planck Encyclopedia of Public International Law, www.mpepil.com, visited on October 22, 2015。

成的行为。例如，针对与韩国签订石油合同的海湾石油公司（Gulf Oil）在黄海争议海域实施钻探活动，中国政府明确提出抗议，最终迫使其于1973年6月10日放弃在黄海争议海域的钻探活动，其后的韩国国家石油公司（Korean National Oil Corporation）仅在近海区域进行钻探活动，避免进入争议海域。① 1974年日本和韩国在没有充分考虑中国东海大陆架主张的情况下，单方面确立共同开发区，在1980年至1986年间共对共同开发区实施了七次钻探活动，此举同样遭到中国的强烈反对。② 1983年丹麦政府授权一家丹麦公司，在丹麦与瑞典争议的大陆架上实施钻探活动，后遭到瑞典政府的抗议。③ 针对圭亚那政府授权一家加拿大公司，在圭亚那与苏里南争议海域实施钻探活动，苏里南政府提出多次外交抗议。④

其次，许多争端当事国还会主动要求石油公司不得在争议海域实施有损最终划界协议达成的行为。例如，在与印度尼西亚进行共同开发之前，澳大利亚就已经与多家石油公司就争议海域的石油资源开发签订合同，但澳大利亚政府仍建议石油公司在争端解决之前，应当在争议海域保持低调，不可实施勘探开发活动。⑤ 2015

① 参见 Selig S. Harrison, Seabed Petroleum in northeast Asia: Conflict or Cooperation? in Selig S. Harrison (ed.) Seabed Petroleum in Northeast Asia: Conflict or Cooperation? Woodrow Wilson International Center for Scholars, 2005, p. 12。

② 参见 Tara Davenport, Joint Development in Aisa: Some Valuable Lesson Learned, in Clive Schofield (ed.), Maritime Cooperation in Contested Waters: Addressing Legal Challenges in East and Southeast Asian Waters, The National Bureau of Asian Research Special Report, February 2012, p. 137。

③ 参见 Rainer Lagoni, Interim Measures Pending Maritime Delimitation Agreements, the American Journal of International Law, Vol. 78, No. 2, 1984, pp. 363-364。

④ 参见 Guyana/Suriname, Award of the Arbitral Tribunal, 17 September 2007, para. 150。

⑤ 参见 Mark J. Valencia and Masahiro Miyoshi, Southeast Asian Sea: Joint Development of Hydrocarbons in Overlapping Claim Areas? Ocean Development & International Law, Vol. 16, No. 3, 1986, p. 230。

年3月2日，英国福勒姆能源公司（Forum Energy Plc）宣布，菲律宾已经于2014年12月15日无限期中止了在礼乐滩海域的所有海上石油和天然气的钻探活动。① 虽然给出的官方理由是“不可抗力”，但是作者认为菲律宾选在2014年12月15日作出这一决定，还有其他原因。2014年12月15日是“南海仲裁案”的仲裁庭所规定的中国提交辩诉状的截止日期，自此案件会进入实质阶段，菲律宾之所以选择在同一天中止钻探活动，是因为之前国际上仅有的几个相关判例都不支持在争议海域单方面实施钻探活动，所以菲律宾担心自己的单方面行为会对自己发起的仲裁程序造成不利影响。菲律宾的这一举动，恰好表明它意识到国际法禁止在争议海域实施有损最终划界的行为。

再次，许多被指控违反该义务的当事国，不仅没有否认该项义务的存在，反而是极力辩称自己的行为没有违反该项义务，这也从反面印证了该项义务获得广泛认可。例如，在“爱琴海大陆架划界案”中，针对希腊指控其勘探行为违反国际法上的义务，土耳其没有否认其承担此类义务，而是辩解自己的地震勘探活动不会对希腊关于爱琴海大陆架的任何潜在的权利造成损害，关于大陆架的权利不会因为勘探活动而减损。② 同样，在“科特迪瓦—加纳大西洋划界案”中，针对科特迪瓦的指控，加纳也是辩称自己的钻探和开采行为不会造成无法弥补的损害，实际上很容易在案件结束时以损害赔偿的形式解决。③ 虽然加纳的辩解很无力，但是至少说明其认识到自己负有不危害或阻碍最终协议达成的义务。

---

① 参见《菲“无限期中止”礼乐滩油气钻探》，载《参考消息》2015年3月4日，第16版。

② 参见 Observations of the Government of Turkey on the Request by the Government of Greece for Provisional Measures of Protection, 26 August 1976, p. 73, http://www.icj-cij.org/docket/files/62/9483.pdf, visited on October 21, 2015。

③ 参见 Dispute Concerning Delimitation on the Maritime Boundary between Ghana and Côte d'Ivoire in the Atlantic Ocean, Provisional Measures, Order of 25 April 2015, ITLOS Reports 2015, para. 87。

最后，就连尚未加入《公约》的美国也认可这项规则的拘束力。当美国与加拿大就波弗特海划界存有争端时，虽然美国已就争议海域与石油公司签订石油合同，但鉴于争端尚未解决，美国政府还是禁止石油公司实施钻探活动。① 在“缅因湾划界案”中，加拿大认为从 1964 年到 20 世纪 70 年代末年，加拿大一直在乔治浅滩（Georges Bank）东北部实施地震勘探研究，而美国方面一直未提出反对。对此，美国回应称，当时所面对的是加拿大所实施的没有多大意义的地震勘探，既没有钻探也没有石油开采，美国不需要在该区域采取特别行动。② 通过美国的表现不难看出，美国政府意识到以石油钻探为代表的非临时性的活动会对海洋环境造成不可逆的物理改变，进而危害或阻碍最后协议的达成，理应受到禁止，除此之外的临时性的活动，美国政府没有必要表示反对。

通过上述分析，可以看出“不危害或阻碍最终协议的达成”作为一项义务在实践中被广泛遵守，既包括《公约》的当事国，也包括非当事国；此外，国际司法机构还通过其判决，详细阐明了该项义务的内涵，使其更具操作性。因此，对于该项义务性规定是否构成习惯国际法的疑问，我们不难得出肯定的答案，正如 R. R. 邱吉尔和 A. V. 劳在他们所著的《海洋法》中所指出的，该项规定存在于习惯国际法中，③ 阿什利·罗奇（J. Ashley Roach）也表达了同样的观点。④

5. 能否适用于未划界的领海

《公约》第 74 条第 3 款、第 83 条第 3 款的内容，只提及海岸相向或相邻的国家，在它们就专属经济区或大陆架划界达成协

① 参见 Ellitot L. Richardson, Jan Mayen in Perspective, the American Journal of International Law, Vol. 82, 1988, p. 456。

② 参见 Delimitation of the Maritime Boundary in the Gulf of Maine Area, Judgment, ICJ Reports 1984, paras. 135-136。

③ 参见 R. R. Churchill and A. V. Lowe, The Law of the Sea, Juris Publishing, 1999, p. 192。

④ 参见 J. Ashley Roach, Today's Customary International Law of the Sea, Ocean Development & International Law, Vol. 45, No. 3, 2014, p. 248。

议之前，负有不危害或阻碍最后协议的达成的义务。对于实践中存在的当事国之间就领海归属问题存在争议的情况，《公约》并没有规定在争议解决之前，当事国不得危害或阻碍最后协议的达成的义务，那么是否就意味着此种情况下当事国就不承担某种限制义务？

首先必须明确一点，那就是如果海岸相向或相邻的当事国未能就领海划界达成协议，依据《公约》第15条之规定，当事国之间还是负有一种相互限制的义务，那就是若无相反协议或其他特殊情况，无权将其领海延伸到中间线以外的区域。这就意味着即便当事国之间未能就领海划界达成协议，每一方的活动范围都不得超过中间线。通常来说中间线会位于当事国领海主张重叠区以内，这也就意味着任何一方当事国不可能在整个重叠区内进行活动，相反只能在部分重叠区内进行活动。相较而言，第74条第3款、第83条第3款之规定，并没有在专属经济区或大陆架的主张重叠区内限制当事国的活动范围，当事国可以在整个重叠区内进行活动，只是限制了当事国可以实施的活动的种类。由此可见，第15条之规定对当事国施加了更多的限制。

但是第15条之规定，并没有涵盖全部的领海争议情形，它只能应对单纯的领海划界争端，无法处理当事国因为领土争端而产生的领海争端。如果领海争端是由于领土争端而产生的，领海的归属情况将最终取决于领土的归属情况，此时再要求不得将各自领海延伸到中间线以外，就会显得不合时宜，特别是在争议领土为一方当事国实际控制的情况下，鉴于其他当事国没有实际控制争议领土的任何一部分，在地理上就无法构成海岸相向或相邻，自然也就无法适用第15条之规定的中间线。

无法适用第15条，并不意味着此种情况下当事国在争议海域的活动就不受限制。正如前文所述，之所以要对当事国在专属经济区或大陆架内的单方面行为，施加“不危害或阻碍最后协议的达成”的义务，目的在于避免非临时性的单方面行为，对海床、底土或自然资源造成不可逆的损害，进而对争议海域最终所属国的主权权利造成无法弥补的损害。同样，若是同一类单方面行为发生在存有争议的领海内，必然会对争议领海最终所属国的主权造成无法弥补的损害。根据《公约》第 2 条之规定，沿海国对其领海享有主权，主权及于领海的上空及其海床和底土。相较而言，沿海国对其专属经济区或大陆架仅享有主权权利。可见，领海的法律地位远高于专属经济区或大陆架。很明显，相比于有争议的专属经济区或大陆架，在有争议的领海内实施非临时性的单方面行为，所造成的损害要更严重。举轻以明重，既然在受损害程度较轻的海域实施非临时性的单方面行为，都被“不危害或阻碍最后协议的达成”所禁止，那么在会遭受更严重损害的海域实施此类行为，更是不可能。因此，在当事国达成领海划界协议前，禁止实施非临时性的单方面行为。

鉴于领海的法律地位以及重要性高于专属经济区或大陆架，在争议解决前，当事国在争议海域内的活动应当更加谨慎，因此可能需要对当事国的行为施加比“不危害或阻碍最后协议的达成”更为严格的限制，不仅非临时性的活动会被禁止，甚至可能连临时性的活动也有禁止的必要。对于这一问题仍有待细究，但是目前有一点可以肯定，那就是非临时的活动肯定会被禁止，或者说“不危害或阻碍最后协议的达成”起码是个最低要求。因此，当争议海域涉及领海问题时，在达成划界协议前的过渡期内，当事国仍要遵守该项义务。

综上所述，“不危害或阻碍最后协议的达成”不仅是《公约》的一项基本内容，同时也是一项习惯法规则。该规则禁止所有会对海洋环境造成无法弥补损害的非临时性的单方面行为，除非一方当事国实施此类行为获得其他当事国的同意，或者主张反措施。此外，该项规则不仅适用有关专属经济区或大陆架的争议海域，同样适用于存在领海争议的海域。

（二）既有石油合同是否危害或阻碍最后协议的达成

通过上文的分析，已经得出了“不危害或阻碍最后协议的达成的义务”禁止当事国在争议海域实施会对海洋环境造成无法弥补损害的非临时性的单方面行为，但允许不会对海洋环境造成无法弥补损害的临时性的单方面行为。本书将根据这一标准来分析在既有石油合同的订立和履行过程中，当事国的哪些行为符合该项义务，哪些行为又违反了该项义务。如前所述，既有石油合同主要包括订立和履行两大阶段，其中履行阶段又可细分为勘探和开采两个环节。虽然签订石油合同与勘探活动的先后顺序，在个案中各不相同，有时是先签订石油合同，然后由外国石油公司专门负责勘探事宜；有时则由政府先负责勘探，在发现具有商业价值的油田后，再与外国石油公司签订石油合同，但是“一般而言，对外合作勘探开发的流程包括招标公告的发布、其他合作方的投标、竞标、中标、合作双方合同的签订、正式进行油气资源的合作勘探、开发”。① 因此本节将既有石油合同整个流程依次分为订立、勘探和开采三个步骤，进行逐一分析。

1. 单方面订立既有石油合同

虽然当事国一方就争议海域的石油资源开发与外国石油公司签订石油合同，必然会遭到其他当事国的反对，但这并不必然意味着该行为危害或阻碍最后协议的达成。原因在于当事国的行为若要对争议海域的海洋环境造成无法弥补的损害，必须以该行为直接作用于海洋环境为前提，但是当事国与外国石油公司签订石油合同的地点是远离争议海域的陆地领土，单凭订立石油合同这一个行为，是不会对海洋环境产生改变的。若要对海洋环境产生影响，必须要有后续的配套行动，而单方面签订石油合同仅仅处在准备阶段，尚未进入勘探和开采阶段，也就谈不上对海洋环境产生物理改变。

2. 单方面勘探

签订石油合同后，外国石油公司必然要在争议海域实施勘探活动，以确定争议海域是否具有商业开采价值的石油资源。“勘探是指在初步确定某一区域可能蕴藏油气资源后，就需要对专门的区域进行详细的勘探调查，以确定是否具有商业开采价值。勘探通常包

① 黄伟：《2012 年中海油发布南海油气对外招标公告的法律问题研究》，载《法学杂志》2012 年第 10 期，第 20 页。

括详细的地震勘探，以及钻探、试气等工作。”① 对于这一阶段的勘探活动是否危害或阻碍最后协议的达成，不能一概而论。正如前文多次提及的“爱琴海大陆架划界案”判决所指出的，对于地震勘探这种临时性的勘探活动，即便其中包括实施小型爆炸，也不会对海床、底土或者自然资源存在造成物理损害的风险，因此不违反该项禁止性规定。尽管这些临时性勘探活动不违反国际法中的禁止性规定，但是其他当事国为了表明自己的立场，仍会提出抗议。而对于钻探这种非临时性的勘探活动，无论是“爱琴海大陆架划界案”、“圭亚那—苏里南仲裁案”，还是“科特迪瓦—加纳大西洋划界案”，均明确指出该项行为违反该项禁止性规定。既然钻探活动违反禁止性规定，那么以其为基础所实施的后续试气活动，同样也违反禁止性规定。因此，单方面勘探活动中的临时性的勘探活动不违反禁止性规定，而非临时性的勘探活动则违反禁止性规定，如果非临时性的勘探活动想要解除其行为的不法性，只能主张其依据反措施实施此类行为，或者实施此类行为获得了其他当事国的同意。

3. 单方面开采

如果说尚处于勘探阶段的钻探行为，还未对海底石油资源进行实际占有或使用，仅凭该行为本身客观上会对海洋环境造成无法弥补的损害，就足以认定其危害或阻碍最后协议的达成，那么作为其后续的开采行为就当然违反了该项义务。原因在于开采行为已经是对海底石油资源进行实际占有和使用，其对争议海域最终归属的当事国的主权或主权权利的损害已达到最大程度，同样根据举轻以明重的原则，既然危害程度较小的钻探活动都违反了该项义务，那么危害程度更大的开采行为肯定也违反了该项义务，除非当事国是依据反措施或者获得其他当事国的同意。

通过对既有石油合同三个阶段的分析，可以看出合同当事国与外国石油公司单纯的订立石油合同的行为以及石油公司在争议海域所实施的临时性的勘探活动（以地震勘探为代表）没有危害或阻

① 董世杰：《单方面利用争议海域油气资源的问题研究》，载《东北亚论坛》2015 年第 5 期，第 37 页。

碍最后协议的达成；而其所实施的非临时性的勘探活动（以钻探为代表）以及开采活动，在没有依据反措施或取得其他当事国同意的情况下，明显违反“不危害或阻碍最后协议的达成的义务”。为了更好地阐明这一过程中的法律关系，本书制作了一张法律关系图（详见图1）。

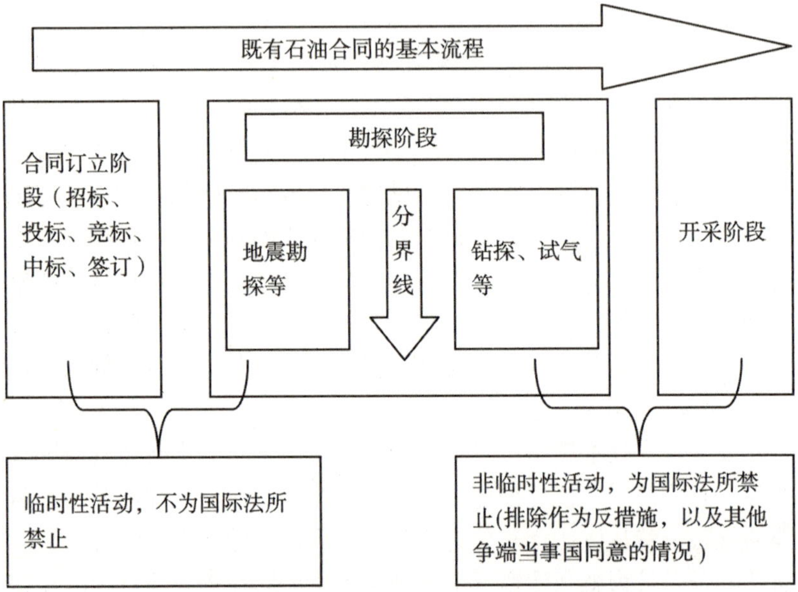

图1　既有石油合同的基本流程法律关系图

（三）危害或阻碍最后协议的达成的国际法律责任

既然非临时性的勘探活动以及开采活动，违反了“不得危害或阻碍最后协议的达成的义务”，那么实施该行为的当事国就应当承担国际法律责任。一般来说，一国因其不法行为所要承担的国际法律责任包括：停止（Cessation）和不重复（Non-repetition），以及赔偿（Reparation）两大类，对于违反“不得危害或阻碍最后协议的达成的义务”的当事国来说，到底需要承担何种法律责任，仍需在下文进行具体分析。

1. 停止和不重复不法行为

根据《国家责任条款草案》第30条之规定,① 如果不法行为是持续性的，那么不法行为国有义务立即停止该不法行为。停止不法行为的功能，就在于结束对国际法的违反，并且保护仍有效的初级国际法义务。② 正如“彩虹勇士号（the Rainbow Warrior）仲裁案”的仲裁庭所指出的，如果要求停止不法行为，该不法行为必须具备持续性，并且被违反的国际法规则仍然有效。由于本案中法国是依据1986年7月9日与新西兰达成的一项协议，负有将两名特工留在太平洋岛屿的义务，但是该项特别协议已于1989年7月22日期限届满，那么自此以后，原先被违反的初级义务不再有效，而本案的最终裁决时间是1990年，因此仲裁庭不可能再要求法国停止不法行为。③ 本书认为如果当事国在争议海域的行为，违反了“不危害或阻碍最后协议的达成的义务”，其他当事国完全可以要求其停止不法行为。原因在于：一方面不论是非临时性的勘探，还是开采活动，都是一个耗时较长的活动，其中开采行为更是可以持续数十年，因此不法行为具有持续性；另一方面“不危害或阻碍最后协议的达成的义务”不仅在《公约》中有明确规定，而且还是一项习惯国际法规则，该项义务的有效性毋庸置疑。

此外，在《国家责任条款草案》第30条中，还规定了不法行为国在必要时，应当就不重复不法行为提供适当的承诺和保证。承诺和保证不重复不法行为，具有预防功能，能够积极地确保不法行

---

① 《国家责任条款草案》第30条规定，国际不法行为的责任国有义务：(a) 在从事一项持续性的不法行为时，停止该行为；(b) 在必要的情况下，提供不重复该行为的适当承诺和保证。

② 参见 Commentaries to the Draft Articles on Responsibility of States for Internationally Wrongful Acts, International Law Commission, 2001, p. 89。

③ 参见 Case Concerning The Difference between New Zealand and France Concerning The Interpretation or Application of Two Agreements, Concluded on 9 July 1986 between The Two States and Which Related to The Problems Arising from The Rainbow Warrior Affair, Reports of International Arbitral Awards, Vol. XX, 1990, paras. 104-105, 114-115。

为国在未来履行其所负的国际法义务。值得注意的是，第 30 条关于承诺和保证不重复的规定比较灵活，仅规定不法行为国在必要的情况下，需要就不重复不法行为作出适当的承诺和保证，而不是每个案件都需要。通常只有受害国有理由相信仅仅通过停止不法行为，不能够对其提供足够的保护时，才可要求不法行为国承诺和保证不重复。对于不法行为国承诺和保证不重复不法行为的规定，是一种灵活的形式，其目的在于避免受害国滥用该规定，提出过度的要求。① 由此可见，受害国对不法行为国提出承诺和保证不重复的要求，是受到一定限制的。但是本书认为，由于与合同当事国合作的外国石油公司通常具备雄厚经济和技术实力，合同当事国在争议海域进行非临时性的勘探活或开采活动的难度较小，即便由于其他当事国的反对而停止一段时间，也很有可能在其认为必要的时候重启此类活动，因此其他当事国完全有理由认为单纯依靠停止不法行为，不足以保证此类行为不再发生，必须要求不法行为国承诺和保证不再重复不法行为。

2. 赔偿

即使不法行为国停止其不法行为，并承诺和保证不再重复此类行为，也不能免除其对争议海域所造成的损害，进行赔偿的责任。根据《国家责任条款草案》第 34 条之规定，② 赔偿包括恢复原状（Restitution）、补偿（Compensation）和抵偿（Satisfaction）三种形式。本书认为，在当事国违反了“不危害或阻碍最后协议的达成的义务”后，虽然理论上可以要求不法行为国承担恢复原状的法律责任，但在实践中行不通。因为“恢复原状要求重建不法行为发生前的状态”。③ 而当事国在争议海域所实施的非临时性的勘探

① 参见 Commentaries to the Draft Articles on Responsibility of States for Internationally Wrongful Acts, International Law Commission, 2001, p. 89。

② 《国家责任条款草案》第 34 条规定，对国际不法行为造成的损害充分赔偿，应按照本章的规定，单独或合并地采取恢复原状、补偿和抵偿的方式。

③ 参见 Commentaries to the Draft Articles on Responsibility of States for Internationally Wrongful Acts, International Law Commission, 2001, p. 96。

活动或者开采活动，已经对海床和底土的物理性质造成了无法弥补的损害，正如“科特迪瓦—加纳大西洋划界案”中科特迪瓦所主张的，“钻探是不可逆的，因为岩石一旦被压碎后就不能再还原；虽然可以向竖井内注入水泥，但是破裂仍然存在，不可能再将底土恢复到原来的状态”。①

既然要求不法行为国恢复原状，已经无法实现，那么能否要求不法行为国对其行为所造成的损害予以补偿？本书认为要求不法行为国予以补偿的做法，在理论上存在障碍。因为受害国要求不法行为国进行补偿，必须主张自己因为不法行为而受到精神或物质损害。② 由于当事国一方违反“不危害或阻碍最后协议的达成的义务”而引发的争端，所涉及的当事方只有主权国家，不存在自然人，自然也就不可能存在精神损害，那么受害国只能证明自己遭受了物质损害。主张受到物质损害，必须以受害国享有明确的海洋权利为基础，但是在争议海域完成划界之前，是无法知晓争议海域的哪一部分属于哪一方当事国，自然也就无法明确受害国所享有的海洋权利，每一方当事国只是争议海域潜在的权利享有者。更有甚者，如果在完成划界后，原本实施不法行为的争议海域完全归属不法行为国，那么其他当事国对争议海域不享有主权或主权权利，物质损害更是无从谈起。国际海洋法之所以规定“不危害或阻碍最后协议的达成”，其目的是在划界完成前维持争议海域的现状，确保争议海域的部分或全部，在完成划界后能够完整地归于某一当事国，而前文所提及的停止、不重复以及恢复原状，恰好都可以在不触及海洋权利归属的情况下，有助于争议海域维持现状，唯独补偿必须以受害国享有明确的海洋权利为基础。

但是“彩虹勇士号仲裁案”的仲裁庭提出了另一种解决方

① Dispute Concerning Delimitation on the Maritime Boundary between Ghana and Côte d'Ivoire in the Atlantic Ocean, Provisional Measures, Order of 25 April 2015, ITLOS Reports 2015, para. 78.

② 参见 Commentaries to the Draft Articles on Responsibility of States for Internationally Wrongful Acts, International Law Commission, 2001, p. 98。

案——“如果当事国违反国际义务造成严重的精神和法律损害时，即便没有产生物质损害，仲裁庭也可以考虑作出进行货币补偿的命令……如严重背离条约义务。”① 因此，在受害国对争议海域所享有的权利尚不明确的情况下，可以主张不法行为国的行为严重背离了《公约》以及习惯国际法规则的内容，造成了严重的法律损害，进而要求不法行为国予以补偿。即使解决了受害国能否主张补偿的问题，接下来如何对补偿数额进行经济上的评估，同样也是一个难题，因为受害国主张补偿的基础是法律损害，相对于物质损害比较容易进行量化，目前对于法律损害如何进行经济上的量化尚不得而知。

需要强调的是，针对一方当事国实施危害或阻碍最后协议的达成的行为，虽然受害国可以要求不法行为国进行补偿，但在实践中，受害国未必会这么做，它们更关心的是不法行为国立即停止不法行为、承诺和保证不重复。例如，在“圭亚那—苏里南仲裁案”中，针对圭亚那在争议海域的钻探活动，苏里南仅要求仲裁庭认定圭亚那的行为危害和阻碍了海上边界协定的达成，并未提及补偿的事宜；② 在“孟加拉—缅甸孟加拉湾划界案”中，在最初的起诉阶段，孟加拉请求法庭宣告缅甸在未事先通知并经孟加拉同意的情况下，在孟加拉主张的海域授权许可证获得者进行钻探以及其他勘探活动，违反了《联合国海洋法公约》第 74 条第 3 款和第 83 条第 3 款之规定，并要求法庭命令缅甸向孟加拉

---

① Case Concerning The Difference between New Zealand and France Concerning The Interpretation or Application of Two Agreements, Concluded on 9 July 1986 between The Two States and Which Related to The Problems Arising from The Rainbow Warrior Affair, Reports of International Arbitral Awards, Vol. XX, 1990, para. 118.

② 参见 Guyana/Suriname, Award of the Arbitral Tribunal, 17 September 2007, para. 161。

进行适当赔偿。① 但在后来的书面程序中，孟加拉却指出为了睦邻以及基于合作之精神，撤回之前在起诉书中第 26 段所提之赔偿要求；同时，孟加拉保留在缅甸出现新的违反第 74 条第 3 款和 83 条第 3 款之义务的行为时，更改自己诉讼请求的权利。② 同样在“科特迪瓦—加纳大西洋划界案”中，科特迪瓦曾在 2016 年 4 月 4 日的辩诉状（counter-memorial）中要求特别分庭宣告并判决，加纳在特别分庭划定的科特迪瓦海域单方面实施的活动，构成违反《公约》第 83 条第 3 款所规定的“不危害或阻碍最后协议的达成的义务”。并因此宣告和判决，关于加纳在科特迪瓦海域实施或授权实施的石油勘探和开发活动的所有文件和数据，加纳有义务向科特迪瓦传送；加纳有义务确保自己以及与其合作的承包商不披露这些信息；对于加纳侵犯科特迪瓦对其大陆架的专属主权权利所造成的损害，科特迪瓦有权获得补偿。③ 但在最终诉求中，科特迪瓦却只要求特别分庭宣告并裁决加纳单方面实施的活动违反《公约》第 83 条第 3 款。④

在实际案件中，受害国之所以不提出补偿的要求，除了前文提及的对法律损害进行量化存在困难外，也是为了避免因为要求补偿而加剧当事国之间的矛盾。因为停止不法行为、承诺和保证不重复，只需要不法行为国通过消极的不作为方式就可履行，而补偿则需要不法行为国以积极作为的方式向受害国支付经济补偿，因此不

① 参见 Dispute Concerning Delimitation of the Maritime Boundary between Bangladesh and Myanmar in the Bay of Bengal, Bangladesh's Notification and Statement of Claim, 8 October 2009, para. 26。

② 参见 Dispute Concerning Delimitation of the Maritime Boundary between Bangladesh and Myanmar in the Bay of Bengal, Memorial of Bangladesh, Volume I, 1 July 2010, para. 4. 19。

③ 参见 Dispute Concerning Delimitation on the Maritime Boundary between Ghana and Côte d'Ivoire in the Atlantic Ocean, Provisional Measures, Counter Memorial of Côte d'Ivoire, 4 April 2016, Vol. 1, pp. 250-251。

④ 参见 Dispute Concerning Delimitation on the Maritime Boundary between Ghana and Côte d' Ivoire in the Atlantic Ocean, Provisional Measures, Final Submissions of Côte d'Ivoire。

法行为国更倾向于前一种法律责任。再者，不法行为国对受害国进行补偿，与停止不法行为、承诺和保证不重复，并不是相互替代的关系，而是可以合并使用的。在此情形下，不法行为国当然是希望尽量减轻自己的法律责任。由于停止不法行为、承诺和保证不重复是不可能免除的，不法行为国只能极力争取减轻和免除自己的补偿责任，如果受害国坚持要求补偿，只会加剧当事国之间的对立情绪，不利于局势的缓解。"通常来说解决海洋边界争端本身，对于当事国而言就足够了，让它们规划未来，而不是深究过去的问题。"①

针对一方当事国实施危害或阻碍最后协议的达成的行为，在受害国要求恢复原状根本无法实现，又不愿提出补偿的要求的情况下，能否要求不法行为国进行抵偿？本书认为答案是肯定的。正如《国家责任条款草案》所规定的，对于不法行为所造成的损害，通过恢复原状和补偿的方式仍不能实现充分赔偿，可以要求不法行为国予以抵偿。② "抵偿作为赔偿的第三种形式，它是关于非金钱的赔偿，包括官方道歉、处罚负有责任的下级官员或者正式承认行为的不法性。"③ 可见抵偿的方式是多种多样的，对于国际法庭来说，宣告不法行为国的行为具有违法性，则是一种经常使用的方式。

在"彩虹勇士号仲裁案"中，仲裁庭认为"存在一项长期确立的实践，即国家和国际法庭将抵偿作为针对违反一项国际义务的救济手段。当精神和法律损害是直接针对国家时，更是会采用抵偿……抵偿可以采用多种形式，如国际法庭的判决宣告一国的

① 参见 David Anderson, Youri van Logchem, Rights and Obligations in Areas of Overlapping Maritime Claims, in S. Jayakumar, Tommy Koh, Robert Beckman (ed.) The South China Sea Disputes and Law of the Sea, Edward Elgar Publishing Limited, 2014, p. 221。

② 参见 Commentaries to the Draft Articles on Responsibility of States for Internationally Wrongful Acts, International Law Commission, 2001, p. 105。

③ Malcolm N. Shaw, International Law (Sixth Edition), Cambridge University Press, 2008, p. 805.

行为违法……对于本案中法国违反对新西兰所负的条约义务，仲裁庭只需以判决的形式公开谴责，就构成对新西兰所受损害的恰当抵偿”。① 这一观点也在“塞加号案”中得到体现，国际海洋法法庭认为“作为赔偿的一种形式的抵偿，可以通过司法宣告某一行为违反一项权利来实现”。② 而在“圭亚那—苏里南仲裁案”的判决中，仲裁庭则是直接援引了“塞加号案”判决中的观点，认为只需宣告圭亚那在争议海域的钻探活动，违反了《公约》第74条第3款、第83条第3款之规定即可。③ 因此，对于一方当事国在争议海域实施了危害或阻碍最终划界协议达成的非临时性的石油活动，其他当事国在无法要求恢复原状，又不愿提出补偿的要求的情况下，可以选择抵偿这种方式，要求不法行为国作出官方道歉、承认行为的不法性，或者请求国际法庭宣告其行为具有违法性。

综上所述，如果合同当事国在争议海域实施了，危害或阻碍最终划界协议达成的非临时性的石油活动，首先需要承担停止不法行为以及承诺和保证不重复的国际法律责任。其次，对于其不法行为所造成的损害，由于对海洋环境的损害是不可逆的，因此其他当事国可以要求不法行为国进行补偿；如果其他当事国认为要求补偿会加剧矛盾，还可以选择抵偿，要求不法行为国承认自己行为的不法性并作出道歉，或者请求国际法庭宣告其行为具有违法性。

---

① Case Concerning The Difference between New Zealand and France Concerning The Interpretation or Application of Two Agreements, Concluded on 9 July 1986 between The Two States and Which Related to The Problems Arising from The Rainbow Warrior Affair, Reports of International Arbitral Awards, Vol. XX, 1990, paras. 121-123.

② The M/V "Saiga" (No. 2) Case (Saint Vincent and the Grenadines v. Guinea), Judgment, ITLOS Reports 1999, para. 171.

③ 参见 Guyana/Suriname, Award of the Arbitral Tribunal, 17 September 2007, paras. 485-486。

本章小结

尽管争端当事国的国内法明确规定对争议海域享有主权或主权权利，同时允许当事国与外国石油公司就海上石油资源的开发订立合同，为争议海域的既有石油合同提供了国内法依据，但最终落脚点仍是既有石油合同是否符合国际法。

首先，争端当事国的海洋主张必须在国际法上具备初步基础，这样才能在最终划界前推定其主张有效，从而为争议海域内的既有石油合同提供了法律基础。其次，“不危害或阻碍最后协议的达成”不仅是《公约》的一项基本内容，同时也是一项习惯法规则。该项规则不仅适用有关专属经济区或大陆架的争议海域，同样适用于存在领海争议的海域。既有石油合同不得违反该项禁止性规定，具体而言就是禁止所有会对海洋环境造成无法弥补损害的非临时性的单方面行为，除非一方当事国实施此类行为获得其他当事国的同意，或者主张反措施。最后，如果合同当事国所实施的既有石油合同的相关行为违反该项禁止性规定：（1）需要承担停止不法行为以及承诺和保证不重复的国际法律责任。（2）对于不法行为所造成损害，其他当事国可以要求合同当事国进行补偿；如果其他当事国认为要求补偿会加剧矛盾，还可以选择抵偿，要求合同当事国承认自己行为的不法性并作出道歉，或者请求国际法庭宣告其行为具有违法性。

第三章　争议海域既有石油合同的处理方式

第一节　划界谈判中既有石油合同的处理方式

一、既有石油合同能否作为海洋划界的考虑因素

既有石油合同对海洋划界的影响主要体现在，当事国都会在划界谈判中，极力主张自己与外国石油公司签订的既有石油合同，应当作为影响划界的因素。这必然会给划界谈判增添障碍。因此，有必要分析既有石油合同在海洋划界中具有何种意义。通过第二章的分析已知，争端当事国在争议海域完成划界前，可以通过制定并执行国内法的形式，在争议海域行使主权或主权权利，但是必须遵守“不危害或阻碍最后协议的达成的义务”。在合同当事国订立和履行既有石油合同的整个过程中，有些行为（临时性活动）不为国际法所禁止，而另外一些行为（非临时性活动）为国际法所禁止，那么这些行为会对于争议海域的最终划界会产生何种影响？本部分将主要根据目前已有的相关国际判例，分析国际法庭如何看待既有石油合同在海洋划界中的作用。此外，本部分所援引的判决中大量出现“石油活动”、“石油实践”等术语，其内涵与“既有石油合同”并无区别，但出于对判决原文的用语习惯的尊重，在援引相关判决时，本书将直接使用判决中的术语。

（一）不作为划界的考虑因素

在 1982 年“利比亚—突尼斯大陆架划界案”中，双方当事国

都在其认为一定属于自己的大陆架区域，授予许可证或特许权，并且已经实施了相当数量的钻探活动。① 国际法院认为与确定划界方法高度相关的情况就是当事国的行为，但在分析当事国的石油活动后，国际法院并没有发现当事国之间存在默示协议（Tacit Agreement），鉴于当事国各自更为广泛而坚定的主张，当事国之间也不可能达成默示协议；国际法院还认为无需根据禁止反言规则，禁止当事国提出与其之前行为不一致的主张。②

通过对国际法院判决的分析不难发现，如果能够通过当事国先前的石油活动，证明默示协议的存在，那么当事国的石油活动就是确定划界方法必须考虑的因素之一。值得一提的是，虽然国际法院未能通过当事国的石油活动得出默示协议，但是国际法院却认为，当法国和意大利分别负责突尼斯和利比亚对外关系时，法国和意大利就渔业管辖权的分界线所形成的临时协议（Modus Vivendi），应当作为大陆架划界的考虑因素。在1913年发生了意大利的鱼雷艇在突尼斯主张的ZV45°线③以内海域逮捕希腊渔船事件后，意大利划了一条与加迪尔角（Ras Ajdir）海岸线垂直的界线，1931年利比亚的意大利当局重申了这条界线，这一情形一直持续到突尼斯和利比亚独立。在此期间，负责突尼斯外交的法国当局的一直沉默和不抗议，国际法院认为这足以证明临时协议的存在。虽然仅凭临时协议尚不能证明两国之间存在公认的海上边界，但是对于临时协议的尊重，长期以来没有受到任何一方的正式反对，这可以确保在选择两国间大陆架的划界方法时，它可以作为一个历史性理由。④

尽管该案中临时协议的出现只与渔业问题相关，但仍为后来“缅因湾划界案”中加拿大主张石油活动应当作为划界考虑因素提

---

① 参见 Continental Shelf（Tunisia/Libyan Arab Jamahiriya），Judgment，ICJ Reports 1982，para. 21。

② 参见 Continental Shelf（Tunisia/Libyan Arab Jamahiriya），Judgment，ICJ Reports 1982，paras. 117，118。

③ 之所以称为ZV线，是因为突尼斯和利比亚海岸线呈ZV走向。

④ 参见 Continental Shelf（Tunisia/Libyan Arab Jamahiriya），Judgment，ICJ Reports 1982，paras. 93-95。

供了重要的借鉴，即如果能够主张当事国之间通过石油活动形成了临时性协议，那么石油活动就是划界应当考虑的因素。因此，“利比亚—突尼斯大陆架划界案”开创性地提出了，判断当事国的石油活动是否应当作为海洋划界的考虑因素的具体方法，即能否通过当事国的石油活动证明当事国之间存在默示协议或临时协议。

在1984年的“缅因湾划界案”中，为了证明应当适用中间线作为划界方法，加拿大主张其在争议海域中间线的加拿大一侧，所实施的石油勘探活动获得了美国方面的默认（Acquiescence），并且两国的实践表明，它们已经就中间线作为双方石油特许权区域之间的界线达成临时协议，因为加拿大所主张的中间线与美国所主张的线出现重合，这两条线重合的情况，至少从1965年到1972年一直被当事国双方以及许多石油公司所尊重。① 可见，加拿大极力主张其石油活动应当作为确定最终划界方法的考虑因素。

但是国际法院分庭的判决，并没有支持加拿大的这一主张。国际法院分庭无法得出美国默认在乔治浅滩划界中使用中间线的结论。分庭认为，对于美国和加拿大的海上边界问题，在20世纪60年代结束之前，美国的态度一直不明确并且有相当的不一致。即便如此，加拿大所提供的事实也不能保证得出以下结论，即美国政府彻底地承认中间线作为两国大陆架管辖权的边界；也不能保证，仅仅因为对于加拿大从1964年到1969年11月间所发放的勘探许可证，美国政府没有作出回应，就在法律上阻止美国继续主张沿着东北海峡的边界，或者阻止美国主张调整后的垂线的西南部所有区域。虽然在加拿大颁发第一个勘探乔治浅滩的许可后，美国保持沉默展现出它的一定程度的轻率，但是任何试图将禁止反言的法律后果，归因于这个短暂的沉默，似乎有点过分。从1965年起，美国也在加拿大所主张的乔治浅滩东北部区域颁发勘探许可。出于谨慎的态度，美国政府本应正式地将这些活动通知加拿大，但是美国政府没有这么做，但这并不意味着给加拿大造成一种印象，即美国接

① 参见 Delimitation of the Maritime Boundary in the Gulf of Maine Area, Judgment, ICJ Reports 1984, paras. 128, 131, 132, 135, 149。

受加拿大的立场并且产生了法律效果。虽然美国对待加拿大的态度再一次模糊不清，但是还没有达到使得加拿大有权援引禁止反言的程度。根据上述分析，国际法院分庭认为，仅仅由于美国的迟延，就认定其已经默认同意加拿大的主张，或者放弃其权利，显然逾越了援引默认或禁止反言所必需的条件。①

通过国际法院分庭的分析可知，对于加拿大在争议海域的石油活动，美国政府没有及时提出抗议，并且这种状态持续了数年，但是在国际法院分庭看来，这尚不构成默认，只是被认定为迟延。可见，在默认的认定过程中，对于时间要素有着较高的要求。

此外，国际法院分庭也没有发现存在临时协议。分庭认为，即便假设在当事国各自颁发许可证的区域之间存在事实上的界线，这也不能认为，与“利比亚—突尼斯大陆架划界案”中国际法院得出结论所依据的情形具有可比性。实际上，在“利比亚—突尼斯大陆架划界案”中，国际法院所认定的临时协议是由原殖民国所确立的，利比亚和突尼斯在独立后开始授予石油特许权时，对该临时协议仍予以尊重。即便根据加拿大的观点，从 1965 年到 1972 年，至少是临时协议的形成时期，但在分庭看来，这一段时间太短，即使事实正如加拿大所宣称的那样，当事国双方的石油活动都没有逾越重合的界线，也不足以产生此种法律效果。②

由此可见，时间因素对于临时协议的形成同样至关重要。通过对“缅因湾划界案”的分析，可以看出争端当事国虽然可以主张其石油活动获得其他当事国的默认，或者当事国之间已就石油活动的范围达成临时协议，但是在认定默认或临时协议过程中，对时间要素有着较高的要求。

在“利比亚—马耳他大陆架划界案”中，当事国先前的石油活动并不是双方争论的焦点，只有马耳他提及利比亚先前的石油活

① 参见 Delimitation of the Maritime Boundary in the Gulf of Maine Area, Judgment, ICJ Reports 1984, paras. 137, 138, 140-142。

② 参见 Delimitation of the Maritime Boundary in the Gulf of Maine Area, Judgment, ICJ Reports 1984, paras. 150-151。

动，以证明利比亚默认了马耳他所主张的划界方法。马耳他认为，利比亚为部分石油特许权区域所确立的北部边界，使得许可证获得者不得在中间线以北区域进行石油活动，这表明了利比亚对马耳他所主张的中间线的默认。当事国已经通过其行为表明，中间线与本案最终划界非常相关。但是国际法院却很简洁地否定了马耳他的主张。国际法院认为双方争端的历史，以及当事国有关大陆架的立法和勘探活动，无须详细列明。国际法院认为其无法从其争端历史中找出任何值得考虑的事情，无法在本案中对任何一方的行为模式进行识别，以便充分明确地构成默认。①

在"几内亚—几内亚比绍海上划界案"中，几内亚和几内亚比绍的特别协议，请求仲裁庭处理一个问题，即法国与葡萄牙间的1886年条约，是否为两国在西非各自殖民地之间确立了海上边界，也就是所谓的"南部界线"。在考察是否存在"南部界线"时，仲裁庭提及了葡萄牙（几内亚比绍的殖民国），在1958年与一家外国石油公司所签订的一项石油合同。不过比较特殊的是，仲裁庭不仅没有将该项石油合同作为证明存在"南部界线"的理由，反而认为石油合同区域越过了"南部界线"向南延伸，法国政府当时并没有以几内亚的名义表示抗议，这表明两国确信1886年的公约并未在几内亚和几内亚比绍之间确立海上边界，也就不存在所谓的"南部界线"。②

在"法国—加拿大仲裁案"中，法国与加拿大的海上划界争端，源于双方均在争议区域颁发石油勘探许可，引发了双方的相互抗议。为此，两国政府于1966年，通过交换普通照会和备忘录的形式，表达它们关于加拿大和法属圣皮埃尔岛（St. Pierre）、密克隆岛（Miquelon）之间的大陆架划界的立场。当事国双方就海域划

① 参见 Continental Shelf (Libyan Arab Jamahiriya/ Malta), Judgment, ICJ Reports 1985, paras. 24-25。

② 参见 Guinea/Guinea-Bissau: Dispute Concerning Delimitation of the Maritime Boundary, International Legal Materials, Vol. 25, No. 2, paras. 26, 32, 38, 63。

界所应该采用的标准持不同立场，其中法国主张采用等距离原则，而加拿大则主张应当适用特殊情况规则。① 对于双方当事国政府同时颁发的一些勘探许可，是否应当作为划界的考虑因素。仲裁庭认为由于双方相互抗议，当事国均没有实施钻探作业，这种情况下，仲裁庭没有理由去考虑潜在的矿产资源对划界的影响。②

除了上文提及的“利比亚—突尼斯大陆架划界案”和“缅因湾划界案”外，“喀麦隆—尼日利亚划界案”也对石油活动会对争议海域的划界产生何种影响，作了较为详尽的分析。在该案中，喀麦隆与尼日利亚的划界争端既涉及陆地领土争端，也涉及海上划界争端。该案的海上划界争端包括两个部分：其中一段是从阿克瓦耶河（Akwayafe River）河口到《马鲁阿宣言》（Maroua Declaration）所确立的G点。喀麦隆主张这一部分已经确立了海上边界，而尼日利亚方面则认为《马鲁阿宣言》不具有法律效力，这一部分海域需要重新划界；另外一段则是G点以南海域的划界问题。③

针对阿克瓦耶河河口到G点的海域的划界问题，尼日利亚认为喀麦隆所提出的海上划界主张，必须考虑因石油实践而确立的界线两侧的油井或其他设施，喀麦隆的划界主张不应改变这一现状。国际法院最终认定《马鲁阿宣言》具有法律效力，已经确立了从阿克瓦耶河河口到G点的海上边界，也就没有必要考虑尼日利亚有关这一海域石油实践的主张。④

---

① 参见 Court of Arbitration for the Delimitation of Maritime Areas between Canada and France: Decision in Case concerning Delimitation of Maritime Areas, International Legal Materials, Vol. 31, No. 5, 1992, paras. 8-9。

② 参见 Court of Arbitration for the Delimitation of Maritime Areas between Canada and France: Decision in Case concerning Delimitation of Maritime Areas, International Legal Materials, Vol. 31, No. 5, 1992, para. 89。

③ 参见 Land and Maritime Boundary between Cameroon and Nigeria (Cameroon v. Nigeria: Equatorial Guinea intervening), Judgment, ICJ Reports 2002, paras. 25, 248。

④ 参见 Land and Maritime Boundary between Cameroon and Nigeria (Cameroon v. Nigeria: Equatorial Guinea intervening), Judgment, ICJ Reports 2002, paras. 256, 268。

对于G点以南海域的划界问题，尼日利亚认为当事国所实施的有关颁发石油特许权以及开采石油的行为，会产生事实上的分界线，在确立海洋边界时扮演了非常重要的角色。在待划界的海域内，国际法院不应该重新分配，已由尼日利亚、赤道几内亚和喀麦隆的实践所确立的石油特许权，国际法院在决定海洋边界走向时，应当尊重现有特许权的布局。国际法绝不会为了重新分配石油特许权而无视这些国家实践。因为重新分配而导致长期存在的石油特许权的变化，将会制造很大困难，这也与划界中的公平考虑不相符。尼日利亚声称，喀麦隆所主张的界线，完全忽视了在争议海域大陆架上长期存在的，并被尼日利亚和喀麦隆遵守的，有关石油勘探开发的大量实践，这将导致将原本属于尼日利亚或赤道几内亚的大量石油特许权分配给喀麦隆。尼日利亚认为，其在喀麦隆所主张的海域内的石油活动是长期公开的，在启动诉讼程序之前，喀麦隆从未提出质疑和反对，足以构成默认以及确立权利的基础。①

作为回应，喀麦隆认为在国际判例法中，石油实践在划界中只能赋予有限的意义。因为沿海国对大陆架的权利是固有的，不取决于沿海国行使该权利。在G点以南不远区域，存在一个喀麦隆、赤道几内亚和尼日利亚三国特许权的重叠区域，因此该区域不存在一条事实上的分界线可以作为划界的基础。在G点以南的更远区域，尼日利亚所援引的石油特许权中除了一个之外，其余全是在1990年之后颁发的，发生在20世纪70年代末海上划界争端产生之后，其中还有三个石油特许权，甚至是在提起诉讼的起诉书提交之后所颁发的，因此与当前的争端解决无关。此外，喀麦隆还否认其对于尼日利亚特许权的沉默构成默认，因为尼日利亚当局并没将新的特许权通知喀麦隆。②

---

① 参见 Land and Maritime Boundary between Cameroon and Nigeria (Cameroon v. Nigeria: Equatorial Guinea intervening), Judgment, ICJ Reports 2002, para. 282。

② 参见 Land and Maritime Boundary between Cameroon and Nigeria (Cameroon v. Nigeria: Equatorial Guinea intervening), Judgment, ICJ Reports 2002, para. 283。

国际法院在总结了先前的“利比亚—突尼斯大陆架划界案”、“缅因湾划界案”、“利比亚—马耳他大陆架划界案”、“几内亚—几内亚比绍海上划界案”和“法国—加拿大仲裁案”的相关判决后指出：“尽管在理论上，当事国之间就它们各自的石油特许权的位置达成明示或默示协议，可能意味着它们就各自拥有的海域达成合意。但是石油特许权和油井本身，不能被视为证明调整或改变临时界线具有正当性的相关情形。如果当事国的石油实践是基于当事国之间明示或默示的协议，那么应当予以考虑。但是在本案中，当事国双方并未就石油特许权达成协议，因此当事国的石油实践不是海洋划界应当考虑的因素。”①

通过对该案判决的分析可以看出，尼日利亚主张在海上划界中考虑石油活动的理由，仍是其石油活动获得喀麦隆的默认，或者当事国之间就石油活动的范围达成协议。但是相较于先前的案件，该案也有一个鲜明的特点，即尼日利亚非常看重石油活动在划界中的作用，甚至将其上升到“决定性因素”② 的地位。

在“利吉丹岛和西巴丹岛主权争端案”中，印度尼西亚主张，在授予石油特许权时，双方通常将北纬 4°10′线作为它们各自管辖权的界限。因此，在印度尼西亚看来，它向日本石油资源开发株式会社/道达尔公司（Japex/Total）颁发许可证表明，它认为自己的管辖权延伸至北纬 4°10′线。印度尼西亚还指出，马来西亚在 1968 年向 Teiseki 公司授予石油特许权时，以类似的方式表明该石油特许权的南部界限与北纬 4°10′线相重合。因此，印度尼西亚认为双方承认并尊重北纬 4°10′线作为划分各自区域的分割线。③ 国际法

① 参见 Land and Maritime Boundary between Cameroon and Nigeria (Cameroon v. Nigeria: Equatorial Guinea intervening), Judgment, ICJ Reports 2002, para. 304。

② 参见 Land and Maritime Boundary between Cameroon and Nigeria (Cameroon v. Nigeria: Equatorial Guinea intervening), Judgment, ICJ Reports 2002, para. 303。

③ 参见 Sovereignty over Pulau Ligitan and Pulau Sipadan (Indonesia/Malaysia), Judgment, ICJ Reports 2002, para. 78。

院注意到，印度尼西亚 1966 年授予的石油特许权的北部界限和马来西亚 1968 年授予的石油特许权的南部界限，均没有与北纬 4°10′线相重合，而是分别固定在与北纬 4°10′线保持 30″距离的地方。这些界限仅仅只是表明当事方在授予特许权时所具有的谨慎。因为随后两国开始就大陆架划界进行谈判，所以这种谨慎在本案中更加的自然。①

在“尼加拉瓜—洪都拉斯领土海洋争端案”中，洪都拉斯认为基于当事国双方之间的默示协议，两国之间存在一条以北纬 15°线（准确来说是 14°59′48″N）为界的事实上的界线。为了证明自己的主张，洪都拉斯提出了一系列证据，其中就包括当事国双方的石油活动。洪都拉斯主张，自从 1906 年西班牙国王作出裁决后，双方的有关北纬 15°线的石油特许权实践是一致的，甚至沿着该线进行了协调，这足以表明存在默示协议。洪都拉斯指出其在南至北纬 15°线的区域颁发了一系列的石油特许权，并未引起尼加拉瓜的抗议；同样尼加拉瓜在北至北纬 15°线的区域颁发了一系列的石油特许权。洪都拉斯认为，尽管尼加拉瓜的一些石油特许权区域没有明确其北部边界，但由于尼加拉瓜石油特许权区域的布局和面积，刚好契合将北纬 15°线作为北部边界，等于承认了该条界线的存在。洪都拉斯还特别提及科科马里纳油井（Coco Marina），一个由两国联合经营的横跨北纬 15°线的油井，可以为尼加拉瓜明确承认有关海上边界的协议，提供决定性的证据。该联合经营油井，是由洪都拉斯联合石油公司（Union Oil Company of Honduras）和位于尼加拉瓜的中美洲联合石油公司（Union Oil Company of Central America）共同经营，并事先得到两国政府的批准。②

国际法院认为：“有关存在默示协议的证据必须令人信服。确

① 参见 Sovereignty over Pulau Ligitan and Pulau Sipadan（Indonesia/Malaysia），Judgment，ICJ Reports 2002，para. 79。

② 参见 Territorial and Maritime Dispute between Nicaragua and Honduras in the Caribbean Sea（Nicaragua v. Honduras）Judgment，ICJ Reports 2007，paras. 237-239，257。

立一个永久海上边界，是一个十分重要的事情，不能轻易推定存在默示协议。一条事实上的分界线，在某些情况下相当于存在一条经协议的法定边界，更多的时候仅具有临时分界线，或者基于特定具体目的分界线（例如分配稀缺资源）的性质。即使有一条在一段时间内提供了便利的临时分界线，也与国际边界存在区别。"① 对于洪都拉斯所提出将尼加拉瓜所颁发的石油特许权作为默示协议的证据，国际法院认为尼加拉瓜在其颁发的石油特许权中，通过使其特许权区域的北部边界处于尚未确定的状态，或者回避提及其与洪都拉斯的边界的方式，对自己与洪都拉斯之间海上边界问题保留了立场。虽然国际法院也注意到，在 1961 年到 1977 年的这段时间内，北纬 15°线似乎与当事国双方的行为有一定的关联，但是国际法院认为时间跨度短，不足以让国际法院认定当事国之间存在一个法律上的确定的国际海上边界。②

在"圭亚那—苏里南仲裁案"中，圭亚那主张在对领海、大陆架以及专属经济区进行划界时，国际法庭应当考虑当事国的行为，特别是以油气资源特许权的模式表现出来的临时协议，是影响划界的一个重要因素。本案当事国过去的石油实践表明，等距离线已经长期被接受为划分当事国海域的事实分界线。但是苏里南则表示反对，认为当事国的行为若要作为影响划界的因素，必须一致且持续，还要清楚表明当事国双方接受某一条线作为划界基础的意愿；被采用的某一条线，必须是明示或默示协议的结果。在考察先前的相关案件后，仲裁庭发现在海洋划界中，国际法庭或仲裁庭不太愿意赋予当事国的石油实践任何法律意义，除非是当事国之间就此问题达成明示或默示的协议。仲裁庭在仔细分析该案当事国的石油实践之后，认为没有证据表明当事国之间就石油实践达成任何协

---

① 参见 Territorial and Maritime Dispute between Nicaragua and Honduras in the Caribbean Sea（Nicaragua v. Honduras）Judgment，ICJ Reports 2007，para. 253。

② 参见 Territorial and Maritime Dispute between Nicaragua and Honduras in the Caribbean Sea（Nicaragua v. Honduras）Judgment，ICJ Reports 2007，paras. 254，256。

议。因此在本案中，当事国的石油实践不应作为海洋划界的考虑因素。①

在“黑海划界案”中，乌克兰认为其在相关海域的国家活动，构成支持其大陆架、专属经济区划界主张的相关情况，它所授权的石油活动与其主张的划界相一致，且应当与其他相关情况一起考虑，例如自然地理，以期获得公平解决。② 但是罗马尼亚并不认为国家在相关海域的活动，例如许可勘探开发油气资源以及渔业实践，可以构成划界所要考虑相关情况。作为一项法律原则，有效控制或者国家活动不能构成划界中应当考虑的因素，除非它们反映了可能构成划界相关因素的默示协议。为了满足这个一般原则的例外规定，国家在关键日期之前的活动必须足以证明存在默示协议或者临时协议。罗马尼亚认为，乌克兰所展现的有效控制，不能表明存在事实界线，或者存在一种当事国之间达成一致的，或是得到罗马尼亚默认的有关海上划界行为模式。很明显在事实或法律上，乌克兰的这些国家活动，都不符合成为影响划界的相关因素的必要标准。最终国际法院支持了罗马尼亚的观点，不认为乌克兰可以依据国家活动，证明当事国之间就划分各自专属经济区和大陆架达成默示协议或临时协议，本案中当事国所援引的国家活动在海洋划界中没有任何作用。③

在“科特迪瓦—加纳大西洋划界案”中，加纳主张双方已经接受“等距离原则”作为划定海洋边界的公平方法，并且在过去50多年承认和尊重它们的边界沿着一条始于陆地边界终点BP-55的等距离线。加纳将这条线称之为“习惯等距离边界”，反映了双方就海上边界存在默示协议。加纳对于领海、专属经济区和大陆架（200海里以内和以外）划界的主张，是基于双方多年来石油活动

① 参见 Guyana/Suriname, Award of the Arbitral Tribunal, 17 September 2007, paras. 378-390。

② 参见 Maritime Delimitation in the Black Sea (Romania v. Ukraine), Judgment, ICJ Reports 2009, paras. 189-190。

③ 参见 Maritime Delimitation in the Black Sea (Romania vv. Ukraine), Judgment, ICJ Reports 2009, paras. 193, 197, 198。

发展或确认的默示协议。加纳主张，关于习惯等距离边界的默示协议，在两国五十多年的连续石油活动中得到了充分的体现。加纳认为其实施或许可的油气活动，都是位于边界的加纳一侧，而科特迪瓦类似的油气活动，局限于边界以西区域。①

特别分庭认为，无论石油实践如何具有连续性，其本身无法确立就海洋边界存在默示协议。相互的、连续的、长期的石油实践，以及邻近石油特许权之间的界限，可能反映了海洋边界的存在，或者被解释为其他原因。这些界限仅仅只是表明当事方在授予特许权时所具有的谨慎。因此，证明存在海洋边界所需要的证据，远不止表明存在长期的石油实践或邻近石油特许权之间的界限。特别分庭认为，石油实践、地图、立法，均无法证明双方已经就海洋边界达成一致。相反，特别分庭认为，双方试图通过谈判划定海洋边界，以及向大陆界划界委员会所提交的申请，均能证明双方已经意识到石油特许权界限与海上边界之间的区别。特别分庭注意到国家经常在未划界区域颁发石油特许权，国家经常将其石油区块与其邻国的石油区块相对齐，以免出现重叠区域。很明显，它们这么做是由于不同的原因，尤其是出于小心和谨慎以避免任何冲突，并维持与邻国的友好关系。若将石油特许权的界限等同于海洋边界，等于在处罚保持小心和谨慎的国家。这将违反《公约》第 74 条第 3 款和第 83 条第 3 款的要求——在达成划界协议前，各国应基于谅解和合作精神，不危害或阻碍最后协议的达成。这也将会对未划界区域的当事国的行为产生消极影响。②

（二）作为划界的考虑因素

“也门—厄立特里亚仲裁案”是作者所收集的判例中，唯一的

① 参见 Dispute Concerning Delimitation on the Maritime Boundary between Ghana and Côte d'Ivoire in the Atlantic Ocean, Judgment, ITLOS Reports 2017, paras. 102, 113-150。

② 参见 Dispute Concerning Delimitation on the Maritime Boundary between Ghana and Côte d'Ivoire in the Atlantic Ocean, Judgment, ITLOS Reports 2017, paras. 215-225。

明确将合同当事国与外国石油公司签订的既有石油合同作为海上划界考虑因素的案件。厄立特里亚认为，众多石油合同的存在足以表明，应当沿着中间线确定海上边界。厄立特里亚坚称，仲裁庭在第一阶段所作出的判决支持了“历史性中间线”，应当将其作为两国海上边界线。厄立特里亚强调，在也门与外国石油公司所缔结的一些石油合同中，在不考虑争议岛屿作为基点的情况下，合同区域从也门海岸一直向西延伸到红海的中间线。厄立特里亚发现，其所缔结的一项石油合同的区域，与也门所缔结的一项石油合同的区域，正好沿着中间线穿越大哈尼什岛（Greater Hanish）。厄立特里亚还指出，也门的一项石油合同中含有一条中间线，将埃塞俄比亚（厄立特里亚的被继承国）标在中间线以西，也门被标在中间线以东。在也门提交仲裁庭的一份地图中，两国石油合同区域的边界线，正是沿着双方海岸之间的中间线延伸的。厄立特里亚认为，虽然当事国的石油合同本身不等同于相互接受中间线作为边界，或者接受一条临时分界线，但是在不考虑争议岛屿对海上界线走向的影响的情况下，当事国的石油合同为采用“历史性中间线”（Historical Median Line）划分红海海域，提供了一个具有说服力的基础。①

仲裁庭在其最终判决中将石油合同视为划界应当考虑的因素，“认为两国的海上界线应当是一条多用途的单一中间线，尽可能的是两国相向的大陆海岸线之间的中间线。这种方法不仅符合类似情况下的实践和先例，同时也为当事国双方所熟知……在不考虑岛屿争端的情况下，也门、埃塞俄比亚和厄立特里亚所缔结的海上石油合同在一定程度上，支持了在厄立特里亚和也门之间的相向海岸以中间线划分各自管辖权……即便岛屿会对最终划界产生影响，但是最终的海上边界线中的大部分仍是两国大陆之间的中间线”。②

---

① 参见 The Eritrea-Yemen Arbitration（Phase 2：Maritime Delimitation），3 October 1996，para. 79。

② 参见 The Eritrea-Yemen Arbitration（Phase 2：Maritime Delimitation），3 October 1996，para. 132。

值得一提的是，虽然仲裁庭直截了当地认定既有石油合同在一定程度上支持了中间线的划界方法，但是并没有给出这一结论的具体理由。不过本书认为，通过双方当事国过去的石油实践，可以看出双方既有石油合同的地理范围一直沿着中间线划分，这就表明长期以来，双方当事国已经通过各自的实际行动，就石油活动的范围达成合意，这也足以支持本案中的既有石油合同应当作为划界的考虑因素。

（三）临时协议、默认、明示或默示协议

通过对上述案例的分析，不难发现每一起案件中都有当事国主张应当将先前的石油活动作为划界的考虑因素，但是仅有一例判决是将先前的石油活动作为划界的考虑因素，其余判决均未予以考虑。这也印证了“巴巴多斯—特立尼达和多巴哥仲裁案”的仲裁庭的一个论断，“与资源相关的标准，在国际法院和仲裁庭的判决中会被谨慎对待，国际法院和仲裁庭并没有普遍的将这一因素作为影响划界的相关因素”①。即便如此，所有判决在分析是否应当将原先的石油活动作为海上划界的考虑因素时，其所适用的标准是一致的，即是否存在临时协议、默认、明示或默示协议。遗憾的是，上述所有判决并没有对这些基本概念进行详细的阐述，在判决或当事国的主张中只是零星地提及这一问题。为此，本书认为有必要对临时协议、默认、明示或默示协议的基本理论进行一定的阐释。此外，上述案例在具体分析过程中，只是笼统地将争议海域所有的石油活动一起进行考虑，没有对不同性质的石油活动进行区分，本书认为有必要分析比较临时性活动与非临时性活动，在具体认定临时协议、默认以及明示或默示协议的过程中各自扮演何种角色，这将有助于我们更好地判定在何种情形下，应当将当事国的哪些具体的

① Arbitration between Barbados and the Republic of Trinidad and Tobago, relating to the Delimitation of the Exclusive Economic Zone and the Continental Shelf between Them, Decision of 11 April 2006, Reports of International Arbitral Awards, Vol. XXVII, 2008, para. 241.

石油活动作为海上划界的考虑因素。

1. 临时协议

“Modus Vivendi”虽然译为中文也是“临时协议”，但并不是一个国际法上的专门术语，主要是指争端当事国在争端最终解决之前，达成的初步、临时或过渡协议。① “临时协议是一个典型的有缺陷的国际法行为，通常都会被后来更为详尽和正式的国际协议所取代；临时协议通常不具备法律拘束力，其主要功能在于暂停有关临时协议规定的事项的冲突，以便当事国之间在争端解决之前，进行和平且富有成效的互动。”② 临时协议通常用于指代非正式和临时的政治安排，必须和条约进行区分，条约是国际层面上当事国之间更为稳定的协议，如停战协议或者投降协议，随后会被实质性的和平条约所取代。③

早在1974年“英国—冰岛渔业管辖权案”的判决中，国际法院就对临时协议的内涵进行了阐述，“1973年的临时协议没有将自己描述为争端的解决，除了具有明确的期限外，无疑还具有临时安排的性质，既不损害当事国的权利，也不规定任何一方放弃有关争端事项的主张”。④ 这也就意味着，该案中的任何一方当事国，不得依据该项临时协议，妨碍国际法院依据争端事实本身作出判决，也不得迫使国际法院作出驳回一方法律主张的判决。

对于石油活动同样如此，即使当事国之间因为石油活动达成某项临时协议，任何一方都不得将其作为支持自己划界主张的依据。正因为这个原因，对于“利比亚—突尼斯大陆架划界案”判决中，

① 参见 Wojciech Burek, Modus Vivendi, Max Planck Encyclopedia of Public International Law, www.mpepil.com, visited on 22 October, 2015。

② 参见 W. Michael Reisman, Unratified Treaties and Other Unperfected Acts in International Law: Constitutional Functions, Vanderbilt Journal of Transnational Law, Vol. 35, No. 3, 2002, p. 738。

③ 参见 Don E. Scheid, Modus Vivendi, in Deen K. Chatterjee (ed.), Encyclopedia of Global Justice, Springer, 2011, p. 705。

④ Fisheries Jurisdiction (United Kingdom v. Iceland), Judgment, ICJ Reports 1974, para. 38.

认定临时协议作为划界考虑因素的做法，文森法官明确提出反对意见，他认为："一项临时协议含有两个基本要素：首先，争端解决之前的临时协议具有临时性；其次，这一安排不得对当事国双方造成损害。"①

"Modus Vivendi"这一术语在19世纪和20世纪之交以及20世纪上半叶时，曾得到广泛使用，主要涉及渔业、海上划界以及商业关系，但是现在使用其表示具有法律拘束力的做法已经消失，截止到2011年，联合国条约集中使用这一表述的条约共33个，最后一个的注明日期为1977年。② 其实，通过对相关案例的梳理，也会发现这一趋势。在目前收集到的涉及石油活动的海洋划界案中，只有"利比亚—突尼斯大陆架划界案"和"缅因湾划界案"提及临时协议这一术语，从1984年之后的所有相关案件中再未出现这一表述，只剩下默认、明示或默示协议的表述，足见在海洋划界案中，临时协议已逐渐淡出历史舞台。临时协议这一术语本身就表明其尚不具备法律效力，自然就无法作为确定海上划界方法的考虑因素，既然都不能作为海上划界的考虑因素，当事国当然也不会提及这一问题，久而久之就成为了历史。鉴于临时协议仅具有历史意义，本文就不再分析如何通过临时性活动、非临时性活动，判定是否存在临时协议。

2. 默认

"默认"是上述诸多案例中出现频率很高的一个术语。"字典对于默认解释就是默示同意，本质上是一个消极的概念，是指一国在面对构成威胁或侵害其权利的情形时，所表现的不作为，该国不打算以一种积极的形式作出回应，默认通常是在需要以一种积极回应以表示反对的情形下，采取沉默或不抗议。"③ 布朗利（Ian

---

① Continental Shelf (Tunisia/Libyan Arab Jamahiriya), ICJ Reports 1982, Dissenting Opinion of Judge Evensen, p. 292.

② 参见 Wojciech Burek, Modus Vivendi, Max Planck Encyclopedia of Public International Law, www.mpepil.com, visited on 22 October, 2015。

③ I. C. MacGibbon, the Scope of Acquiescence in International Law, British Year Book of International Law, Vol. 31, 1954, p. 143.

Brownlie）也认为，“没有提出抗议的行为模式，通常被描述为默认”①。通过这些表述，不难发现抗议对于能否认定默认，起着决定性的作用。通常说来，“抗议就是构成抗议国的正式反对，从而使得被抗议国知晓，抗议国不会承认抗议直接针对的行为的合法性，不会默认该行为所创造的或者将要创造的情形，也无意在此情形下放弃自己的权利”。②

既然当事国的消极不作为会催生默认，那么默认又会产生何种法律效果呢？“在国际社会中，一国原本有违现行国际法的行为或措施，会因为其他国家，特别是利益相关国家没有提出有效的抗议，就可以产生有效的法律权利。”③ 在“缅因湾划界案”的判决中，国际法院也明确指出，默认源自于善意和公平这两个基本原则，默认等同于，通过会被另一方当事国理解为同意的单方面行为，所表现出来的默示承认。④ 迈克尔·拜尔（Michael Byers）声称，默认本质上源自于“合法例外原则”。⑤ “默认的功能等同于同意，被史密斯教授（Professor Smith）描述为‘国际法的立法过程’，使得先前仍在发展的规则以及尚未形成的权利盖上了合法性的印章……默认的价值在于，作为认可某一行为合法性并排除其非法性的一种形式，同时提还供了一个客观而实际的标准。”⑥ 一旦

① Ian Brownlie, Recognition in Theory and Practice, British Year Book of International Law, Vol. 53, No. 1, 1982, p. 201.

② 参见 I. C. MacGibbon, Some Observations on the Part of Protest in International Law, British Year Book of International Law, Vol. 30, 1953, p. 298。

③ Phil C. W. Chan, Acquiescence/Estoppel in International Boundary: Temple of Preab Vibear Revisited, Chinese Journal of International Law, Vol. 3, No. 2, 2004, p. 422.

④ 参见 Delimitation of the Maritime Boundary in the Gulf of Maine Area, Judgment, ICJ Reports 1984, para. 130。

⑤ 参见 Michael Byers, Custom, Power and the Power of Rules: International Relations and Customary International Law, Cambridge University Press, 1999, pp. 106-107。

⑥ I. C. MacGibbon, the Scope of Acquiescence in International Law, British Year Book of International Law, Vol. 31, 1954, p. 145.

通过默认，使得一国的不法行为符合现行国际法，表示默认的国家就不得再否认该行为的合法性。①

既然默认是用以排除不法行为的违法性，那么一方当事国只有针对违反国际法的石油活动保持沉默时，其他当事国才可能主张构成默认。而争议海域内违反国际法的石油活动，只有第二章所提及的非临时性活动，这也就意味着如果一方当事国的非临时性活动，获得其他当事国的默认，那么就可以作为海洋划界的考虑因素。至于临时性活动，是无法用来主张默认的，因为当事国在争议海域内单方面实施临时性活动，是为国际法所允许的，其不具有违法性。此外，国际法允许实施临时性活动的前提，就是此类活动不得危害或阻碍最终的海洋划界，这也就意味着任何一方当事国，都不可以主张将其单方面实施的临时性活动，作为海洋划界的考虑因素。

即便当事国在争议海域内单方面实施的非临时性活动，存在被其他当事国默认的可能性，但是鉴于默认在划界中的重要地位，因此在实践中是不能轻易推定存在默认。②

第一，在认定当事国的行为是否构成默认时，应当对默认进行严格意义上的解释，确保默认规则得到实际而可接受的适用。不是当事国的沉默都可以被解读为默认，关键取决于沉默作出的环境。“如果一国在被告知某一情形，或者某一情形广为人知时，并且该国当时可以或应当提出抗议，但是该国一直保持沉默，那么就可以理解为默认，或者放弃提出相反的主张。”③ 对于这一观点，我们可以从三个方面进行解读：

（1）如果认定一国的沉默是默认，就必须以其知晓某一情形

---

① 参见 Phil C. W. Chan, Acquiescence/Estoppel in International Boundary: Temple of Preab Vibear Revisited, Chinese Journal of International Law, Vol. 3, No. 2, 2004, p. 424。

② 参见 Kaiyan Homi Kaikobad, Some Observations on the Doctrine of Continuity and Finality of Boundaries, British Year Book of International Law, Vol. 54, No. 1, 1983, p. 126。

③ I. C. MacGibbon, the Scope of Acquiescence in International Law, British Year Book of International Law, Vol. 31, 1954, p. 170.

作为前提条件。由于默认通常是隐含的，而非真实存在的，需要通过对当事国的行为进行分析而推定得出，如果一国都不知晓某一情形，默认就根本不可能存在。①

那么如何认定一国是否知晓某一情形？最直接的方法就看该国是否得到通知。也就是说，当一方当事国在提出主张或作出行为后，是否将此情况及时通知其他当事国。早期的观点并不认为正式通知是默认成立的必要条件，② 但是本书认为这一观点已经不合时宜，在上文提及的一些案件中，一方当事国是否发出正式通知，往往成为案件争论的焦点之一。

例如，在“缅因湾划界案”中，加拿大主张从 1964 年起，在乔治浅滩的东北部实施了由其授权的地震勘探研究，而美国当局也知晓这一行为。但是美国政府却认为，加拿大从未发表过官方的公告或者其他的出版物，以期自己的海洋主张为世界所知晓，美国无法通过间接的方式推断这种主张的存在。③ 同样在“喀麦隆—尼日利亚划界案”中，尼日利亚认为其长期的石油实践，构成了默认的基础。同时，尼日利亚否认自己没有履行通知的义务，它认为有关其石油实践的信息无论如何都是可以公开获得的。但是喀麦隆并不认同尼日利亚的观点，主张不应该从其对于尼日利亚颁发的石油特许权的沉默中作出任何猜测，因为尼日利亚当局并没有像其曾经承诺的那样，将新的石油特许权通知喀麦隆。④

为了消除这种原本可以避免的争论，本书认为任何一方当事国在争议海域单方面实施石油活动后，应当及时的正式通知其他当事

① 参见 D. H. N. Johnson, Acquisitive Prescription in International Law, British Year Book of International Law, Vol. 27, 1950, p. 347。

② I. C. MacGibbon, the Scope of Acquiescence in International Law, British Year Book of International Law, Vol. 31, 1954, pp. 176-178.

③ 参见 Delimitation of the Maritime Boundary in the Gulf of Maine Area, Judgment, ICJ Reports 1984, paras. 131, 134。

④ 参见 Land and Maritime Boundary between Cameroon and Nigeria (Cameroon v. Nigeria: Equatorial Guinea intervening), Judgment, ICJ Reports 2002, paras. 282-283。

国，更何况如今的通信技术十分发达，可以很便捷地给其他当事国发出正式通知。

值得注意的是，并不是所有的情形都需要在正式通知其他当事国后，才可以说其他当事国已经知晓。实际上，如果一些情形已经众所周知，那么即便没有正式通知其他当事国，也可推定为其他当事国已经知晓。最具代表性的就是一方当事国以立法的形式对争议海域提出主张。以正常形式公布的立法，理应为各国所知，尤其是牵涉特定国家利益的立法，应该受到特定国家的特别关注。之所以得出这一结论的原因在于，当今世界国与国之间通常都会互设外交、领事机构，而在外国设立外交、领事机构的目的之一，就是了解驻在国的立法，特别是会影响派遣国利益的立法。① 即使一些国家之间未互设外交、领事机构，也不能否认当事国的立法已为其他当事国所知晓，因为当前世界上绝大多数国家有关海洋的立法，已由联合国秘书处下设的海洋事务和海洋法司整理公布。②

（2）当事国可以或应当提出抗议，却保持沉默 。进行抗议似乎是一国的一种本能的自我保护机制，因此一国在适当情形下未提出抗议，那么国际法庭在审查该国给出的未进行抗议的理由时，就会持有一定程度的怀疑。③

（3）当事国的这种沉默持续了较长的时间。因为根据沉默而推定的默认，会随着沉默持续的时间长度，而成比例的得到加强。虽然关于持续时间的长度没有一个具体的标准，但是可以从已有案件找到一些参照。例如，在“英国—挪威渔业案”中，国际法院认为挪威国内法所规定的划界方法为国际社会所默认，整个沉默的

① 参见 I. C. MacGibbon, the Scope of Acquiescence in International Law, British Year Book of International Law, Vol. 31, 1954, pp. 180-181。

② 详细内容参见：http：//www. un. org/Depts/los/LEGISLATIONANDTREATIES/index. htm，2015 年 10 月 30 日访问。

③ 参见 I. C. MacGibbon, the Scope of Acquiescence in International Law, British Year Book of International Law, Vol. 31, 1954, p. 171。

时间从1869年一直到1933年，持续了64年。① 而在前文多次提及的“缅因湾划界案”中，对于1964年到1969年11月加拿大发放勘探许可证，美国政府在这5年时间内没有作出回应，而国际法院仅认定为迟延，尚不构成默认。②

第二，在判定是否构成默认时，还应注意另一个限制性规定，即是否在当事国之间的争端已经公开化之后。也就是说，在关键日期确定之后，不应再主张任何一方的沉默构成默认。因为此时当事国之间的海洋主张已经出现基本的对立，在争端解决之前，双方各自的立场是不会发生改变的。这也就为自此之后当事国的行为定下了基调，即使一方针对其他当事国的某些行为未提出抗议，也不能认定为默认。

因此，一方当事国要想主张自己实施的非临时性活动，获得其他当事国的默认，必须要证明自己实施非临时性的活动发生在关键日期之前，而且已经将相关情况，及时地正式通知其他当事国，其他当事国在收到通知后的相当长的一段时间内没有提出抗议。稍加分析就会发现，这一系列的标准很难全部满足，尤其是在将单方面实施非临时性活动正式通知其他当事国后，其他当事国几乎肯定会提出抗议。因此试图以默认为由，将非临时性活动作为海上划界的考虑因素的想法，实施起来困难重重，这也正好解释了为什么前述所有案例的判决中，均未出现认定存在默认的情形。

3. 明示或默示协议

在上述案件中，“明示或默示协议”也是一个被反复提及的术语。其中明示协议（express agreement）不难理解，就是指当事国之间就各自石油活动的范围，达成明确的协议，可以直接通过协议的字面意思，知晓当事国之间已就各自拥有的海域达成合意。虽然明示协议简单明了，但是在实践中却难觅其踪迹，原因在于当事国

① 参见 Fisheries Case (United Kingdom v. Norway), Judgment, ICJ Reports 1951, p. 138。

② 参见 Delimitation of the Maritime Boundary in the Gulf of Maine Area, Judgment, ICJ Reports 1984, para. 138。

之间很难就争议海域内的石油活动范围达成明示协议，否则争议海域也就不复存在。至于“默示协议”这个术语，本身也不难理解，就是说当事国之间未就石油活动达成明示协议，只能从当事国各自的石油活动，发现当事国之间就石油活动的地域范围达成合意。

需要指出的是，不能因为默示协议和默认表述相近，而想当然的认为二者关系密切。实际上，这两个术语之间的区别是明显的。首先，默认是一个单方面行为，能否构成默认，就取决于默认国的一方的态度；而默示协议本是一个双方行为，需要当事国之间达成合意。其次，默认需要默认国消极的不作为，从而推定其同意；而默示协议则需要当事国的积极作为，只有通过对全体当事国的行为进行分析，方能发现当事国之间已经就某些事项达成合意。①

鉴于默示协议的存在与否，取决于当事国之间是否存在合意，因此无论是临时性活动，还是非临时性活动，只要能够通过全体当事国的此类活动，发现当事国之间已就争议海域内各自活动的范围达成一致，那么就可以作为海上划界的考虑因素。

那么究竟如何通过当事国的石油活动，认定默示协议呢？实践中对于默认协议的认定，有着很高的标准，正如“尼加拉瓜—洪都拉斯领土海洋争端案”中的国际法院所指出的，“有关存在默示协议的证据必须令人信服，确立一个永久海上边界，是一个十分重要的事情，不能轻易推定存在默示协议”。② 对于洪都拉斯所提交的证据，本书认为具有一定的说服力，特别是两国石油公司联合经营，横跨北纬15°线的科科马里纳油井。虽然尼加拉瓜主张，“两国联合经营的行为，刚好表明在没有就海上边界达成协议的情况下，任何一方的石油公司都无法进行单方面开采。如果真如洪都拉斯所主张的存在默示协议，那么就没有必要进行跨国合作，完全可

① 参见 Coalter G. Lathrop, Sovereignty over Pedra Branca/Pulau Batu Puteh, Middle Rocks and South Ledge (Malaysia/Singapore), the American Journal of International Law, Vol. 102, 2008, p. 834。

② 参见 Territorial and Maritime Dispute between Nicaragua and Honduras in the Caribbean Sea (Nicaragua v. Honduras) Judgment, ICJ Reports 2007, para. 253。

以由对该油井享有所有权的国家的石油公司单方面开发”。①

本书认为尼加拉瓜这一观点有待商榷，即便双方就北纬 15°线为海上边界达成默示协议，如果发现单一油气田跨界分布，基于维护矿藏的完整性，同样也有必要进行共同开发，所以尼加拉瓜将联合经营作为反驳存在默示协议的理由，略显牵强。虽然洪都拉斯的主张具有一定的说服力，但国际法院最终还是没有认定当事国之间存在默示协议。这就意味着主张存在默示协议的一方当事国负有很高的举证责任，必须提出一系列令人信服的证据，② 而不是简单地罗列当事国在争议海域所实施的石油活动。

即便是“也门—厄立特里亚仲裁案”，仲裁庭将既有石油合同作为划界考虑因素的结论，也不是轻易得出的，仲裁庭用了很大篇幅分析当事国双方的既有石油合同，特别是分析既有石油合同的区域分布，在发现双方的既有石油合同是沿着中间线分布后，方才认定当事国之间，已就中间线作为管辖权分界线达成默示协议。有趣的是，仲裁庭没有直接指明当事国之间存在默示协议，而是直接认定既有石油合同在一定程度上支持了中间线的划界方法。③

此外，时间因素也是不可或缺的。如果时间跨度短，当事国在争议海域能够实施的石油活动数量有限，直接影响用于认定默示协议的证据数量，因此时间跨度宜长不宜短。目前，对于时间的跨度并无确定标准，仅有个别案件判决可作参考。例如，在“尼加拉瓜—洪都拉斯领土海洋划界案”的判决中，国际法院认为在 1961 年到 1977 年的这段时间内（跨度为 16 年），即使当事国的石油活动与北纬 15°线存在关联，但是时间跨度短，不足以认定默示协议；而在“也门—厄立特里亚仲裁案”中，仲裁庭分析的既有石

---

① 参见 Territorial and Maritime Dispute between Nicaragua and Honduras in the Caribbean Sea（Nicaragua v. Honduras）Judgment, ICJ Reports 2007, para. 248。

② 参见 Abhimanyu George Jain, Maritime Disputes（Peru v. Chile）, the American Journal of International Law, Vol. 109, 2015, p. 385。

③ 参见 The Eritrea-Yemen Arbitration（Phase 1: Territorial Sovereignty and Scope of Dispute）, 3 October 1996, paras. 389-439。

油合同，集中分布在 1972 年到 1993 年的这段期间（跨度为 21 年），在仲裁庭看来，就足以认定默示协议。

综上所述，当事国主张将既有石油合同作为海洋划界考虑因素的理由有四个：临时协议、默认、明示或默示协议。其中具有可行性的只有默认和默示协议。对于默认的认定，只能依据关键日期之前在争议海域所发生的非临时性活动。对于默示协议的认定，则可以依据全体当事国所实施的全部临时性和非临时性活动。但是在实践中，对于默认和默示协议都有着很高的认定标准，提出该主张的当事国都负有很高的举证责任，而成功的先例更是寥寥无几。到目前为止，相关判决中尚无认定默认的先例，至于认定默示协议的判决也仅有一起。这一现实状况，正如“圭亚那—苏里南仲裁案”的仲裁庭在分析相关案件后得出的结论，“在海洋划界中，国际法庭明显不太愿意，赋予当事国的石油实践任何法律意义”。① 这也就意味着，在绝大多数的划界谈判中，当事国是无法主张自己的既有石油合同可以作为划界的考虑因素。

二、划界谈判中既有石油合同的具体处理方法

鉴于既有石油合同很少能够作为海上划界的考虑因素，因此当事国在进行划界谈判时，就不会有意地为了维护既有石油合同区域的完整性，而确定海上边界的走向，当事国在考虑既有石油合同的具体处理方法时，更多地是出于政策性的权衡。

（一）影响既有石油合同处理的因素

如果合同当事国能够在划界谈判中争取将合同区域划归自己所有，那么既有石油合同当然得以保留，这对于合同当事国和外国石油公司而言，是最好的结果。合同当事国既争取到了相关海域，又避免与外国石油公司因既有石油合同的存废问题产生争端。如果合同当事国未能争取到合同区域，那就意味着既有石油合同所在海域

① Guyana/Suriname, Award of the Arbitral Tribunal, 17 September 2007, para. 390.

的管辖权归属其他当事国，那么既有石油合同通常会被其他当事国终止。在此情况下，外国石油公司的利益也将无法得到维护，这对于追逐经济利益的外国石油公司而言是无法想象。对于外国石油公司而言，既有石油合同就是全部利益的所在，即使如何进行划界完全是当事国的内政，外国石油公司不应该进行干预，但是出于维护自身经济利益的考虑，外国石油公司还是会竭力维护既有石油合同。

众所周知，外国石油公司特别是大型跨国石油公司，往往具有较大的政治影响力，它们会通过各种手段向合同当事国施压，要求其在划界谈判中维护既有石油合同，这就等于间接要求合同当事国，拒绝在既有石油合同所涵盖的海域的归属问题上作出让步。更有甚者，为了维护自己石油合同中的利益，不惜损害合同当事国利益，或者未经合同当事国授权，擅自代表合同当事国与其他当事国进行划界谈判。

例如，在“RSM 公司—格林纳达仲裁案”中，格林纳达委托 RSM 公司，为其绘制与特立尼达和多巴哥进行海上划界谈判所用的地图。RSM 公司为了维护和实现其与格林纳达所签订的既有石油合同中的利益，不惜指使其所任命的地质工程师在绘制边界时有意偏袒特立尼达和多巴哥，并将此信息告知特立尼达和多巴哥的前外长，希望以此诱使特立尼达和多巴哥能够与格林纳达很快达成海上划界。① 此外，RSM 公司还试图擅自代表格林纳达与委内瑞拉政府进行谈判，并在 2003 年初又单方面尝试与委内瑞拉国家石油公司（Petróleos De Venezuela）就海上边界问题进行直接谈判。② 当然 RSM 公司的上述做法，也受到了仲裁庭措辞严厉的谴责，仲裁庭认为 RSM 公司的做法不仅无助于当事国之间划定海上边界，反而会引发当事国之间的敌意，RSM 公司的行为完全是一种秘密

① 参见 Award of RSM Production Corporation v Grenada, ICSID Case No. ARB/05/14, 2009, paras. 310-312。

② 参见 Award of RSM Production Corporation v Grenada, ICSID Case No. ARB/05/14, 2009, paras. 298-302。

的、未经授权的、单方面的、粗鲁的讨价还价方法。①

谈判本身意味着当事国之间相互妥协，而既有石油合同所涵盖的海域通常也是石油资源储量丰富的区域，必定成为当事国之间争论的焦点，如果合同当事国在此问题上不肯作出让步，可能就意味着划界谈判无法进行。因此，在划界谈判中，必须寻求一些既能满足当事国之间进行政治妥协以达成划界协议，又能避免或者减少外国石油公司经济损失的方法。

（二）处理既有石油合同的具体方法

本书认为主要有三种具体处理方法，既能满足当事国之间进行政治妥协以达成划界协议，又能避免或者减少外国石油公司经济损失，即补偿、重新订立石油合同以及跨界共同开发。

1. 补偿

如果既有石油合同所在海域，最终要划归其他当事国所有，那么既有石油合同必然要终止，对于外国石油公司所遭受的损失，合同当事国可以通过补偿的方式进行解决。这一方法最为直接，使得外国石油公司与合同当事国之间，只需要就具体补偿数额进行协商，只要能够弥补经济损失，外国石油公司当然也就无理由再阻拦当事国之间的海上划界谈判。这一方法看似简单，但在实践中同样存在一些问题。

（1）合同当事国对外国石油公司进行补偿的法律依据是什么？如果石油合同事先对这一情形作出规定，那么双方只需按约定处理即可。但是如果合同未事先作出规定，当如何处理？通常来说东道国对外国公司进行补偿的原因，是东道国对外国公司的财产实行征收。征收涉及财产的夺取，即使是未直接占有财产的行为也构成征收，正如 1961 年“哈佛草案”（Harvard Draft）所指出的，征收是指任何会对财产的使用、收益或处分进行的不合理干预，以至于可以充分证明财产所有人在该干预开始后的一段合理期间内，无法使

① 参见 Award of RSM Production Corporation v Grenada，ICSID Case No. ARB/05/14，2009，paras. 308，326-327。

用、收益或处分其财产。① 征收具有两种表现形式，一种是直接征收，另一种则是间接征收。其中直接征收主要表现为，东道国对外国公司的财产，采取收归国有的强制性措施；而间接征收则主要表现为，对外国公司使用或控制其财产加以限制，把外国公司的雇员工资水平提高到无法接受的水准，对迫切需要的外国技术人员拒绝给予入境签证，对外国公司派驻监督人员、管理人员或检查人员以便阻碍外国公司的经营自由，以及不合理的税收、歧视性立法、价格限制等措施。②

通过对比，不难发现合同当事国与其他当事国通过谈判，放弃对既有石油合同涵盖海域的主张，并不符合直接征收或间接征收的具体表现形式。但不可否认的是，合同当事国在海上划界中所作出的让步，确实让外国石油公司无法使用、收益或处分其财产，从而蒙受了经济损失。因此，合同当事国放弃既有石油合同所在海域的行为，是否能够被认定为征收，就存在疑问。由于这一问题涉及国际投资法中的诸多内容，本书目前无法得出明确答案，有待进行进一步研究。

如果能够将合同当事国放弃合同所在海域的行为认定为征收，那么合同当事国对外国石油公司进行补偿的法律依据就很充足，因为尽管对征收的补偿问题尚存在充分补偿和适当补偿之争，但是需要补偿已是国际社会的共识。如果未能将当事国的行为认定为征收，那么当事国对外国石油公司进行补偿是否就没有法律依据，或者说当事国出于政策性的考虑，纯粹为了息事宁人而对外国石油公司进行补偿。

（2）确定补偿的数额的具体标准是什么？如果能够认定合同当事国的行为属于征收，那么对于赔偿该行为直接造成的物质损失，一般没有多大争议。通常来说，外国石油公司在既有石油合

① 参见 Malcolm N. Shaw, International Law (Sixth Edition), Cambridge University Press, 2008, p. 830。

② 参见余劲松主编：《国际投资法》，法律出版社 2014 年版，第 333~334 页。

同的订立、勘探和开采三个阶段的物质投入是呈递增趋势的，因此所造成的直接物质损失也是越来越大。但是对于是否需要对间接物质损失进行补偿则存在争议。所谓的间接物质损害就是指未来利润损失。因此，是否赔偿既有石油合同未来所产生的收益以及如何确定具体收益数额，必将成为合同当事国和外国石油公司争论的焦点。如果合同当事国的行为不属于征收，那么如何确定具体补偿数额更是毫无标准可言，只得完全依靠合同当事国和外国石油公司的协商。

（3）其他当事国是否需要适当分担一部分的补偿。无论合同当事国放弃既有石油合同所在海域的行为能否被认定为征收，鉴于海上石油开发是一项高投资的活动，一旦争议海域划归其他当事国从而致使既有石油合同被终止，合同当事国通常都需要向外国石油公司支付一笔不小的补偿。由于合同当事国放弃特定海域的行为，最终使得当事国之间顺利完成海上划界，因此合同当事国的行为使得全体当事国均从中受益，那么出于公平的考虑，其他当事国应该适当的分担一部分的补偿。反之，如果只让合同当事国一方承担全部的补偿，可能使得合同当事国觉得自己处于不利地位，进而不愿在既有石油合同所在海域的问题上作出让步，这必然会阻碍海上划界协议的最终达成。

因此，采取补偿的方式虽然直接，但是在具体操作过程中依然面临许多问题，本书认为不宜作为首选方法。

2. 重新订立石油合同

既有石油合同当事国放弃合同所在海域，除了对外国石油公司进行补偿外，还有另外一种替代方案，即与外国石油公司重新订立一份石油合同，具体包括合同当事国与外国石油公司重新订立石油合同，或者最终拥有既有石油合同所在海域的其他当事国与外国石油公司重新订立石油合同。

其中合同当事国若要想与外国石油公司重新订立一份石油合同，只能在自己所属海域内重新寻找一块具有商业开采价值的区域，而且新的石油合同中外国石油公司所享有的待遇通常不得低于既有石油合同所规定的待遇。这一做法能否奏效的关键，在于合同当事国能否在本国海域发现尚未被开发的石油资源。如果无法做到这一点，那么外国石油公司不可能愿意与合同当事国重新订立石油合同。根据本书目前收集的资料，尚未发现采用这一做法的国家实践，因此这一处理方法纯属理论分析。

相较于前一种做法，最终拥有既有石油合同所在海域的其他当事国，与外国石油公司重新订立石油合同，具有较高的可行性。首先，对于外国石油公司而言，已经归属其他当事国的既有石油合同所在海域，之前外国石油公司就已经实施了勘探或开发活动，对于既有石油合同区域的石油资源，有着清楚的了解。相较于前一种做法中需要重新寻找具有开采价值的合同区域，外国石油公司当然愿意在已探明的原有区域继续进行石油开发活动；而且外国石油公司在既有石油合同区域多少已经进行了一定的石油作业活动，如果被允许继续在该区域进行作业，同样会减少外国石油公司的作业成本。其次，对于其他当事国而言，允许原来的石油公司继续在该区域进行作业，同样也是有利可图的。其他当事国可以免去再进行招投标等一系列繁琐的程序，缩短石油资源转化为经济收益的周期。另外，原来的外国石油公司可以利用之前在该区域的作业所积累的经验，减少石油开发成本，也会增加其他当事国的收益。

因此，合同当事国在与其他当事国进行海上划界的谈判时，可以要求一旦既有石油合同所在区域划归其他当事国，其他当事国应当与外国石油公司，就原合同所在区域的石油资源开发重新订立石油合同，必要时可以将此写入划界协议之中。

目前国际社会中存在一些类似的实践。例如，在澳大利亚与印度尼西亚于1972年所签订的一份补充协议中的第8条第1款规定，如果由于本协议使得澳大利亚在一部分海底区域停止行使主权权利，而澳大利亚已经根据本国的《石油法案》，在该海底区域颁发了石油开发或生产许可证，并且这些许可证在本协议生效前已经立即生效；那么一经许可证的登记持有人申请，或者在登记持有人为两个以上时，经全体持有人共同申请；印度尼西亚政府或其授权代表，应当根据印度尼西亚法律，就同一海底区域油气资源开发问题，在不低于印度尼西亚管辖下的其他海底区域的现有产品分成合同中的条件的情况下，向许可证登记持有人发出要约，并就订立产品分成合同进行谈判。此外，该补充协议还规定了重新订立石油合同的具体程序，即许可证登记持有人必须在本协议生效后的 9 个月内提出申请。如果在此期限内未能提出申请，或者印度尼西亚根据第 8 条第 1 款所提出的要约，未被许可证登记持有者所接受，那么印度尼西亚政府对许可证登记持有者不再负有第 8 条第 1 款所规定的义务。①

在澳大利亚与巴布亚新几内亚于 1978 年所签订的海上划界条约中，同样规定了既有石油合同的处理事宜，即如果由于本条约使得澳大利亚在一部分海底区域停止行使主权权利，而澳大利亚在 1975 年 9 月 16 日之前，根据本国法律在该海底区域授予了石油开发许可证，许可证持有者保留对本条约生效前的许可证的权利。一经许可证持有者申请，巴布亚新几内亚应当根据本国法律，在不低于巴布亚新几内亚法律给予任何其他海底石油勘探许可证持有者的待遇的情况下，向申请者提供石油勘探许可证。许可证持有者应当在本条约生效后的 6 个月内，就保护区以外的海底区域提出许可证申请；如果申请的区域位于保护区以内，要遵循本条约第 15 条的特别规定。②

另外，在比利时与荷兰的划界谈判中，遭遇了荷兰曾向一家公

① 参见 Article 8 of Agreement between the Government of the Commonwealth of Australia and the Government of the Republic of Indonesia establishing certain sea-bed boundaries in the area of the Timor and Arafura seas, supplementary to the Agreement of 18 May 1971, 9 October 1972 , available at http://www.un.org/Depts/los/LEGISLATIONANDTREATIES/PDFFILES/TREATIES/AUS-IDN1972TA.pdf, visited on 24 November, 2015。

② 参见 Article 5 of Treaty between Australia and the Independent State of Papua New Guinea concerning sovereignty and maritime boundaries in the area between the two countries, including the area known as Torres Strait, and related matters, 18 December 1978, available at http://www.un.org/Depts/los/LEGISLATIONANDTREATIES/PDFFILES/TREATIES/AUS-PNG1978TS.PDF, visited on 24 November, 2015。

司颁发了一项长期的采砂许可证。作为全面划界协议的一部分，比利时同意在同等条件下向该公司颁发一个比利时的许可证，最终两国外长在签署边界条约的时候，以换文的形式处理了这一问题，从而使得既有权利的处理成为一揽子协议的一部分。① 尽管比利时和和荷兰之间需要处理的不是既有石油合同，但是双方处理这一既有权利的方法值仍得借鉴。

通过对上述三个案例的比较，我们会发现同样是重新订立石油合同，外国石油公司的待遇还是略有差别的。如果按照澳大利亚与印度尼西亚，以及巴布亚新几内亚划界协议中的处理方法，外国石油公司与印度尼西亚或巴布亚新几内亚重新订立石油合同，只享有国民待遇，即不低于两国境内其他石油公司所享有的待遇。如果按照比利时与荷兰之间的处理方法，外国石油公司在既有石油合同中所享有的待遇不会发生改变，实际上只是更换了合同当事国而已。可见，按照比利时与荷兰之间的这种处理模式，会更有利于外国石油公司。但是本书认为比利时与荷兰之间的这种处理模式，不具有普适性，因为两国法律制度相近，而实践中大多数当事国之间的法律制度还是存在很大差别的。

3. 跨界共同开发

无论是进行补偿，或是重新订立石油合同，都以合同当事国放弃既有石油合同所在海域为前提，但是在实践中对于既有石油合同区域的归属问题，往往并不是要么完全放弃，要么全部拥有这两个极端，很有可能是当事国之间对合同所在海域进行分割，各自拥有一部分海域。在此情况下，合同当事国所拥有的部分区域，通常仍会由原有的外国石油公司继续开发，而其他当事国所拥有的区域则由其他当事国自行组织开发。如果此时各方开发的石油资源同属某单一石油矿藏，那么由于单一石油矿藏的跨界分布这一特殊地质结构，当事国就不得单方面开发共有的石油矿藏，当事国应当就开发

① 参见 Rainer Lagoni, Daniel Vignes (ed.) Maritime Delimitation, Martinus Nijhoff Publishers, 2006, p. 139。

跨界石油资源展开谈判，以期就石油资源的开发和分配达成一致。①

大多数国家会选择跨界共同开发这一方案，来解决跨界石油矿藏的开发问题。其中被广泛开采用的跨界共同开发模式是：首先在当事国之间达成跨界共同开发协议，明确开发的具体位置等基本事项；然后由参与开发的当事国各自委派的石油公司负责具体的运营，石油公司之间会缔结联合经营协议，而且联合经营协议还需要得到各当事国政府的批准。②

英国和挪威之间的跨界共同开发正是这一模式的典型代表。在1972年确定弗里格气田（Frigg Gas Field）跨越英国和挪威于1965年划定的大陆架边界后，③ 根据英国与挪威的划界条约第4条之规定，如果单一石油地质结构或油田，跨越两国间的大陆架分界线，并且位于分界线一侧的石油地质结构或油田的部分，可以在分界线另一侧进行全部或部分的开采，那么全体当事国应当就最有效开发石油资源的方式以及石油收益的分配方式达成一致。④ 于是两国在1976年就跨界共同开发弗里格气田达成协定。该协定规定：两国政府应当共同确定与边界线有关的设施的具体位置；两国政府应当共同协商，以确定气田的范围和储量，以及根据两国各自拥有的大

---

① 参见 Willam T. Onorato, Apportion of an International Common Petroleum Deposit, The International and Comparative Law Quarterly, Vol. 26, No. 2, 1977, p. 327。

② 参见 Ana E. Bastida, Adaeze Ifesi-Okoye, Salim Mahmud, James Ross, and Thomas Walde, Cross-Border Unitization and Joint Development Agreements: An International Law Perspective, Houston Journal of International Law, Vol. 29, No. 2, 2007, p. 370。

③ 参见 J. C. Woodlittle, International Unitisation of an Offshore Gas Field, The International and Comparative Law Quarterly, Vol. 26, No. 2, p. 339。

④ 参见 Article 4 of Agreement between the Government of the United Kingdom of Great Britain and Northern Ireland and the Government of the Kingdom of Norway relating to the delimitation of the continental shelf between the two countries, 10 March 1965, available at http://www.un.org/Depts/los/LEGISLATIONANDTREATIES/STATEFILES/GBR.htm, visited on 24 November, 2015。

陆架分配储量；基于上述目的，许可证持有者应当向两国政府提供建议，以便其作出决定。两国政府还各任命三人，组成弗里格气田咨询委员会，负责促进本协定的执行。① 另外，两国要求各自的许可证持有者之间，应根据本协定之规定，签订规范气田开发事宜的协议；许可证持有者之间所签订的协议，应当得到两国政府批准；许可证持有者经协商一致，可以就会计、作业以及其他开发的具体事宜进行补充；当事国政府应当要求许可证持有者向它们提交确保气田生产运行的计划，以待两国政府批准；为了根据本协定之规定开发气田，许可证持有者应当协商一致任命一名经营者，并报告两国政府以待批准。②

如果按照英国与挪威的这一模式进行跨界共同开发，那么就需要合同当事国与其他当事国签订跨界共同开发协议，然后由原合同中的外国石油公司与其他当事国所确定的石油公司签署联合经营协议，确定具体开发事宜。

另外，如果其他当事国对于其所拥有的部分既有石油合同区域，尚未进行商业开发，还可以尝试一种特殊的跨界共同开发模式，即整个石油矿藏仍由原合同中的外国石油公司进行开发，全体当事国仅负责宏观的监督以及根据各自所占比例分配石油收益。例如，根据 1969 年卡塔尔和阿布扎比海上划界协议的规定，双方同意对于跨越海上边界的 Al-Bunduq 油田进行共同开发，两国对该油

---

① 参见 Article 2, 27 of Agreement between the Government of the United Kingdom of Great Britain and Northern Ireland and the Government of the Kingdom of Norway relating to the Exploitation of the Frigg Field Reservoir and the Transmission of Gas therefrom to the United Kingdom, available at https://treaties. un. org/doc/Publication/UNTS/Volume% 201098/volume-1098-I-16878-English. pdf, visited on 25 November, 2015。

② 参见 Article 1, 4, 5 of Agreement between the Government of the United Kingdom of Great Britain and Northern Ireland and the Government of the Kingdom of Norway relating to the Exploitation of the Frigg Field Reservoir and the Transmission of Gas therefrom to the United Kingdom, available at https://treaties. un. org/doc/Publication/UNTS/Volume% 201098/volume-1098-I-16878-English. pdf, visited on 25 November, 2015。

田享有平等的所有权，两国同意由阿布扎比授权本国的阿布扎比海上石油公司（Abu Dhabi Marine Areas Company）负责该油田的开发，开发石油资源所产生的收益由两国均分。①

综上所述，如果在划界谈判中既有石油合同的当事国无法争取将整个合同区域划归自己，那么就必须采取一些措施来避免或减少外国石油公司所遭受的损失。如果合同当事国完全丧失合同所在海域，那么应当首先争取获得该海域的其他当事国，同意与外国石油公司重新订立石油合同；当这一做法未能成功时，合同当事国还可以尝试与外国石油公司就开发其他海域的石油资源重新订立石油合同；当上述方法均未奏效时，合同当事国只能与外国石油公司协商具体补偿事宜。如果合同当事国只失去部分的合同所在海域，并且发现单一石油资源跨界分布，在其他当事国尚未进行商业开发的情况下，应当积极争取由原合同中的外国石油公司完全负责跨界石油资源的开发；若是其他当事国已确定开发己方海域的石油公司，那么只能由原合同中的外国石油公司与其他当事国所确定的石油公司签署联合经营协议，合作开发整个石油资源。

第二节　共同开发谈判中既有石油合同的处理方式

正如第一章第五节所述，完成争议海域的划界是一个耗时且复杂的过程，当事国很有可能在完成划界之前，采用共同开发这种临时措施作为一种过渡手段，既能缓解当事国之间的紧张关系，又能充分利用争议海域的自然资源。但只要争议海域存在既有石油合同，当事国之间实现共同开发就存在障碍。因此，处理既有石油合同，是共同开发谈判中绕不开的问题。

---

① 参见 Article 6, 7 of Agreement between Qatar and Abu Dhabi on the settlement of maritime boundaries and ownership of islands , 20 March 1969, available at http://www.un.org/Depts/los/LEGISLATIONANDTREATIES/STATEFILES/IDN.htm, visited on 25 November, 2015。

一、既有石油合同对共同开发的影响

既有石油合同对于共同开发而言是一把双刃剑，一方面会促使当事国双方就共同开发事宜展开谈判，另一方面如何处理既有石油合同又是共同开发谈判过程中的难点。既有石油合同虽是当事国一方的单方面行为，但在某种程度上可以起到以单方面行动推进合作的作用。例如，由于韩国担心朝鲜会对朝鲜半岛的东海大陆架提出主张，于是单方面与多家美国石油公司在东海海域签订石油合同，允许它们实施勘探作业。韩国的这一举动，反过来激发日本与韩国就共同开发安排进行谈判，并最终促成日韩共同开发区的建立。①

出现这一局面的主要原因在于，虽然争议海域面积大小各异，但是争议海域内具有商业开采价值的石油资源分布面积有限，如果当事国竞相单方面签订石油合同，常常会造成全体当事国分别授予石油公司的合同区块重叠，加之位于争议海域，任何一方当事国的单方面行为都会招致其他当事国的强烈反对，因此往往造成众多既有石油合同被搁置。例如，美国与加拿大在波弗特海存在划界争端，虽然美国已在争议海域与石油公司签订石油合同，但鉴于争端尚未解决，禁止石油公司实施钻探活动。② 同样，在与印度尼西亚进行共同开发之前，澳大利亚就已经与多家石油公司就争议海域的石油资源开发签订合同，但澳大利亚政府仍建议石油公司在争端解决之前，应当在争议海域保持低调，不可实施勘探开发。③ 而打破这一僵局有效办法之一，就是当事国之间尝试进行共同开发谈判。

---

① 参见 Mark J. Valencia and Masahiro Miyoshi, Southeast Asian Seas: Joint Development of Hydrocarbons in Overlapping Claim Areas? Ocean Development and International Law, Vol. 16, No. 3, 1986, p. 221。

② 参见 Ellitot L. Richardson, Jan Mayen in Perspective, the American Journal of International Law, Vol. 82, 1988, p. 456。

③ 参见 Mark J. Valencia and Masahiro Miyoshi, Southeast Asian Seas: Joint Development of Hydrocarbons in Overlapping Claim Areas? Ocean Development and International Law, Vol. 16, No. 3, 1986, p. 230。

既有石油合同可能会促使当事国之间启动共同开发谈判，但同时也为随后的共同开发谈判设下了障碍。既有石油合同涉及三方利益，其中当事国之间不仅有经济利益之争，还有主权或主权权利之争，还应顾及石油公司的经济利益。一方面，由于共同开发石油资源分布面有限，众多既有石油合同的区块存在重叠，如何处理这些既有石油合同，事关石油公司和当事国的经济收益，特别是以追求利润为目标的石油公司，即便合同当事国为了争端的解决而放弃经济利益，石油公司也未必会轻易让步；另一方面，当事国之所以在争议海域签订石油合同，是当事国都认为自己对争议海域拥有主权或主权权利，如果此时承认一方的既有石油合同，就可能存在承认其海洋主张的风险；否认一方的既有石油合同，可能意味着否认一方的海洋主张。因此，在共同开发谈判过程中，当事国对于既有石油合同的处理一定会非常谨慎，这也必将是阻碍谈判的难点。例如，在“马来西亚—泰国共同开发案”中，未能妥善处理泰国政府与德州太平洋公司（Texas Pacific）、特里通石油公司（Triton Petroleum Corporation）分别签订的既有石油合同，是共同开发迟迟无法实施的重要原因之一。①

虽然既有石油合同的存在会在一定程度上促使当事国之间开始共同开发谈判，但实际上促使共同开发谈判启动的因素众多，既有石油合同能否扮演推动者的角色是或然的，但是既有石油合同对后续共同开发谈判的阻碍却是必然的。因此，既有石油合同对于共同开发而言是弊大于利。

二、处理既有石油合同的方法

既有石油合同毕竟只是当事国一方的单方面行为，与共同开发这种需要当事国双方达成合意的行为，有着本质的不同，实践中既

---

① 参见 Dvid M. Ong, The 1979 and 1990 Malaysia-Thailand Joint Development Agreements: A Model for International Legal Co-operation in Common Offshore Petroleum Deposits? The International Journal of Marine and Coastal Law, Vol. 14, No. 2, 1999, pp. 225-226。

有石油合同常常成为阻碍共同开发的重要因素，因此必须在共同开发谈判过程中对其进行适当处理，争取做到既能顾及石油公司的利益要求，又能满足争端当事国双方为实现共同开发而自由进行政治妥协。① 虽然根据第二章的分析可知，单方面订立既有石油合同以及在争议海域单方面实施临时性的勘探活动并不违反国际法；而单方面实施非临时性的勘探活动以及开采活动则违反国际法，但是在共同开发谈判中，大家并不过度关注与既有石油合同相关的行为合法性。既有石油合同的具体处理方法，更多取决于合同当事国、外国石油公司以及其他当事国之间的角力。本书认为有三种基本处理方式：

（一）既有石油合同不受共同开发的影响

处理既有石油合同最简便的方法，就是使得其不受共同开发的影响。即将既有石油合同所在区域纳入共同开发区，同时既有石油合同免受共同开发制度的不利影响。这一做法最符合石油公司的利益，对既有石油合同当事国而言也是省时省力，否则该国需要与石油公司就变更既有石油合同进行协商。但是这种方法在照顾其他当事国的利益方面并未有多大进步。因为共同开发区内具有开发潜力的区域有限，如果允许既有石油合同的区域不受共同开发制度调整，而剩余区域未能发现具备商业开采价值的石油资源，共同开发制度就会形同摆设，那么其他当事国将无法通过参与共同开发获得经济利益。

再者，既有石油合同可能会与共同开发制度产生冲突。例如，在马来西亚与泰国达成共同开发协议之前，泰国已与特里通石油公司（Triton Petroleum Corporation）就争议海域签订石油特许协议，由于该公司的坚持，后来两国虽然将该公司的合同区块纳入共同开发区，但同时又规定联合当局所享有的权能不得影响或减损既有石

① 参见 Hazel Fox, ed., Joint Development of Offshore Oil and Gas (Vol. I), The British Institute of International and Comparative Law, 1989, p. 215。

油合同的有效性。① 这就造成了 1979 年的谅解备忘录第 3 条第 2 款的内容存在固有的不协调性，一方面授予联合当局代表两国进行勘探开发的权利，另一方面又要求联合当局不得影响既有石油合同的效力，因此就产生了两个相互冲突的利益集团。② 如果承认既有石油合同的效力，那么订立该石油合同所依据的法律，以及石油合同中选择适用的法律将继续适用，而这些法律与共同开发协定所规定的共同开发区适用的法律存在差别，从而影响共同开发区法律适用的完整性。

通常来说，共同开发中如果采用这一做法，都需要其他当事国作出让步，否则无法实现。除了已经提到的“马来西亚—泰国共同开发案”，还有几例类似的实践。例如，在 1974 年缔结的红海共同开发协定第 13 条规定，鉴于苏丹政府已于 1973 年 5 月 15 日缔结一项协议，授予苏丹矿业有限公司（Sudanese Minerals Limited）和德国普罗伊萨格公司（Preussag）一项勘探许可，意味着该协议已为苏丹政府创设了法律义务，联合委员会应当以保护苏丹政府权利的方式并在该协定所设定的制度下，处理这一问题。③ 该协定之所以能作出这样的规定，是由于沙特阿拉伯与苏丹的关系一直很友好，所以沙特阿拉伯愿意作出让步。

圭亚那曾于 1988 年向拉斯莫石油公司/必和必拓石油公司联合体（LASMO/BHP Consortium），颁发了一项石油开发特许权。

---

① 参见 Article 3（2）of Memorandum of Understanding between Malaysia and The Kingdom of Thailand on The Establishment of The Joint Authority for The Exploitation of The Resources of The Sea Bed in A Defined Area of The Continental Shelf of The Two Countries in The Gulf of The Thailand 1979, available at http：//cil. nus. edu. sg/rp/il/pdf/1979%20MOU%20between%20Malaysia%20and%20Thailand-pdf. pdf, visited on 25 November, 2015。

② 参见 Gerald H Blake, eds., The Peaceful Management of Transboundary Resources, Graham & Trotman Limited, 1995, p. 89。

③ 参见 Article 13 of Agreement between the Government of the Democratic Republic of the Sudan and the Government of the Kingdom of Saudi Arabia relating to the Joint Exploitation of the Natural Resources of the Sea-Bed and Subsoil of the Red Sea in the Common Zone, United Nations Treaty Series, Vol. 952, 1974, p. 198。

圭亚那和苏里南的总统在1989年举行的会谈中，一致同意在边界争端解决之前实施共同开发，并表示已经颁发的石油特许权会继续有效。随后，圭亚那的自然资源部的代表与苏里南国家石油公司的代表进行谈判，并签署了“有关圭亚那政府和拉斯莫石油公司/必和必拓石油公司联合体于1988年8月26日签订石油合同的海上重叠区域的解决办法”的谅解备忘录，声明在重叠区域内，尊重已经授予拉斯莫石油公司/必和必拓石油公司联合体的权利，这也意味着既有石油合同的效力不受共同开发的影响。遗憾的是，苏里南此后并未执行该备忘录，双方有关共同开发的谈判也未再继续。①

另外，在“澳大利亚—东帝汶共同开发案”中，根据《帝汶海特定海上安排条约》第4条第2款之规定，不得阻止当事国在共同开发区内继续以下活动（包括管理现有活动以及批准新的活动），只要这些活动是当事国的本国法律于2002年5月19日所授予的许可实施有关海床、底土石油资源或其他资源的活动。② 之所以规定的日期为2002年5月19日，是因为澳大利亚与东帝汶在2002年5月20日签署了《帝汶海条约》，正式在两国之间建立了共同开发区，所以在此之前的石油合同都属于当事国单方面签订的既有石油合同。根据本条之规定，这些既有石油合同不受共同开发影响，继续有效。值得注意的是，“澳大利亚——东帝汶共同开发案”前后签订了一系列条约，这些条约对于既有石油合同的处理方法不尽一致，如早于《帝汶海特定海上安排条约》的《帝汶海条约》，则规定将既有石油合同纳入共同开发，具体内容将在下文介绍。

---

① 参见 Guyana/Suriname, Award of the Arbitral Tribunal, 17 September 2007, paras. 140, 148。

② 参见 Article 4 (2) of Treaty between Australia and the Democratic Republic of Timor-Leste on Certain Maritime Arrangements in the Timor Sea, 12 January 2006, available at http://www.austlii.edu.au/au/other/dfat/treaties/2007/12.html, visited on 26 November, 2015。

(二) 终止既有石油合同

1. 依据合同条款终止合同

任何石油合同都有期限，虽然石油合同具有多种类型，但是现代石油合同的期限通常在 30 年左右。例如，石油公司与泰国签订的石油合同的期限为 26 年，在印度尼西亚则为 30 年，在中国一般不也超过 30 年。① 此外，石油合同一般会将整个勘探开发过程分为两个阶段，即勘探阶段和生产阶段，只有完成勘探并发现具有商业开采价值的油气资源，方能进入生产阶段。例如，在日韩共同开发案中，石油公司首先有 10 年的勘探期，如果在勘探期内有商业发现，将可以申请 30 年的开采期；申请开采以勘探期间获得商业发现为前提。②

但是当事国一方在争议海域的任何举动都备受对方关注，因此单方面进行勘探活动必然会招致其他当事国的反对，能否顺利完成勘探活动存在很大的不确定性。勘探活动尚是如此，若要进行商业生产更是困难重重。所以在海上争端化解之前，石油合同很可能会由于其他当事国的阻挠，无法得到履行。例如，1992 年中国政府与美国克里斯通石油公司（Crestone Energy Corporation），就万安滩到广安滩之间的一片海域，签订了石油合同，合同截止日期为 2013 年 5 月，由于越南方面的干扰，未能在这片区域进行商业开发。③

因此，如果能在实施共同开发之前，既有石油合同期限届满，或者石油公司未能完成合同约定的勘探任务无法进入生产阶段，依据合同之规定当事国一方可以终止合同，那么既有石油合同的问题

---

① 参见 Zhiguo Gao, International Petroleum Contracts: Current Trends and New Directions, Graham & Trotman/Martinus Nijhoff, 1994, pp. 33, 74, 163。

② 参见 Article 10 of Agreement between Japan and the Republic of Korea concerning Joint Development of the Southern Part of the Continental Shelf adjacent to the Two Countries, United Nations Treaty Series, Vol. 1225, 1981, p. 116。

③ 参见 Zou Keyuan, China's U-Shaped Line in the South China Sea Revisited, Ocean Development & International Law, Vol. 43, No. 1, 2012, p. 22。

就迎刃而解了。

此外，由于既有石油合同位于争议海域，其开发风险和难度远大于无争议海域，石油公司还可能迫于其他当事国的压力，或者自认为开发无望，而主动要求终止合同。例如，在1968年由联合国亚洲及远东经济委员会所赞助的东海、黄海地质勘探报告公布后，日本、韩国以及中国台湾当局分别与西方石油公司签订石油合同，并于1970年在中国政府缺席的情况下，尝试共同勘探开发争议海域的石油资源。上述行为遭到中国政府的强烈反对。为了不进一步刺激中国政府，美国政府警告本国的石油公司不要参与东北亚争议海域的石油资源开发，否则风险自负。到了1971年的年中时，所有美国石油公司全部退出。①

2. 单方面取消合同

除了依据合同条款终止合同，合同当事国还可以单方面取消合同，但这种做法会遭到外国石油公司的激烈反对。原因在于：首先，相较于前者以合同约定为基础，合同当事国在条件满足时终止合同，外国石油公司很难提出反对理由，而后者由于是合同当事国的单方面行为，必将遭到石油公司的反对；其次，既有石油合同通常规定外国石油公司可以分得一定份额的原油，而许多石油公司尤其是跨国石油公司都拥有自己一套完整的生产销售体系，在获得原油后就能够将其供应给自身的下游产业，这样可以将利润最大化。如果合同当事国单方面解除既有石油合同，即便进行赔偿，也只会计算石油公司的直接损失，而不可能考虑给其下游产业所造成的损失，因此出于维护自身经济利益的考虑，外国石油公司会尽力维护既有石油合同。

即便合同当事国最终单方面取消了既有石油合同，也会产生两大不利后果：（1）最直接的不利后果就是需要对外国石油公司进

---

① 参见 Choon-Ho Park. Joint Development of Mineral Resources in Disputed Waters: The Case of Japan and South Korea in the East China Sea, in Mark J. Valencia, ed., The South China Sea: Hydrocarbon Potential and Possible of Joint Development, Pergamon Press, 1981, pp. 1335-1337。

行赔偿，具体的赔偿数额与石油公司不同阶段的投资密切相关，一般而言勘探阶段的投资要小于开发阶段的投资。对于经济实力较强的国家而言可以承受，但对于经济实力较弱的国家而言可能就是一笔不小的经济负担。也有观点认为，石油公司应自身承担损失。因为对既有石油合同的区块位于争议海区这一事实，外国石油公司很难证明自己不知道这一事实，既然外国石油公司明知相关海域归属不明，仍决定与相关当事国签订石油合同，就应当对风险有过预判，外国石油公司实际上从事一项投机冒险，由此造成的损失应当由外国石油公司自行承担。① 且不论这一观点是否正确，至少有一点可取，即在确定赔偿数额时，应当充分考虑外国石油公司对风险的预判。一般而言，由于位于争议海域，为了吸引投资，相较于无争议海域的石油资源开发，当事国会对争议海域石油资源开发给予更多的优惠条件，作为外国石油公司若要获得高收益，必然要承担更多风险。（2）长远的影响是打击投资者的信心。一国政府单方面取消石油合同会有损其公信力，会使投资者对该国的投资环境失去信心。无论国家实力强弱，都不愿看到这种局面。对实力较弱的当事国而言，这种不利影响更为明显。由于缺乏经济和技术条件，加之海上石油资源的准确储量仍有待勘探确认，经济实力较弱的当事国起初在与外国石油公司的谈判过程中就处于不利地位，② 如果再出现单方面取消石油合同的不良记录，只会使其在今后的石油开发谈判中更加居于不利地位。因此，这种不顾及外国石油公司利益而单方面取消合同的做法并不可取。

（三）既有石油合同纳入共同开发

将既有石油合同纳入共同开发，是指不仅将合同区域纳入共同开发区，而且适用共同开发制度。具体分为两种情况：

---

① 参见 Hazel Fox, ed., Joint Development of Offshore Oil and Gas (Vol. I I), The British Institute of International and Comparative Law, 1989, p. 180。

② 参见 Kamal Hossain, Law and Policy Petroleum Development: Changing Relations between Transnationals and Governments, Frances Pinter Ltd, 1979, pp. 58-63。

(1) 如果全体当事国均存在既有石油合同，那么应当要求既有石油合同的所有外国石油公司，参与依据共同开发制度所设立的联合经营，并且共同任命一名经营者负责整个区域的实际运营。① 例如，在日韩共同开发案中，虽然共同开发协定并未做作出明文规定，但是由于条约规定共同开发区内每个区块，由日韩各自指定许可证持有者联合经营，那么当事国仍有权允许既有石油合同中的石油公司，继续作为许可证持有者参与共同开发，从而实现将既有石油合同纳入共同开发。②

此种情况下，纳入共同开发的外国石油公司数量相较于既有石油合同中公司数量，会有一个明显的增加，这意味着每个外国石油公司所获得的收益会少于既有石油合同所规定的收益。但是只有将所有既有石油合同中的石油公司纳入共同开发，才能打破同一区域存在众多石油合同而无法开发的僵局，才能将之前的空头支票兑现。虽然相较于既有石油合同所规定的收益，纳入共同开发会使石油公司的实际收益缩水，但相应地由于参与的公司数量增加，同样会大大降低了每个外国石油公司开发石油资源的风险和成本。

(2) 如果只有一方当事国存在既有石油合同，那么应当要求外国石油公司与共同开发管理机构，在与原合同条件相同的情况下，重新订立石油合同。例如，2001 年东帝汶独立以后，在处理澳大利亚在帝汶海的既有石油合同问题上，在 2001 年澳大利亚与联合国东帝汶过渡行政当局（UNTAET）达成的《帝汶海安排》③（Timor Sea Arrangement）中，两国最终同意重新订立的合同，除了

① 参见 David M. Ong, The New Timor Sea Arrangement 2001: Is Joint Development of Common Offshore Oil and Gas Deposits Mandated under International Law? The International Journal of Marine and Coastal Law, Vol. 17, No. 1, 2002, p. 98。

② 参见 Hazel Fox, ed., Joint Development of Offshore Oil and Gas (Vol. I I), The British Institute of International and Comparative Law, 1989, p. 217。

③ 双方约定，在东帝汶完成制宪议会、总统选举，完全获得独立后，在澳大利亚和东帝汶之间使用本协议。2002 年澳大利亚与东帝汶又缔结了《帝汶海条约》，本条约的内容与《帝汶海安排》基本一致，等于事实上取代了《帝汶海安排》。

合同当事方发生改变外，其余部分与原合同条款相同。① 2002 年签署的《帝汶海条约》，同样延续了《帝汶海安排》中的这一规定。② 此种情况下，参与收益分配的当事国数量，由合同当事国一个，变成全体当事国均参与分配，合同当事国的经济收益会有一个明显减少，但是当事国之间的关系会有一个明显的改善，其所带来的政治利益不容忽视。可见，既有石油合同纳入共同开发，比较好地兼顾了外国石油公司、既有石油合同当事国以及其他当事国的利益。

通过以上对既有石油合同处理方法的分析，可以看出"不受共同开发影响"未能顾及其他当事国的诉求，除非得到其他当事国的同意，否则无法实现；而"单方面取消既有石油合同"则忽略了外国石油公司的诉求，均不可取。"依据合同条款终止合同"完全基于合同当事国与外国石油公司的事先约定，在不违背石油公司意志的情况下，终止了既有石油合同，为当事国双方的共同开发扫清了障碍；而"将既有石油合同纳入共同开发"则比较全面地顾及了各方的利益，因此这两种方法比较具有可行性。

第三节　维持争议海域现状中既有石油合同的处理方式

正如第一章第五节所分析的，目前既没有完成划界，有没有实现共同开发的争议海域，只能长期维持归属不明的争议状态，但是合同当事国在与外国石油公司签订既有石油合同后，也不可能让整个合同长期搁置，无论是合同当事国还是外国石油公司，都想尽早在争议海域实施石油活动。这种不确定的状态往往最容易引发争

① 参见 Annex F of Timor Sea Arrangement, 5 July 2001, available at http://www.austlii.edu.au/au/other/dfat/special/MOUTSA.html, visited on 25 November, 2015。

② 参见 Annex F of Timor Sea Treaty, 20 May 2002, available at http://www.un.org/Depts/los/LEGISLATIONANDTREATIES/PDFFILES/TREATIES/AUS-TLS2002TST.PDF, visited on 25 November, 2015。

端。本节将重点讨论履行既有石油合同过程中最容易出现的两个问题：由于单方面石油活动所引发的海洋环境污染问题；其他当事国针对单方面石油活动所采取的执法行动。如果这些问题不能得到妥善处理，极易引发当事国之间的争端，加剧争议海域内的紧张局势。

一、履行既有石油合同过程中的海洋环境污染问题

根据《公约》第1条第1款之规定，“海洋环境的污染”是指：人类直接或间接把物质或能量引入海洋环境，其中包括河口湾，以致造成或可能造成损害生物资源和海洋生物、危害人类健康、妨碍包括捕鱼和海洋的其他正当用途在内的各种海洋活动、损坏海水使用质量和减损环境优美等有害影响。而海上石油作业正是一个存在较高环境污染风险的行业，一旦发生事故将对海洋环境造成重大损害。例如，2010年墨西哥湾原油泄漏事件和2011年渤海湾原油泄漏事件，均造成重大环境损害和经济损失。这些区域尚属无争议海域，都产生如此巨大的消极影响，若是争议海域的石油作业的发生事故，不仅会产生环境污染，造成经济损失，还可能会在争端当事国之间引发新的矛盾。

（一）当事国在争议海域的石油活动是否承担环境保护义务

本书认为《公约》本身并没有明文规定争议海域内合同当事国的石油作业需要承担何种环境保护义务。其中公约第五部分和第六部分所强调的是沿海国对其所拥有的无争议的专属经济区或大陆架所承担的环境保护义务，并未提及争议海域的环境保护问题。《公约》第八部分第二节强调的是公海生物资源的养护和管理，众所周知公海是国家管辖之外的海域，与争议海域无关。第十一部分中第145条所规定的是国际海底区域内的海洋环境保护，同样与争议海域无关。

此外，尽管公约第十二部分全面概括地规定了整个海洋的环境保护问题，但是并未发现其中有一条明确规定争议海域内的环境保护问题。以第十二部分第五节为例，本节列举了海洋环境污染的来

源，包括陆地来源、国家管辖的海底活动、国际海底区域活动、倾倒、船只、大气层。虽然争议海域内的石油作业可能产生的污染，实际上就是由于海底作业活动所产生的，但是无法归于第五节所列举的任何污染来源。原因在于，尽管国家管辖的海底活动和国际海底区域活动均涉及海底作业，但是其中一个指代国家管辖的无争议海域，另一个则是国家管辖之外的海域，都不能涵盖争议海域。而第十二部分所规定的环境保护义务，全是针对第五节所列出的 6 种污染来源的，既然争议海域的石油作业都不能算作其中的一种海洋污染来源，那么第十二部分也就不可能明确规定争议海域内的石油作业需要承担何种环境保护义务。

值得一提的是，虽然第 194 条第 2 款规定："各国应采取一切必要措施……确保在其管辖或控制范围内的事件或活动所造成的污染不致扩大到其按照本公约行使主权权利的区域之外。"但是我们不能因为该条中出现"管辖或控制范围内"，就想当然地认为"管辖范围内"是指无争议海域，而"控制范围内"则指争议海域内由某一当事国实际控制的区域，从而认为本公约对于争议海域内的环境保护问题作了明确的规定。实际上，在本条规定中与"管辖或控制范围内"相对的，正是"行使主权权利的区域之外"，所以"管辖或控制范围内"就等同于"行使主权权利的区域"，在本《公约》的所有规定中，各国能够行使主权权利的区域，只能是该国的专属经济区或大陆架，自然不属于争议海域。

既然未能从《公约》中发现有关争议海域内环境保护问题的明文规定，那么是否就意味着争端当事国在争议海域的石油活动，不受《公约》中所规定的环境保护义务的约束？首先需要指出的是，石油活动中会造成海洋环境污染的，主要是非临时性活动，其中包括钻探活动以及开采活动，而根据第二章第二节的分析可知，在争议海域单方面实施非临时性活动违反"不危害或阻碍最后协议的达成"的义务，属于违法行为。既然沿海国在自己所管辖的无争议海域的合法石油活动，都需要承担这些环境保护义务，如果不要求违法的石油作业承担环境保护义务，那么在其造成海洋环境污染后也无法追究其法律责任，就会造成合法行为造成环境污染需要承担法律责任，而非法行为可以免除法律责任的奇怪局面。因此，本书认为根据举轻以明重原则，既然合法石油活动都要需要承担环境保护义务，那么非法的石油活动更不可能免除环境保护义务，而且非法石油活动所需承担的环境保护义务不应少于合法石油活动所承担的。

因此，合同当事国在争议海域内进行石油作业时，当然要承担各国在其管辖的无争议海域内所负的海洋环境保护义务。这一做法也符合《公约》的宗旨，“需要通过本公约……为海洋建立一种法律秩序，以便利……海洋生物资源的养护以及研究、保护和保全海洋环境”。足见《公约》要为整个海洋建立一种法律秩序，以便统一协调各国行动保护海洋环境，为此就连公海、国际海底区域这些国家管辖之外的海域的环境保护问题都被纳入本公约，那么最终要成为国家管辖海域的争议海域，自然不可能成为法外之地。因此，争端当事国在争议海域的石油活动，必然要受《公约》中所规定的环境保护义务的约束。

（二）违反该义务是否会引起导致有拘束力裁判的强制程序

根据上文分析可知，合同当事国在争议海域单方面实施石油活动时，必须履行《公约》中所规定的海洋环境保护义务，如果合同当事国违反该义务，那么其他当事国能否启动本公约第十五部分第二节所规定的导致有拘束力裁判的强制程序？本部分将从两个方面回答这个问题：首先是分析仅凭海洋环境污染，能否启动导致有拘束力裁判的强制程序；其次，分析争议海域能否成为不适用导致有拘束力裁判的强制程序的正当理由。

1. 海洋环境污染能否启动导致有拘束力裁判的强制程序

如果在一国所管辖海域内的石油作业产生海洋环境污染，并对其他国家产生影响，受影响的国家在与该国交换意见后仍不能解决问题；并且两国之间未就该争端的解决方法达成任何协议，或者达成协议但诉诸协议中的解决方法仍未得解决，同时协议内容并不排除其他任何程序；两国之间也没有通过一般性、区域性或双边协定或以其他方式协议，规定该争端应当提交此类协定或协议中所规定的导致有拘束力裁判的程序，那么受影响国就可以单方面启动《公约》中所规定的导致有拘束力裁判的强制程序。

因为根据《公约》第281、282和283条之规定可知，若要启动强制程序，必须满足《公约》第十五部分所规定的争端解决程序没有被替代或排除的要求，① 而且争端当事国之间也履行了交换意见的义务。此外，根据《公约》第297条第1款之规定，因沿海国行使《公约》规定的主权权利或管辖权而发生的对《公约》的解释或适用的争端遇有下列情形，仍应遵守第二节所规定的程序（即导致有拘束力裁判的强制程序），其中就包括沿海国有违反适用于该沿海国、并由《公约》所制定或通过主管国际组织或外交会议按照《公约》制定的关于保护和保全海洋环境的特定国际规则和标准的行为。最后，由于不存在海上划界问题，仅仅只是由于海洋环境污染所引发的争端，因此也不属于第298条所规定的任择性例外。通常这种单方面启动公约中的强制解决程序的做法，往往会遭到其他当事国的反对，因此最常见的一种方式就是根据《公约》附件七组建仲裁庭。

仅凭海洋环境污染就能启动公约中的强制解决程序，不只是理论探讨，也得到了国际判例的支持。例如"莫克斯（MOX）工厂案"，该案是一个不牵涉争议海域的，单纯因为海洋环境污染问题而引发的诉讼。本案起源于英国要在塞拉菲尔德（Sellafield）新建一家核废料处理工厂——莫克斯工厂，爱尔兰方面担心该工厂运行后产生的放射性污水会排放到爱尔兰海中，会对海上环境造成污染。② 爱尔兰于2001年10月25日，将其与英国有关"莫克斯工厂、放射性物质的国际流动以及保护爱尔兰海的海洋环境的争端"提交根据《公约》附件七组建的仲裁庭，并指出英国的行为违反下列义务：（1）英国在批准莫克斯工厂时，违反了《公约》第

① 参见高健军：《〈联合国海洋法公约〉争端解决机制研究》，中国政法大学出版社2011年版，第33~55页。

② 参见 The MOX Plant Case (Ireland v. United Kingdom), Permanent Court of Arbitration, Order No. 3, 24 June 2003, para. 9。

192、193、194、207、211、213条中所规定的义务，其中包括没有采取必要措施防止、减少和控制对爱尔兰海的海洋环境所造成的污染；（2）英国在批准莫克斯工厂时，违反了《公约》第192、193、194、207、211、213条中所规定的义务，没有适当评估或根本没有评估恐怖袭击和放射性物质国际流动的风险，也没有对此风险制定全面的应对策略；（3）英国在批准莫克斯工厂时，违反了《公约》第123、197条之规定，未能就保护爱尔兰海的海洋环境与爱尔兰进行合作，拒绝就莫克斯工厂及其相关活动会对海洋环境所产生的影响进行适当的环境评估；（4）英国还违反了《公约》第206条之规定，在其1993年的环境报告中，未能适当充分的对莫克斯工厂可能造成的潜在海洋环境影响进行评估，自1993年之后，也未根据新出现的情况进行新的评估。①

通过对爱尔兰的主张进行分析，不难看出其完全依据《公约》第十二部分之规定启动强制仲裁程序。尽管后来仲裁庭决定暂停审理本案的管辖权以及实质性问题，② 并因为爱尔兰2007年2月5日撤销对英国的起诉，仲裁庭最终于2008年6月6日正式终止该诉讼，③ 但是我们不能因为这一结果而想当然的认为，仅仅依据海洋环境污染是无法启动强制解决程序的。

实际上，本案的这一结局的出现另有原因。仲裁庭认为英国所提出的反对意见可以分为两类：（1）国际法问题，即英国就爱尔兰所援引的公约以及其他国际协定和文件能否证明仲裁庭的管辖权，提出了质疑；（2）欧共体法律问题，即英国根据当事方在欧共体法律中的地位提出的一些反对。就国际法问题而言，当事国之间已经根据《公约》第283条之规定，进行了交换意见，虽然1992年《东北大西洋环境保护公约》（the Convention for the

① 参见 The MOX Plant Case (Ireland v. United Kingdom), Request for Provisional Measures, Order, ITLOS Reports 2001, para. 26。

② 参见 The MOX Plant Case (Ireland v. United Kingdom), Permanent Court of Arbitration, Order No. 3, 24 June 2003, para. 29。

③ 参见 The MOX Plant Case (Ireland v. United Kingdom), Permanent Court of Arbitration, Order No. 6, 6 June 2008, pp. 2-3。

Protection of the Marine Environment of the North-East Atlantic）与当事国之间的争端存在关联，但是并不能改变该争端属于《公约》解释或适用所产生的争端的性质。此外，英国的主张尚不能说服仲裁庭确信，《东北大西洋环境保护公约》涵盖了本争端的大部分内容，从而适用第 281 或 282 条之规定。① 其言外之意就是，如果英国能够像"南方蓝鳍金枪鱼案"的仲裁庭所指出的那样，证明《东北大西洋环境保护公约》是用来执行《公约》中的一般原则，那么本案的当事国，就不是纠缠于两个不同争端，实际上就是产生于两个公约的单一争端，② 那么就可以适用第 281 或 282 条之规定。

在仲裁庭看来，真正影响其对本案管辖权的关键在于欧洲法院对此问题是否拥有专属管辖权，即本案中爱尔兰所依据的《公约》条款，是否属于已经转移给欧共体的职权。实际上，也就是欧洲法院的专属管辖权是否已经延伸至欧共体成员国之间有关《公约》的解释或适用的争端。如果这观点成立，那么根据第 282 条之规定，将彻底排除本案仲裁庭的管辖。在此情况下，仲裁庭的是否拥有管辖权，就决于上述问题的解决。③

对于欧共体成员国之间有关《公约》的解释或适用所产生的争端，是否属于欧洲法院专属管辖的问题，仲裁庭认为它本质上涉及一个独立法律体系（欧共体法律体系）的内部运作，所以这些问题只能在欧共体法律制度框架内解决。除非这些问题得到解决，否则仲裁庭对本案是否拥有管辖权仍存在重大疑问。而且仲裁庭强调，这些问题最终并不是由当事国决定，而是应在欧共体制度框架

---

① 参见 The MOX Plant Case (Ireland v. United Kingdom), Permanent Court of Arbitration, Order No. 3, 24 June 2003, paras. 16, 18。

② 参见 Southern Bluefin Tuna (New Zealand-Japan, Australia-Japan), 4 August 2000, in Reports of International Arbitral Awards, Vol. XXIII, paras. 52, 54。

③ 参见 The MOX Plant Case (Ireland v. United Kingdom), Permanent Court of Arbitration, Order No. 3, 24 June 2003, paras. 21-23。

内解决，尤其是由欧洲法院决定。① 仲裁庭认为，解决欧共体法律秩序内的这一重要问题，可能涉及终局且有拘束力的判决；而仲裁庭认为其根据《公约》第 296 条和附件七之规定，所作出的包括管辖权问题在内的裁决，也将是终局且有拘束力的。仲裁庭指出，当两个司法机构被两个当事国一同请求判决权利义务时，应当相互尊重和礼让，在欧共体法律问题没有解决之前，不宜进一步审理本案的实质性问题，否则可能导致同一问题作出两个相冲突的判决，这无助于当事国之间的争端解决。基于上述原因，仲裁庭决定暂停审理本案的管辖权以及实质性问题。②

通过对本案的分析可知，仲裁庭决定暂停审理的原因不在于爱尔兰所援引的《公约》第十二部分的条款不适当，而在于英国和爱尔兰同属区域性协定的缔约国，而该区域性协定中有专门处理涉及《公约》解释或适用的争端的导致有拘束力裁判的程序，因此排除了公约第十五部分所规定的强制解决程序。相反，如果正如前文假设的情况，爱尔兰与英国之间未就该争端的解决方法达成任何协议，或者达成协议但诉诸协议中的解决方法仍未得解决，同时协议内容并不排除其他任何程序；两国之间也没有通过一般性、区域性或双边协定或以其他方式协议，规定该争端应当提交此类协定或协议中所规定的导致有拘束力裁判的程序，那么仲裁庭就拥有管辖权。

因此，如果一国在其管辖海域内的石油作业产生海洋环境污染，并对其他国家产生影响，而且当事国之间不存在《公约》第 281、282 条所规定的协议或协定，在交换意见仍不能解决争端时，受影响的国家自然可以单方面启动本公约第十五部分所规定的强制解决程序。

---

① 参见 The MOX Plant Case (Ireland v. United Kingdom), Permanent Court of Arbitration, Order No. 3, 24 June 2003, paras. 24-26。

② 参见 The MOX Plant Case (Ireland v. United Kingdom), Permanent Court of Arbitration, Order No. 3, 24 June 2003, paras. 27-29。

2. 能否以争议海域能为由不适用启动导致有拘束力裁判的强制程序

通过上一部分的分析已知，在不存在争议的海域，而且没有第281、282条所规定的情况下，发生海洋环境污染，那么受影响的国家在与造成污染的国家交换意见仍不能解决争端的时候，就可以适用《公约》第十五部分所规定的强制解决程序。那么在争议海域内合同当事国一方的石油作业造成海洋环境污染时，该国能否以争议海域为由，主张适用第298条之规定，不接受公约第十五部分第二节所规定的强制解决程序？尽管小田滋（Shigeru Oda）早在其《海洋法五十年》（Fifty Years of the Law of the Sea）中，以列表的形式未加区分地指出，因违反海洋环境保护规定而产生的争端，应当适用公约中的强制解决程序，① 但是本书认为仍有必要研究，在不同情形下争议海域的海洋环境污染争端的处理程序，以求证小田滋结论是否正确。

争议海域的海洋环境污染问题需要考虑多种情形：

首先，由于争议海域相关当事国必定在地理上相邻，如果污染范围超出争议海域，那么就很有可能影响到其他当事国所管辖的无争议海域的海洋环境，此时其他当事国专门就其管辖的无争议海域所遭受的污染，主张适用公约所规定的强制解决程序，造成污染的合同当事国是无法主张适用第298条之规定的。因为此时适用强制解决程序虽然会涉及争议海域，但牵涉的事项并非争议海域的划界问题，只是确定污染是否来源于争议海域内的石油作业，完全属于一个技术问题，对争议海域的最终归属不会产生任何影响。

其次，如果污染范围超出争议海域，但是没有影响到其他当事国所管辖的无争议海域，而是污染了公海的海洋环境，那么其他当事国还能否启动强制解决程序？这一问题的关键在于处于国家管辖之外的公海遭受污染，其他当事国是否具有诉讼主体资格。确定其他当事国是否具有诉讼主体资格的核心在于，其他当事国是否享有

① 参见 Shigeru Oda, Fifty Years of the Law of the Sea, Kluwer Law International, 2003, pp. 575-576。

权利或者造成污染的合同当事国是否负有义务。很明显整个海洋环境是一个完整的系统，并不受各国管辖权的影响，因此各国所负有的海洋环境保护义务，也不是针对某个特定国家的义务，相反是对国际社会所承担的对世义务（Obligations Erga Omnes），① 正如《公约》第 192 条所规定的，各国有保护和保全海洋环境的一般义务，这也就意味着每个国家既是保护整个海洋环境的义务承担者，也是权利享有者。所以即便争议海域内的污染只扩大到公海，造成污染的合同当事国还是违反了对其他当事国所负的环境保护义务，在交换意见无果的情况下，其他当事国就可以启动公约所规定的强制解决程序。

最后，如果污染范围仅限于争议海域，其他当事国若想适用公约中的强制解决程序，可以尝试两种方法：（1）其他当事国以其对污染海域享有主权或主权权利为由，认为石油作业污染了应当归属其管辖的海域，进而要求将海洋环境污染争端提交公约中的强制解决程序。但是本书认为这一做法是行不通的。因为造成污染的合同当事国，必然会主张污染的海域完全归属自己，否认其他当事国拥有主权或主权权利，这也就意味着污染海域的归属不明确。这样就必须先解决污染海域的归属问题，这必然涉及海洋划界，而造成污染的合同当事国早已声明海洋划界问题不接受强制解决程序，这就会造成无法适用强制解决程序来处理污染海域的归属问题。这个先决问题都不能解决，那么海洋环境污染争端自然无法适用强制解决程序。（2）其他当事国还可以避开讨论争议海域的归属问题，只针对合同当事国是否履行海洋环境保护义务这一个问题。如前所

---

① “对世义务”也称“对一切义务”或“共同体义务”，根据卡塞斯（Antonio Cassese）的观点，该项义务具有以下特点：（1）该义务旨在保护基本价值，例如和平、人权、民族自决和环境保护；（2）该义务是对一切的义务，是针对国际社会全体成员的义务；（3）该义务与属于任何国家的相关权利相伴而生；（4）该权利可由任何其他国家来行使，不论其是否因违反该义务而遭受物质或精神损害；（5）该权利的行使是代表整个国际社会维护其基本价值。参见 Antonio Cassese, International Law, Oxford University Press, 2001, p. 16。

述，海洋环境保护是各国所承担的一种对世义务，那么不论在何种性质的海域，只要某一国的行为造成了海洋环境污染，那么其行为就违反了海洋环境保护义务，其他国家都可以要求其承担相应的责任，如果交换意见无法解决争端，其他国家就可以将争端提交公约中规定的强制解决程序。故在此情况下，其他当事国若想适用《公约》中的强制解决程序，需要对主张的具体表述进行修改，不将解决争议海域归属问题作为前提条件，只要求通过强制解决程序确定争议海域内是否存在污染的事实，然后认定合同当事国是否违反保护海洋环境的一般义务。

通过对上述三种情况的分析可知，在公约中海洋环境污染是一个独立的法律问题，关键在于认定污染源和损害事实之间的因果关系，某一海域归属是否明确无关紧要。因此只要不违反第 281、282、283 条之规定，针对合同当事国在争议海域内的石油作业所产生的环境污染，其他当事国完全可以主张适用《公约》所规定的强制解决程序。

尽管对于争议海域内合同当事国的石油作业所产生的海洋环境污染，其他当事国可以主张适用公约所规定的强制解决程序，但是即便其他当事国胜诉，往往也只能暂时的阻止合同当事国在争议海域进行石油作业。因为只要合同当事国承担了海洋环境污染的法律责任，并且继续充分履行公约中有关海洋环境保护的义务，那么就没有理由阻止其继续进行石油作业。除非要求对争议海域进行划界，明确合同当事国作业的海域归属其他当事国。但是前文已经提到了现有的争议海域很难通过谈判完成划界，当事国通常又排除适用公约中的强制解决程序。所以如果将以海洋环境污染为由启动强制解决程序，作为阻止合同当事国在争议海域的石油活动的一种方法，那么只能算作一种权宜之计，而且未必每次都能成功，因为海洋环境污染的来源众多，要证明污染来自合同当事国的石油作业，在技术上具有一定的难度。正是由于谈判受阻，司法解决渠道不畅的原因，针对合同当事国在争议海域的石油活动，特别是非临时性的石油活动，其他当事国经常会选择自我救济，这一问题将在本节的下一部分详细分析。

二、针对既有石油合同的执法问题

针对合同当事国授权外国石油公司在争议海域内单方面实施的石油活动，其他当事国必然是反对的，为了制止此类单方面行动，其他当事国可能会不惜派遣舰船或飞机，对此类单方面行为采取执法行动。例如，1980年8月20日，针对马耳他授权在争议海域进行商业钻探作业，利比亚派遣军舰包围该石油钻井平台，命令停止钻探作业，并威胁否则将使用武力。① 2000年6月3日，针对圭亚那所授权的CGX公司在争议海域所进行的钻探作业，苏里南也派遣海军的巡逻艇前往石油钻井平台所在海域，命令其在12小时内离开该海域。②

由于地处争议海域，其他当事国所采取的执法行为，必然会牵涉一系列问题：（1）其他当事国采取执法行为的法律依据是什么；（2）其他当事国的哪些机构可以成为执法主体；（3）执法行为可以针对哪些单方面石油活动；（4）执法过程中的使用武力问题；（5）执法行为是否会引发合同当事国的对抗措施，从而加剧紧张局势；（6）如何预防和管控海上执法所引发的危机。

需要指出的是，本书之所以专门探讨针对单方面石油活动的执法问题，原因在于其有别于争议海域内的渔业执法。首先，争议海域内的单方面石油活动的数量有限，由于既有石油合同的区块较大，因此争端当事国只能就争议海域签订数量有限的石油合同；反观渔业活动，争议海域内从事渔业活动的船只和人员的数量要远大于石油活动。其次，虽然争议海域内单方面石油活动的数量有限，但不容忽视其重要性，由于石油资源属于非可再生资源，争端当事

---

① 参见 Letter Dated 1 September 1980 from the Permanent Representative of Malta to the United Nations Addressed to the President of the Security Council, S/14140, 1 September 1980, http://www.un.org/en/ga/search/view_doc.asp?symbol=S/14140, visited on 27 December, 2015。

② 参见 Guyana/Suriname, Award of the Arbitral Tribunal, 17 September 2007, para. 151。

国之间更不愿作出让步。加之既有石油合同是外国石油公司与合同当事国直接签订的，因此单方面石油活动与合同当事国政府的关系更为密切，更受政府的关注。如果其他当事国针对合同当事国的单方面石油活动采取执法行动，更容易引起合同当事国的反弹，进而采取针锋相对的措施，从而引发或加剧争议海域的局势紧张。再次，尽管单方面石油活动更容易加剧当事国之间的紧张关系，但是如果当事国之间存在预防和管控问题的意愿，相较于渔业活动，单方面石油活动所引发的问题更容易处理。因为单方面石油活动与合同当事国的政府存在密切联系，易受政府决策的影响，而且数量有限也易于控制；相反，渔业活动由于数量众多且分布广泛，即便当事国政府有心进行管理，也未必能取得同样的效果。最后，针对争议海域单方面石油活动的执法，可能会牵涉三个以上国家：合同当事国、实施执法的其他当事国以及外国石油公司所属国，如果石油作业船只是从其他国家租赁的，那么就还涉及作业船只的船旗国，可见整个法律关系非常复杂；而渔业执法只涉及两个争端当事国，法律关系相对简单。

虽然争议海域内针对单方面石油活动的执法，与渔业执法存在很大差异，但是二者之间的联系也不容忽视，尤其是渔业执法过程中，执法主体如何使用武力的相关实践，对于单方面石油活动的执法问题，同样具有借鉴意义。详细内容将在下文——“执法的限制”中论述。

（一）执法的法律依据

其他争端当事国针对合同当事国所授权的争议海域内的单方面石油活动采取执法行动，必须以其他争端当事国可以在争议海域行使管辖权为前提，而管辖权则是以享有主权或主权权利为基础，也就是说只要其他争端当事国可以在争议海域行使主权或主权权利，就为其执法活动提供了国际法基础。本书第二章第二节已经得出了一个结论，即只要争端当事国的海洋主张在国际法上具备初步基础，在最终划界前就可以推定其主张有效，自然就可以在争议海域行使主权或主权权利。那么作为行使主权或主权权利具体表现的执法活动，当然也是被国际法所允许的。这一观点也为“圭亚那—苏里南仲裁案”的判决所支持，尽管仲裁庭认定苏里南使用巡逻艇驱逐勘探船的做法构成威胁使用武力，违反国际法，但并不认为苏里南无权在争议海域采取执法行动，只是认为苏里南的具体执法方式存在问题。①

此外，争端当事国为了行使其对争议海域的管辖权，必然进行了相关的海洋立法，此类国内立法中必然要规定争端当事国进行海上执法的具体情形。例如，苏里南的《矿业法》第 2 条明确禁止未经许可的采矿行为，而根据本法第 1 条之规定，采矿行为本身就包括勘探开发石油，因此未经许可的石油活动是被禁止的；此外，该法第 71 条又规定，未经许可的采矿行为会被处以最高两年有期徒刑或 10 万苏里南盾的罚款；所以苏里南方面才认为其派遣巡逻艇驱逐 CGX 公司作业船只的行为属于执法活动。② 同样在日本的国内法中也采取类似做法，其《专属经济区和大陆架法》第 3 条规定，专属经济区内的经济勘探开发活动，以及大陆架上的钻探活动，受日本国内的法律规范调整，为了确保国内法得到有效执行，还明确了日本公务人员在有关专属经济区或大陆架的海域执行公务。③ 而根据日本《矿业法》第 3 条之规定，日本油气资源开发受该法调整，因此专属经济区或大陆架的油气资源开发活动必然适用该法之规定。根据《矿业法》第 7 条之规定，开采矿产资源必须事先取得采矿权；如果没有获得采矿权而进行采矿活动，根据

① 参见董世杰：《单方面利用争议海域油气资源的问题研究》，载《东北亚论坛》2015 年第 5 期，第 43 页。

② 参见 Guyana/Suriname, Rejoinder of the Republic of Suriname (Volume I), 1 September 2006, para. 4. 34。

③ 参见 Article 3 of Law on the Exclusive Zone and the Continental Shelf, Law of the Sea Bulletin, No. 35, 1997, p. 95, http://www. un. org/Depts/los/doalos _ publications/LOSBulletins/bulletinpdf/bulletinE35. pdf, visited on 27 December, 2015。

第 191 条之规定，最高可判处 5 年有期徒刑或者不超过 50 万日元的罚款，也可并处这两种处罚。① 因此如果争议海域出现其他当事国授权的石油活动，日本方面必然会根据本其《专属经济区和大陆架法》以及《矿业法》之规定，派遣公务人员进行执法活动。

（二）执法的主体

海上执法的目的在于维护归属于当事国的海域的秩序，确保国际法和当事国法律在该海域得到切实的遵守，因此进行海上执法的主体实际上行使的是警察权。通常来说，军队的职责是保卫国家不受外部的军事威胁，因此在进行专业分工的国家，军队是不履行警察权的，海上执法由专门的机构负责，其中最为常见的就是海岸警卫队（Coast Guard）。例如，日本、韩国、俄罗斯均设有专门的海岸警卫队。② 这种专业分工，在有些国家是非常严格的。例如，美国的《警卫团法案》（the Posse Comitatus Act）③ 禁止使用美国陆军或空军执行国内法，此后这种禁令也延伸至美国海军和海军陆战队，美国海岸警卫队的执法行动既可以针对本国公民，也可以针对外国人。这一禁令的唯一法定例外，就是可以在缉毒行动中使用海军。④

在《公约》生效后，许多国家所管辖的海域面积大大增加，

---

① 参见 Article 3, 7, 191 of Mining Act, http://www.japaneselawtranslation.go.jp/law/detail/? id=29&vm=04&re=01, visited on 10 October, 2015。

② 参见 Suk Kyoon Kim, Understanding Maritime Disputes in Northeast Asia: Issues and Nature, the International Journal of Maritime and Coast Law, Vol. 23, 2008, p. 246。

③ 对于"the Posse Comitatus Act"的翻译，既有译为《警卫团法案》，也有译为《地方保安队法》。

④ 参见 Ivan Shearer, the Development of International Law with Respect to the Law Enforcement Roles of Navies and Coast Guards in Peacetime, International Law Studies, Vol. 71, 1998, p. 448。

许多国家由于有限的资源和能力，无法对广大的海域行使警察权。① 因而在一些专业分工并不严格的国家，海军的职责通常就包括使用其装备和能力，在海上进行执法活动，② 从而弥补专门执法机构能力不足的情况。例如，在加拿大、澳大利亚，其海军被相关法律赋予海上执法的法定权力。③ 此外，对于那些没有专门海上执法机构的国家，它们的海上执法行动只能依靠本国的海军。

因此海上执法的主体既可以是专门的执法机构，如海岸警卫队，也可以是一国的军队。我们不能单纯的从某一机构的名称而当然认为其是否属于执法主体，而要根据行动的法律基础作出判断。其中执法行动的法律基础，是国内法允许其合法行使执法管辖权；而军队保卫国家安全的行动，主要涉及国际法中诉诸武力的具体规定以及交战规则。④

（三）执法的限制

正如本书第二章第二节所强调的，虽然当事国可以在争议海域行使主权或主权权利，但是相较于无争议海域，在争议海域所能行使的主权或主权权利是不完整且非常有限的，国际法还对其具体的行使方式加以限制，以适应争议海域这种权属不明的特殊情况。所以作为一种具体行使这种有限的主权或主权权利的方式，执法活动

① 参见 Patricia Jimenez Kwast, Maritime Law Enforcement and the Use of Force: Reflection on the Categorisation of Forcible Action at Sea in the Light of the Guyana/Suriname Award, Journal of Conflict and Security Law, Vol. 13, No. 1, 2008, p. 53。

② 参见 R. R Churchill and A. V. Lowe, the Law of the Sea (Third Edition), Juris Publishing, 1999, p. 426。

③ 参见 Ivan Shearer, the Development of International Law with Respect to the Law Enforcement Roles of Navies and Coast Guards in Peacetime, International Law Studies, Vol. 71, 1998, p. 448。

④ 参见 Patricia Jimenez Kwast, Maritime Law Enforcement and the Use of Force: Reflection on the Categorisation of Forcible Action at Sea in the Light of the Guyana/Suriname Award, Journal of Conflict and Security Law, Vol. 13, No. 1, 2008, p. 74。

自然要在具体实施过程中受到一系列的限制，其中最为重要的就是执法的对象，以及执法过程中的使用武力问题。

1. 执法的对象

对于争议海域内的执法活动，既要在完成最终划界前不全面禁止所有的单方面活动，同时也要避免在争议海域出现事实上的法律真空，否则将会导致非法活动激增。① 这就表明争议海域内的执法行动虽有存在的必要性，但是在具体运行中，一方当事国不能无差别的针对其他当事国所有的单方面活动，只能选择其中部分单方面活动作为执法的对象。具体到既有石油合同的执法问题，其他争端当事国只能对合同当事国所授权的违反国际法的单方面石油活动采取执法行动。

根据本书第二章第二节的分析可知，若要在争议海域内实施单方面石油活动，必须不危害或阻碍最后协议的达成，其中合同当事国与外国石油公司单纯地订立石油合同的行为以及石油公司在争议海域所实施的临时性的勘探活动（以地震勘探为代表）没有危害或阻碍最后协议的达成；而单方面实施的非临时性的勘探活动（以钻探为代表）以及开采活动，明显违反“不危害或阻碍最后协议的达成”的义务。因此，合同当事国与外国石油公司单纯的订立石油合同的行为，② 以及石油公司在争议海域所实施的临时性的勘探活动，均不违反国际法，不应成为其他争端当事国执法的对象。而单方面实施的非临时性的勘探活动、开采活动，由于违反国际法的禁止性规定，可以成为其他争端当事国的执法对象。

---

① 参见 Irini Papanicolopulu, Enforcement Action in Contested Waters：the Legal Regime,（Paper Presented at 6th IHO-IAG ABLOS Conference：“Contentious Issues in UNCLOS-Surely Not?”），2010，p. 3，https：//www. iho. int/mtg_docs/com_wg/ABLOS/ABLOS_Conf6/ABLOS_Conf6. htm，visited on 28 December，2015。

② 单就合同当事国与外国石油公司签订合同这一行为而言，即便不考虑其合法性问题，其他争端当事国也不可能对其采取执法行动，因为签订合同的行为发生地是合同当事国陆地领土（通常是首都），尚未在争议海域实施任何活动，所以其他争端当事国无法将其作为执法对象。

另外，即便是单方面实施了非临时性的勘探活动、开采活动，也并不是所有的船只都能作为执法对象。一般而言，将单方面实施了非临时性的勘探活动、开采活动的商业船只，作为执法对象，是不存在争议的。商业船只既包括合同当事国的私营公司的船只，也包括合同当事国的国有石油公司的船只，因为根据本书第一章第二节的分析可知，国有石油公司的商业活动不享有管辖豁免。至于参与非临时性的勘探活动、开采活动的非争端当事国的商业船只，也是可以作为执法的对象，其中不仅包括外国石油公司所有的船只，还包括外国石油公司所租赁的其他非争端当事国的商业船只，例如，在“圭亚那—苏里南仲裁案”中，CGX 公司所使用的钻井平台——“桑顿号”（C. E Thornton），正是向美国公司租赁的；① 1980 年 8 月，马耳他授权美国公司在争议海域进行商业钻探活动，其使用的钻井平台悬挂的是意大利国旗。②

但是如果合同当事国的公务船只，在争议海域实施了非临时的石油活动，比如政府海事部门或者海军所拥有的船只，虽然其他争端当事国可以实施驱离，但是其依据的并不是执法管辖权。因为公务船只所代表的是合同当事国，“国家是平等的，平等者之间无管辖权”，③ 其他争端当事国自然不能对其行使管辖权，当然也就无法采取执法行动，对于这一问题应当如何解决，仍有待以后作进一步研究。

根据上述分析可知，争议海域内的执法行动，只能针对单方面

① 参见 Patricia Jimenez Kwast, Maritime Law Enforcement and the Use of Force: Reflection on the Categorisation of Forcible Action at Sea in the Light of the Guyana/Suriname Award, Journal of Conflict and Security Law, Vol. 13, No. 1, 2008, p. 49。

② 参见 Letter Dated 1 September 1980 from the Permanent Representative of Malta to the United Nations Addressed to the President of the Security Council, S/14140, 1 September 1980, http://www.un.org/en/ga/search/view_doc.asp?symbol=S/14140, visited on 27 December, 2015。

③ 梁西主编：《国际法》（第三版），武汉大学出版社 2011 年版，第 88 页。

实施了非临时性的勘探活动、开采活动的商业船只。

2. 执法过程中的使用武力问题

其他争端当事国，在对合同当事国所授权的实施单方面石油活动的商业船只，进行执法时，难免会受到对方的抗拒，因此需要在必要的时候使用武力，由此就引发了两个问题：（1）如何确保执法过程中所使用的武力是必要且合理的，从而避免过度使用武力；（2）执法过程中过度使用武力，很有可能被指控为属于《联合国宪章》第2条第4款所规定的“国际关系上以武力相威胁或使用武力”① 的情况，从而上升到威胁国际和平与安全的高度。因此有必要在“执法中过度使用武力”和“国际关系上使用武力”之间做一个区分。

（1）执法中过度使用武力的问题

《公约》对于沿海国执行自己的主权权利和管辖权的具体方式，并未作出太多详尽的规定。② 第三次联合国海洋会议，之所以没有谈及如“执法措施”和“必要步骤”的含义，可能是认为习惯国际法已经对海上使用武力作了规范，其中就包括和平时期行使警察权过程中的使用武力问题，并且习惯国际法本身就足够了。③

尽管《公约》对于执法中如何使用武力的问题未作详细规定，但是我们仍能从《公约》以及相关协定的零星规定中窥探一二。例如，第225条规定：“在根据本公约对外国船只行使执行权力时，各国不应危害航行安全或造成对船只的任何危险……”尽管本条是在《公约》第十二部分有关海洋环境保护，但是本条之规

---

① 《联合国宪章》第2条第4款规定：各会员国在其国际关系上不得以武力相威胁或使用武力，或以与联合国宗旨不符之任何其他方法，侵害任何会员国或国家之领土完整或政治独立。

② 参见 Ivan Shearer, the Development of International Law with Respect to the Law Enforcement Roles of Navies and Coast Guards in Peacetime, International Law Studies, Vol. 71, 1998, p. 430。

③ 参见 I. A. Shearer, Problems of Jurisdiction and Law Enforcement against Delinquent Vessels, International and Comparative Law Quarterly, Vol. 35, No. 2, 1986, p. 341。

定具有普遍适用性，可以为整个海上执法活动提供参考。《执行1982年12月10日〈联合国海洋法公约〉有关养护和管理跨界鱼类种群和高度洄游鱼类种群的规定的协定》第22条第1款第f项规定：“避免使用武力，但为确保检查员安全和在检查员执行职务时受到阻碍而必须使用者除外，且应以必要程度为限，使用的武力不应超过根据情况为合理需要的程度。”使用“避免”一词，表明部分与会代表，不愿意对于使用武力采用任何积极的表述，以免被误解为容忍或鼓励使用武力，哪怕是行使警察权。尽管该项规定只涉及渔业活动，但是其所包含的原则同样适用于其他海上执法活动。①

由此可见，《公约》和《执行1982年12月10日〈联合国海洋法公约〉有关养护和管理跨界鱼类种群和高度洄游鱼类种群的规定的协定》，对于海上执法过程中的使用武力问题，持有一种谨慎的态度。遗憾的是，我们只能从条约文本中了解国际社会对于该问题的基本态度，对于如何区分合理必要的使用武力和过度使用武力，我们只能从国际判例中寻找答案。

在1935年的“孤独号（I'm Alone）案”中，混合委员会认为，美国作为沿海国，为了对嫌疑船只实行登船、搜查、拿捕……之目的，可以采取必要合理的武力。如果因为此目的，采取必要合理的武力，而偶然击沉嫌疑船只，那么实施拿捕的船只就没有过错。但是在本案中，混合委员会认为美国海岸警卫队的行为，显然是蓄意击沉嫌疑船只，无法证明存在正当理由。②

通过本案可知，必要合理的武力是指海岸警卫队有权行使必要的武力以便进行登船、搜查以及拿捕嫌疑船只，如果使用这种武力

① 参见 David H. Anderson, Some Aspects of the Use of Force in Maritime Law Enforcement, in Nerina Boschiero, Tullio Scovazzi, Cesare Pitea and Chiara Ragni (ed.) International Courts and the Development of International Law, T. M. C Asser Press, 2013, p. 236。

② 参见 Joint Final Report of the Commissioners in the Case of the "I'm Alone", dated January 5, 1935, Reports of International Arbitral Awards, Volume III, p. 1617。

造成嫌疑船只意外的沉没，就不属于非法行为，反之则违反国际法。

在“西班牙—加拿大渔业管辖案”中，国际法院拒绝了西班牙的主张，法院认为使用加拿大法律所授权的武力，属于执行养护管理措施的范畴。尽管“养护”中未明确提及使用武力，但是根据对该概念自然合理之解释，基于养护之目的进行的登船、检查、拿捕和最低限度使用武力，都属于“养护管理措施”的范畴。①尽管国际法院认为，执行“养护管理措施”过程中可以使用武力，但是特别强调了要“最低限度使用武力”，这与“孤独号案”中所强调的“必要合理的武力”有异曲同工之意。同样，在“圭亚那—苏里南仲裁案”中，虽然仲裁庭认可在国际法上，可以在执法活动中使用武力的观点，但是应当以使用武力是无法避免的，合理的以及必要的为前提条件。②

通过对上述三个判例的分析可知，尽管在海上执法过程中遇到对方抵抗时，可以使用武力，但应当作为最后的诉诸的手段。由此可以看出，“在和平时期对于违法的船只使用武力，要想在法律上获得准许，是非常困难的”。③

需要注意的是，这三个判例对于海上执法中使用武力的限度问题，也只做了一个原则性的规定，至于如何认定“必要合理的武力”，上述三个判例并没有给出具体的标准。本文认为，具体认定海上执法行为是否构成过度使用武力，只能通过对执法行为的每个步骤的分析，以探究整个执法过程是否严格按照国际上通行的程序性要求。正如有人所指出的，“在‘西班牙—加拿大渔业管辖权案’中，国际法院的方法就是分析加拿大作为沿海国的立法权，没有特别关注实际的登船和拿捕埃斯泰号（Estai）渔船行为的具

---

① 参见 Fisheries Jurisdiction (Spain v. Canada), Judgment, ICJ Reports 1998, para. 84。

② 参见 Guyana/Suriname, Award of the Arbitral Tribunal, 17 September 2007, para. 445。

③ 参见 Nicholas M. Poulantzas, the Right of Hot Pursuit in International Law, Martinus Nijhoff, 2002, p. 237。

体细节，或者涉案人员的观点”。① 为了更好地阐释执法过程中使用武力所必须遵循的程序，本书有必要重点分析“红十字军号（Red Crusader）案”和“塞加号（M/V Saiga）案”。

在1962年的“红十字军号案”中，起初丹麦军舰已经派海军人员登上苏格兰渔船——“红十字军号”，并且拿捕该船，要求该渔船跟随丹麦军舰前往托尔斯港（Thorshavn）接受审判，渔船船长也服从这一命令，但是在驶往托尔斯港的途中，渔船船长改变了主意，带领渔船船员，制服了登船的丹麦海军人员，并开始逃脱丹麦军舰的追击。丹麦军舰在追击过程中，于3时22分向渔船右侧进行警告性射击；在警告性射击无效的情况下，3时38分丹麦军舰船长命令直接对渔船进行射击，并在3时40分直接对渔船进行射击前，通过便携式扩音器对渔船发出了警告，命令其停船，由于渔船不予理睬，于是直接对渔船开火。②

调查委员会认为，丹麦军舰在追捕渔船过程中，从3时22分到3时53分的射击行为，超出了合法使用武力的范围，原因在于：①在对渔船进行实弹射击前并未发出警告。通过对丹麦军舰实弹射击过程的分析可知，虽然在对渔船直接射击前，丹麦军舰发出了警告，但是在最初实施警告性射击之前，丹麦军舰并未发出警告。②未能证明3时40分之后对于渔船的直接射击是必要的，从而对渔船上的人员生命造成危险。尽管“红十字军号”逃跑本身是对其已经接受并遵守的命令的公然违反，并且扣留了渔船上的海军人员以及拒绝停船，这些行为可能部分解释军舰船长的愤恨，但这些情

① David H. Anderson, Some Aspects of the Use of Force in Maritime Law Enforcement, in Nerina Boschiero, Tullio Scovazzi, Cesare Pitea and Chiara Ragni (ed.) International Courts and the Development of International Law, T. M. C Asser Prcss, 2013, p. 237.

② 参见 Investigation of Certain Incidents Affecting the British Trawler Red Crusader, Report of 23 March 1962 of the Commission of Enquiry Established by the Government of the United Kingdom of Great Britain and Northern Ireland and the Government of the Kingdom of Denmark on 15 November 1961, Reports of International Arbitral Awards, Volume XXIX, pp. 535-537。

况无论如何都不能证明这一暴力行为的正当性。调查委员会认为，如果适当坚持武力以外的其他方法，就可以最终说服渔船船长停止逃跑，并遵循先前其认可的正常程序，那么丹麦军舰就应当尝试这些方法。①

可以看出，调查委员会还是主张，只要武力以外的其他方法可以解决问题，丹麦军舰就不得使用武力，这符合前文三个判例中一再强调的，将诉诸武力作为执法中的最后手段。此外，即便是不得以诉诸武力，在具体使用过程中必须尽到特别谨慎的义务：首先，如果执法船意图进行警告性射击，必须在此之前向对方船只发出警告，只有在警告无效的情况下，方可实施警告性射击；其次，如果警告性射击不起作用，从而决定直接向对方船只进行射击时，仍需要再次事先发出警告。如果执法船只在使用武力过程中未能严格遵循这一程序，就很有可能构成过度使用武力。

同样在“塞加号案”中，海洋法法庭结合本案实际情况，详细分析了海上执法中使用武力必须满的具体要求。本案起源于几内亚巡逻船，在对一艘注册在圣文森特和格林纳丁斯（Saint Vincent and the Grenadines）的“塞加号”油轮，进行执法的过程中使用武力。圣文森特和格林纳丁斯认为，几内亚在拿捕“塞加号”的过程中使用了过度且不合理的武力。塞加号只是一个几乎满载油气的非武装油轮，最高时速为 10 节，而几内亚巡逻船却使用大口径自动火炮对塞加号进行实弹射击。几内亚认为，由于第 35 号巡逻船在反复发出视觉或听觉的停驶信号，而“塞加号”拒绝停船，因此执法人员别无选择只能进行射击。②

海洋法法庭认为，在分析几内亚拿捕“塞加号”过程中使用

---

① 参见 Investigation of Certain Incidents Affecting the British Trawler Red Crusader, Report of 23 March 1962 of the Commission of Enquiry Established by the Government of the United Kingdom of Great Britain and Northern Ireland and the Government of the Kingdom of Denmark on 15 November 1961, Reports of International Arbitral Awards, Volume XXIX, p. 538。

② 参见 The M/V “Saiga” (No. 2) Case (Saint Vincent and the Grenadines v. Guinea), Judgment, ITLOS Reports 1999, paras. 31, 33, 153, 154。

武力的问题时，必须在相关国际法的背景下充分考虑实施拿捕时的环境。尽管《公约》并未对拿捕船只过程中使用武力的问题作出明确规定，但是国际法要求尽可能避免使用武力，如果不可避免，那么根据当时的情况也不得超出合理必要的限度，就像国际法其他领域一样，海洋法同样需要考虑人道。海洋法法庭认为，多年以来海上执法行动一直遵循以下原则：通常想要让对方船只停船，首先需要发出一个国际公认的，可以视觉或听觉的停驶信号；如果对方船只并未停船，那么执法船接下来可以采取一系列行动，其中包括越过船首射击。只有所有的适当措施均未能奏效时，执法方可最终使用武力。即便如此，仍需要向对方船只发出适当的警告，并尽一切努力确保船上人员生命免受危险。①

海洋法法庭在作出上述表述时，同样援引了“孤独号案”和“红十字军号案”，从 1935 年到 1999 年，时间跨度 64 年，足见海上执法中慎重对待使用武力问题的理念，早已深入人心，而且对于诉诸武力的程序规定也在不断地细化。

最终海洋法法庭，还是支持了圣文森特和格林纳丁斯的观点，认为“塞加号”的航速很慢，几内亚执法人员登船没有太多困难。尽管在本案的第一阶段，几内亚曾试图主张“塞加号”尝试弄沉几内亚的巡逻船，作为其射击的正当理由，在随后的审理阶段中，几内亚又将这一主张改为，由于“塞加号”的尾流使得巡逻船有沉没的危险，而非“塞加号”有意为之；但是海洋法法庭认为，在没有根据国际法的要求发出任何信号和警告的情况下，无论当时是何种情况，都不能作为高速巡逻船对“塞加号”进行实弹射击的借口。此外，几内亚公务人员在登上“塞加号”后，还存在过度使用武力的情况。尽管他们登船并未受到抵抗，也没有证据表明“塞加号”船员使用或威胁使用武力，但是他们还是在甲板上无差别的使用武力，并且对“塞加号”的发动机进行射击使其停止运转。以这种方式使用武力，足以表明，几内亚的公务人员似乎没有

① 参见 The M/V “Saiga” (No. 2) Case (Saint Vincent and the Grenadines v. Guinea), Judgment, ITLOS Reports 1999, paras. 155, 156。

太在意船和船上人员的安全。在这一过程中，已经对船体本身以及发动机和无线电室内的关键设备，造成相当大的损害。更为严重的是，这种无差别的射击造成船上两名船员重伤。基于上述原因，海洋法法庭认为，在登上“塞加号”前后，几内亚都存在过度使用武力并危及船上人员生命的行为，因此侵犯了圣文森特和格林纳丁斯在国际法上的权利。①

通过与先前几个判例的对比可以看出，本案中海洋法法庭对整个执法过程中使用武力问题的分析最为详尽：首先，从整体上对执法船只和被执法船只的实力做一个对比，认为执法船只的性能比被执法船只优越，因此从一开始就否定了几内亚存在使用武力的必要；其次，即使不考虑双方船只的性能对比，如果几内亚巡逻船要对“塞加号”使用武力，也必须事先发出信号和警告，同样几内亚方面没有这样做；最后，还特别关注了几内亚公务人员登船后使用武力的情况，这是先前几个案例所没有出现的，通过分析公务人员登船是否遭到抵抗，是否有针对性的使用武力，以及所造成的损害后果，发现登船后几内亚公务人员仍存过度使用武力的情况。海洋法法庭根据国际法规则，结合本案具体情况，对整个执法过程进行了全方位的分析，其得出的结论令人信服。

通过对上述五个案例分析可知，其他争端当事国，在对合同当事国所授权的实施单方面石油活动的商业船只进行执法时，只有穷尽其他方法均不能阻止其非活动时，方可使用武力；在使用武力前，仍应向被执法船只发出警告，在警告无效的情况下，执法船可以通过越过船首射击的方式迫使其停止不法行为；只有所有的适当措施均未能奏效时，才能使用武力，但仍应在直接向对方船只射击前发出警告，并在使用武力过程中尽一切努力确保船上人员生命免受危险。

虽然国际法对于海上执法中使用武力，有着极为苛刻的条件，但是实践中总有国家违反此项规定，前文所提案例中就有数起属于

① 参见 The M/V “Saiga” (No. 2) Case (Saint Vincent and the Grenadines v. Guinea), Judgment, ITLOS Reports 1999, paras. 157-159。

过度使用武力，由此就产生了另外一个问题，即海上执法中过度使用武力的法律责任。

正如本书第二章第二节所述，一国因其不法行为所要承担的法律责任包括两类：停止和不重复，以及赔偿。由于执法过程中过度使用武力的情况，不可能持续存在，因此提出停止不法行为的要求，就没有实际意义；但是鉴于争议海域将在相当长的时间内无法完成划界，很有可能再因为一国的单方面石油活动而引发同样的问题，因此受害国可以要求不法行为国承诺和保证再出现类似情况时，不得过度使用武力。相较于前一种法律责任，赔偿责任在实践中更多地被提及，也是相关判例的重点内容，因为一旦海上执法中过度使用武力，极易造成对方船只的损害以及人员的伤亡。既然造成了人身或财产损害，那么必然要承担赔偿责任，正如“霍茹夫（Chorzów）工厂案”的判决所指出的，根据一条通过国际实践特别是判例所确立的国际法原则之规定，一国因其他国家的不法行为而遭受损害，那么该国就有权从不法行为国获得赔偿，赔偿的作用在于要尽可能地消除不法行为的影响，以及恢复不法行为发生前的状态。① 赔偿责任又具体包括：恢复原状、补偿和抵偿三种形式。

在“孤独号案”中，混合委员会认为，美国政府应当正式承认其行为的非法性，并向加拿大政府道歉，同时向加拿大政府支付25000美元作为其不法行为的实物补偿；此外，对于造成的人员伤亡，美国政府还应向加拿大政府支付经济补偿。② 其中美国政府正式承认自己行为的不法性以及向加拿大政府道歉，均属于抵偿；而向加拿大政府支付的现金赔偿，则属于补偿。在“红十字军号案”中，由于丹麦军舰的射击只对渔船本身造成损害，并未造成人员伤亡，因此英国政府只要求丹麦补偿由于射击所造成的损害的维修费

① 参见 Case Concerning the Factory at Chorzów (Claim for Identity), Merits, Judgment No. 13, 1928, Permanent Court of International Justice, p. 47。

② 参见 Joint Final Report of the Commissioners in the Case of the “I'm Alone”, dated January 5, 1935, Reports of International Arbitral Awards, Volume III, p. 1618。

用，该要求已经得到丹麦的合理考虑，① 除此之外，并未要求丹麦政府承担其他赔偿责任。

在“塞加号案”中，海洋法法庭认为，圣文森特和格林纳丁斯有权就其直接遭受的损害，以及“塞加号”和船员所遭受的损害或其他损失，要求几内亚进行赔偿。其中“塞加号”及其船员所遭受的损害或其他损失，包括人身伤害、非法逮捕和拘留或者其他形式的医疗费，财产损害或者没收的财产以及囊括利润损失在内的其他经济损失。海洋法法庭还认为，就货币损失、财产损失和其他经济损失，要求支付利息是公平合理的，但是也没有必要对所有案件确立统一的利息标准，本案中海洋法法庭确立的利息标准为6%。此外，对于圣文森特和格林纳丁斯提出的，几内亚侵犯了其作为船旗国的权利，应当予以补偿的主张，海洋法法庭认为它宣布几内亚拿捕“塞加号”以及过度使用武力的行为违法，而且侵犯了圣文森特和格林纳丁斯的权利，就已经构成了适当的赔偿。②

通过对“塞加号案”判决的分析可知，圣文森特和格林纳丁斯要求几内亚承担赔偿责任主要有两个方面的理由：①圣文森特和格林纳丁斯作为“塞加号”的船旗国，几内亚过度使用武力，直接侵犯了圣文森特和格林纳丁斯作为船旗国所享有的国际法上的权利；②过度使用武力造成人员伤亡和财产损失，直接侵犯了船舶所有人的财产权，以及船上人员的生命权，虽然圣文森特和格林纳丁斯不是直接受害者，但是它依据船旗国这个媒介，可以代表个人要求几内亚承担法律责任。

有趣的是，尽管圣文森特和格林纳丁斯全部要求几内亚承担补偿责任，但是海洋法法庭拒绝了其部分请求，认为圣文森特和格林

① 参见 Investigation of Certain Incidents Affecting the British Trawler Red Crusader, Report of 23 March 1962 of the Commission of Enquiry Established by the Government of the United Kingdom of Great Britain and Northern Ireland and the Government of the Kingdom of Denmark on 15 November 1961, Reports of International Arbitral Awards, Volume XXIX, p. 538。

② 参见 The M/V “Saiga” (No. 2) Case (Saint Vincent and the Grenadines v. Guinea), Judgment, ITLOS Reports 1999, paras. 172, 173, 176, 177。

纳丁斯作为船旗国的权利所遭受的直接侵害，通过宣告几内亚行为违法这种抵偿的形式即可。由此可见，虽然在“彩虹勇士号仲裁案”中，仲裁庭指出：“如果当事国违反国际义务造成严重的精神和法律损害时，即便没有产生物质损害，仲裁庭也可以考虑做出进行货币补偿的命令……如严重背离条约义务”。① 但是在实践中，如果只是侵犯一国的国际法上的权利，并未造成物质损害，主张不法行为国予以补偿，是很难获得支持的。

通过以上分析可知，其他争端当事国，在对合同当事国所授权的实施单方面石油活动的商业船只进行执法时，如果过度使用武力，需承担以下法律责任：①必要的情况下，承诺和保证以后不再重复此类违法行为；②给对方船只或人员造成损害的，必须提供补偿；③不法行为国作出道歉，或由国际法庭宣告其行为违法。与本书第二章第二节中，“单方面非临时性石油活动的法律责任”相比，虽然责任的类型没有太大差别，但是侧重点明显不同，其中“单方面非临时性石油活动”的法律责任，强调的是停止争议海域的不法活动，并承诺和保证不再重复，这是受害国最根本的诉求；而“执法中过度使用武力”的法律责任，强调的则是弥补过度使用武力所造成的损害，其中最为重要的就是补偿。

在明确过度使用武力的法律责任后，还有一个问题值得注意，那就是到底如何确定受害国？正如前文“执法对象”中所分析的，合同当事国授权外国石油公司在争议海域进行单方面石油活动时，外国石油公司不仅可能租赁合同当事国的商业船只，也可能使用非争端当事国的商业船只。如果其他争端当事国针对合同当事国的商业船只过度使用武力，自然是由合同当事国代表商业船只，要求其他争端当事国承担法律责任。但是如果针对非争端当事国的商业船

① Case Concerning The Difference between New Zealand and France Concerning The Interpretation or Application of Two Agreements, Concluded on 9 July 1986 between The Two States and Which Related to The Problems Arising from The Rainbow Warrior Affair, Reports of International Arbitral Awards, Vol. XX, 1990, para. 118.

只过度使用武力，那么船旗国能否代表该商业船只，要求其他争端当事国承担法律责任？本书认为答案是肯定的，因为船旗国有权利也有义务维护本国商业船只的权益。这样就出现了一个疑问：既然船旗国可以代表商业船只，要求其他争端当事国承担法律责任，那么最初授权单方面石油活动的合同当事国，能否同样要求其他争端当事国承担法律责任？如果可以得话，其法律依据又是什么？

本书认为，即使合同当事国不能代表非争端当事国的商业船只提出赔偿请求，但是其仍可以依据《公约》第 74 条第 3 款、第 83 条第 3 款之规定，主张其他争端当事国执法中过度使用武力的行为，危害或阻碍最终协议的达成。因为虽然国际法不禁止其他争端当事国的执法行动，但是鉴于争议海域的特殊情况，其他争端当事国在执法过程中必须保持克制，以免在争议海域制造紧张局势，从而不利于最终协议的达成，因此过度使用武力恰恰有违这一要求。此外，鉴于船旗国和合同当事国都是要求其他争端当事国承担法律责任，因此双方可以协调立场，共同追究其他争端当事国的法律责任。

(2)《联合国宪章》中的“使用武力”问题

争议海域的执法活动，除了可能构成“过度使用武力”这一情形外，还存在构成《联合国宪章》中的“使用武力”这一可能。需要指出的是，虽然二者在字面上都是“使用武力”，但是在性质上却存在很大差别。其中“过度使用武力”，所针对的只是特定的商业船只，目的无外乎使其停止不法行为，只是在使用暴力手段时，超过的必要限度。而构成《联合国宪章》中的“使用武力”，表面上针对的是商业船只，实际上是针对授权单方面石油作业的合同当事国，其目的也不仅仅只是迫使船只停止作业，更重要的是想在与合同当事国的关系中展现武力，以迫使合同当事国在争议海域问题上作出让步，因此主要矛盾是在国家间的关系中展现武力，针对商船使用武力只是次要矛盾。通过对二者分析不难看出，相较于“过度使用武力”，构成《联合国宪章》中的“使用武力”的情节更为严重，危害更大。

本书之所以都使用“使用武力”这一表述，是因为相关案件和文章中，都使用“Use of Force”这一表述，因此本书遵循这一用法，但是为了以示区别，在情节较轻的一种前面加了限定词“过度”，而在情节较重的一种前面加上“《联合国宪章》中的”。

需要指出的是，《联合国宪章》中的“使用武力”问题，具体有两种表现形式：一种是直接使用武力；另一种则是以武力相威胁。根据“威胁或使用核武器的合法性案”的咨询意见之规定：“如果设想的使用武力不合法，那么声称准备使用该武力即构成《联合国宪章》第2条第4款中所禁止的‘以武力相威胁’。”① 这就意味着，如果意图使用的武力，已经构成《联合国宪章》中“使用武力”，那么即便最终没有使用，只是向对方发出此类威胁，即构成“以武力相威胁”，甚至可以说二者是同一行为在不同阶段的具体表现，其中“以武力相威胁”尚处准备阶段，而“使用武力”则是实施阶段。

海上执法活动之所以可能会变成《联合国宪章》中的“使用武力”，原因在于许多国家是由海军兼任海上执法的任务。由于军队的主要职责是进行国土防卫，虽然其能够胜任执法行动，但由于其配备强大的武器，如果由其进行执法活动，很容易让人们联想到“以武力相威胁或使用武力”，而非行使警察权；② 此外，如果为了迫使对方船只停止石油作业，海军在使用武力的过程中也很难准确拿捏程度，容易造成较大的损害，这只会加深其构成《联合国宪章》中的“使用武力”的嫌疑。相反，如果是专门的执法机构，由于其是为海上执法而量身打造的，即便是配备了武器，其威力也会相对较小，哪怕存在过度使用武力的情况，通常也只是定性为过度执法，而不是被指责为《联合国宪章》中的“使用武力”。由此就产生了一个亟待解决的问题，即如何在“使用武力”和“过度

---

① Legality of the Threat or Use of Nuclear Weapons, Advisory Opinion, I. C. J. Reports 1996, para. 47.

② 参见 Patricia Jimenez Kwast, Maritime Law Enforcement and the Use of Force: Reflection on the Categorisation of Forcible Action at Sea in the Light of the Guyana/Suriname Award, Journal of Conflict and Security Law, Vol. 13, No. 1, 2008, p. 73。

使用武力”之间作出区分。

在大多数情况下，很难对二者做一个准确的区分，“圭亚那—苏里南仲裁案”就是一个典型的例子，本案是作者所掌握的资料中，仅有的涉及针对争议海域内石油活动的执法行为，是否构成《联合国宪章》中的“使用武力”问题。圭亚那在其第三项诉求中指出，在驱逐 CGX 公司作业船只的事件中，苏里南的行为构成“使用武力”，并要求苏里南进行赔偿。① 由于苏里南的巡逻艇自始至终未使用武力，因此圭亚那实际上就是主张苏里南的行为构成“以武力相威胁”。

仲裁庭认为，该事件参与人的证言，有助于确认苏里南的行为是否构成“以武力相威胁”。其中有两名证人来自钻井平台和保障船，他们的证言显示：2000 年 6 月 3 日午夜后，当他们正在进行钻取核心样本作业时，苏里南的海军巡逻艇到达该区域，巡逻艇在与钻进平台及其保障船，取得无线电联系后，命令他们在 12 小时内离开该海域，否则将后果自负；他们认为，如果不在 12 小时内离开，那么巡逻艇将会对钻进平台和保障船无限制地使用武力；而且在他们看来，苏里南“以武力相威胁”的做法是史无前例的，在他们多年的海上作业经历中，曾未经历过类似的情况，因此在 6 月 4 日早晨经大家协商，决定撤出该区域。苏里南方面有三个证人，其中指挥官琼斯少校（Major J. P. Jones）记录了他与钻井平台间的一段对话：“我们是苏里南海军，你们未经苏里南政府许可，进入苏里南水域进行经济活动，我命令你们立即停止作业并离开苏里南水域。”石油钻井平台方面回答道：“我们不知道这里是苏里南水域。”于是琼斯少校坚称：“石油钻井平台在苏里南水域，他们必须在 12 小时内离开，否则后果自负。”于是石油钻井平台方面询问应该向哪里移动。琼斯少校要求他们应当撤离圭亚那水域。对方声称需要时间撤离，因此琼斯少校允许他们在 24 小时内撤离。然后巡逻艇在周围来回巡逻了几次，大约 1 个小时后巡逻艇

① 参见 Guyana/Suriname, Award of the Arbitral Tribunal, 17 September 2007, paras. 425-426。

就动身前往新尼克里港（New Nickerie）。另外，琼斯少校还补充道："如果钻井平台未自动离开该海域，他也绝不会使用武力，他没有接到使用武力的指令，而且也没有合适的武器去这样做，甚至都没有接到登上钻井平台的指令，而且他自己也不打算这么做。"此外，两艘巡逻艇的船长的证言也支持了琼斯少校的说法，其中博拉（R. S. Bhola）船长还特别强调，在以往驱逐苏里南水域内从事非法渔业活动的渔民时，他们常用的方法就是签发传票。本次行动中，他所接到的指令中绝没有暗示他可以"使用武力"，他认为驱逐钻平台的行为，与以往驱逐非法渔船的行动，在本质上并无不同。①

通过对双方证人证言的分析可知，双方对整个事件的事实部分基本上没有异议，整个案件事实比较简单，关键是双方对事实的认识存在很大偏差。钻井平台上的人员坚持认为，巡逻艇是在"以武力相威胁"，如果他们不撤离，必然会导致巡逻艇无限制地"使用武力"。但是巡逻艇上的人员则认为自己只是像往常一样进行执法，并未收到使用武力的指令，而且也没有"使用武力"的打算，更何况巡逻艇上根本就没有配备相关的武器。仲裁庭最终还是支持了圭亚那的主张，认为尽管关于"后果自负"中的"后果"是何含义并无一致意见，但是仲裁庭认为其是一种明显的威胁，即如果不遵从命令将使用武力，因此苏里南的行为构成"以武力相威胁"。②

通过仲裁庭的判决，我们不难发现，仲裁庭倾向于钻井平台上的人员的观点，但是遗憾的是仲裁庭并没有详细分析它为什么采纳他们的证言，而非巡逻艇上人员的证言。因此仲裁庭的这一判决还是受到一些质疑的。例如，有观点认为："'命令其离开，否则后果自负'的表述本身就是模糊的，仲裁庭认为苏里南巡逻艇上的

① 参见 Guyana/Suriname, Award of the Arbitral Tribunal, 17 September 2007, paras. 432-438。

② 参见 Guyana/Suriname, Award of the Arbitral Tribunal, 17 September 2007, para. 439。

海军人员的警告等于明确的武力威胁，可能令人在阅读判决时感到惊讶。因为综合所有的证据都没有提及海军人员威胁或使用武力，海军人员没有在任何阶段登上钻井平台或者进行警告性射击。钻井平台上的两个人认为他们由于武力威胁而被驱逐，但是这一结论似乎只是他们自己对模糊的‘命令其离开，否则后果自负’的一种理解。”① 还有观点认为：“在 CGX 事件中所采取的所有实际措施，似乎本质上与针对外国船只的标准执法活动并无二致。以不使用武力的方式，驱逐违反苏里南有关海上经济活动的国内法的钻井平台，符合行使警察权之目的。”②

可见在本案中，仲裁庭并未能充分考虑案发时的各种情况，如巡逻艇的武器配备，以及苏里南方面的主观意图。琼斯少校在作证时，特别强调了巡逻艇没有配备相关武器，这就使得巡逻艇客观上不具备“使用武力”的能力。同时，苏里南的三个证人均指出，他们并没有接到“使用武力”的指令，这就说明苏里南自始至终均无“使用武力”的主观意图。由于在国际关系中“以武力相威胁或使用武力”，均是一种故意行为，既然苏里南方面不存在主观故意，当然就不可能构成“以武力相威胁”。因此，苏里南方面主观上不存在“以武力相威胁或使用武力”的故意，客观上巡逻艇也不具备“使用武力”的条件，其行为只是一种国际法所允许的执法行为。

另外，正如本小节一开始就强调的，“以武力相威胁或使用武力”与“过度使用武力”最大的不同在于所针对的对象，“以武力相威胁或使用武力”是直接针对主权国家，对其产生一种胁迫，以便其在争议海域问题上作出让步，因此仲裁庭需要分析的不是商

① David H. Anderson, Some Aspects of the Use of Force in Maritime Law Enforcement, in Nerina Boschiero, Tullio Scovazzi, Cesare Pitea and Chiara Ragni (ed.) International Courts and the Development of International Law, T. M. C Asser Press, 2013, pp. 239-240.

② Patricia Jimenez Kwast, Maritime Law Enforcement and the Use of Force: Reflection on the Categorisation of Forcible Action at Sea in the Light of the Guyana/Suriname Award, Journal of Conflict and Security Law, Vol. 13, No. 1, 2008, p. 82.

业船只上人员的证言，而是圭亚那政府工作人员的证言，以探究他们是否因为苏里南的行为而感觉受到武力威胁。

仲裁庭的这一判决，无疑是扩大解释了《联合国宪章》中的“使用武力”。所以，在区分“使用武力”与“过度使用武力”时，必须在两种对立情形之间保持平衡，如果过于宽泛地解读《联合国宪章》第 2 条第 4 款关于“禁止使用武力”的规定，将会使世界范围内每天发生的很小事件都囊括在内；如果对执法中使用武力的界定过于宽泛，又可能给“禁止使用武力”这项国际法基本原则，带来一个巨大的危险漏洞。①

通过对“圭亚那—苏里南仲裁案”的分析可知，由于仅有一个判例，而且判决还颇有争议，足见目前还很难在《联合国宪章》中的“使用武力”与“过度使用武力”之间作一个准确的区分。另外，本书推测苏里南的行为之所以被认定为“以武力相威胁”，很大一部分原因是因为其派遣海军进行执法活动。因此，为了在争议海域避免不必要的麻烦，特别是避免被指责为构成《联合国宪章》中的“使用武力”，本书认为海上执法行动还是应当由专门的机构负责，尽量不让海军参与其中。这也突显了专业分工的重要性，特别是加强海岸警卫队的建设，由于海岸警卫队配备轻武器，有别于海军，主要关注执法，它们的活动具有较少的政治含义。②

如果其他争端当事国针对合同当事国单方面授权的石油活动，所采取的海上执法行动，最终被认定为构成《联合国宪章》中的“使用武力”，那么不法行为国所承担的法律责任，与“过度使用武力”情形下的法律责任并无太大区别。因为法律责任的承担要与造成的损害后果相对应，无论是“使用武力”，还是“过度使用

---

① 参见 Patricia Jimenez Kwast, Maritime Law Enforcement and the Use of Force: Reflection on the Categorisation of Forcible Action at Sea in the Light of the Guyana/Suriname Award, Journal of Conflict and Security Law, Vol. 13, No. 1, 2008, p. 61。

② 参见 Suk Kyoon Kim, Understanding Maritime Disputes in Northeast Asia: Issues and Nature, the International Journal of Maritime and Coast Law, Vol. 23, 2008, p. 246。

武力”，首当其冲地就是会给争议海域作业船只及人员造成损害（以武力相威胁除外），因此必然要承担补偿责任；另外，对于不法行为国只违反国际法，并未造成物质损害的情况，可以要求其承诺和保证不重复，以及进行抵偿。例如，在仲裁庭宣布苏里南的行为构成“以武力相威胁”后，由于圭亚那关于自己因此受到损害的证明未获得仲裁庭认可，仲裁庭最终只是以宣告苏里南行为违法这种抵偿的形式，使得其承担了“以武力相威胁”的法律责任。①

唯一不同的可能就是，一旦认定为《联合国宪章》中的“使用武力”，当事国会面临很大的国际压力。例如，在利比亚海军包围马耳他在争议海域实施钻探作业的船只后，马耳他直接将这一问题提交联合国安理会，指控利比亚的行为构成“使用武力”，尽管当时尚无定论，但足以使得利比亚方面承受很大压力。② 据此可以想象得到，如果一国的海上执法活动被认定为“使用武力”，那么必然要承受巨大的国际压力。

（四）当事国之间的对峙

1. 对峙产生的原因

无论是执法中过度使用武力，还是上升为《联合国宪章》所规定的“使用武力”，尽管只是其他争端当事国的单方面行为，但足以对争议海域造成了不小的消极影响。如果合同当事国再采取对抗措施，必然会导致双发的海上对峙，使得局势进一步恶化。

通常来说，海上对峙的出现，无外乎两种原因：（1）作业船只受到其他争端当事国海上执法时，请求合同当事国派遣公务船只支援，或者合同当事国主动给予支援。例如，在 CGX 事件中，据美国驻圭亚那大使馆的电报信息，圭亚那政府曾决定要向钻井平台

① 参见 Guyana/Suriname, Award of the Arbitral Tribunal, 17 September 2007, paras. 452, 488。

② 参见 Letter Dated 1 September 1980 from the Permanent Representative of Malta to the United Nations Addressed to the President of the Security Council, S/14140, 1 September 1980, http://www.un.org/en/ga/search/view_doc.asp?symbol=S/14140, visited on 27 December, 2015。

的两艘补给船上派遣警员。国防军下属的海岸警卫队，也认为有必要在钻井平台附近进行巡逻。此外，美国大使馆还报告称，圭亚那国防军要在钻井平台上部署军事人员以提供保护，但是鉴于两国间不断加剧的可能出现武装敌对的风险，CGX 公司明智地拒绝了这一提议。① （2）作业船只原本就有合同当事国的公务船只护航，那么其他争端当事国的执法行为就会直接导致双方的对峙。例如，2008 年 11 月 1 日（缅甸和孟加拉尚未将海上划界问题提交海洋法法庭）来自缅甸方面的四艘钻探船，在圣马丁岛（孟加拉所属岛屿）西南 50 海里的区域开始油气资源勘探活动。孟加拉方面认为缅甸单方面勘探争议海域油气资源的行为，明显违反了《公约》。此后，又在缅甸三艘战舰的保护下，一家韩国石油公司在争议海域部署了一台钻井平台。随之孟加拉方面也在该海域部署了五艘战舰，该海域出现了紧张对峙。在涉及孟加拉、缅甸和韩国三方的紧张外交谈判之后，钻井平台最终撤出了该海域。②

双方对峙的船只既可能是专门的执法船只，也可能是军舰，尽管军舰对峙所带来的风险要高于专门的执法船只，但是鉴于海上对峙对国际和平与安全的潜在威胁，因此无论是哪一种对峙都要引起足够重视。

2. 预防和管控海上对峙

在应对海上对峙的过程中，我们不仅要强调危机出现后的管控，更应该重视如何预防危机的出现，变被动的应对为主动的干预，因此我们要全面的预防和管控海上对峙，争端当事国应当就这种危机预防和管控机制达成一致，以便在争议海域完成划界前，维持局势的稳定。此举也是符合《公约》第 74 条第 3 款、第 83 条第

---

① 参见 Foot Note 15, in Patricia Jimenez Kwast, Maritime Law Enforcement and the Use of Force: Reflection on the Categorisation of Forcible Action at Sea in the Light of the Guyana/Suriname Award, Journal of Conflict and Security Law, Vol. 13, No. 1, 2008, p. 52。

② 参见 M. Shah Alam, Abdullah Al Faruque, the Problem of Delimitation of Bangladesh's Maritime Boundaries with India and Myanmar Prospect for a Solution, the International Journal of Marine and Coastal Law, Vol. 25, 2010, p. 408。

3 款之规定，虽然当事国之间无法达成共同开发协议，但危机预防和管控机制也不失为一种有效的临时安排。

海上对峙的出现，说到底还是因为争议海域的归属不明，如果能够暂时地消除这种不确定状态，那么自然就能够有效地预防和管控危机了。受这一观点的影响，在实践中就出现了一种比较简单的危机预防和管控机制，即为了划定争议海域的管辖权而达成的临时协议。例如，在完成大陆架和专属经济划界之前，为了明确从爱尔兰到苏格兰之间的天然气管道的管辖权，英国外交部与爱尔兰外交部，根据《公约》第 74 条第 3 款、第 83 条第 3 款之规定，通过换文的形式就整个管线的管辖权问题达成临时安排；突尼斯与阿尔及利亚在争议海域完成划界前，同样根据《公约》第 74 条第 3 款、第 83 条第 3 款之规定，就争议海域管辖权问题达成了一个为期 6 年的临时安排，在此期间由双方的技术专家共同研究划界问题。①

通过这种方法对争议海域的管辖权进行临时分配，自然能够比较有效地预防和管控危机，但是愿意采用这种方法的国家数量有限。原因在于，尽管一再强调只是一种临时性安排，不会影响当事国各方的海洋主张，但是各当事国都担心这种临时性安排，在最终划界中或多或少会产生影响，因此会将这种临时性安排当做划界协议的预演，很难达成妥协。

鉴于对争议海域的管辖权进行临时分配的做法，不具有广泛适用性，因此必须寻求其他的危机预防和管控机制，而且这种机制应当避免触及争议海域的管辖权分割问题。因此，本书认为比较有效的危机预防和管控机制，应当是涵盖既有石油合同全部阶段的沟通磋商机制。

（1）预防阶段

海上对峙出现的源头在于合同当事国单方面授权外国石油公司

---

① 参见 David Anderson, Youri van Logchem, Rights and Obligations in Areas of Overlapping Maritime Claims, in S. Jayakumar, Tommy Koh, Robert Beckman (ed.) The South China Sea Disputes and Law of the Sea, Edward Elgar Publishing Limited, 2014, p. 214。

在争议海域进行石油作业，因此沟通磋商机制在预防阶段的首要任务，在于及时让其他争端当事国获得争议海域单方面石油作业的相关信息。因此，应当规定合同当事国在计划进行单方面石油作业前，应当根据石油作业的性质，与其他争端当事国进行以下沟通：

如果计划实施的只是临时性石油活动（主要是地震勘探活动），由于国际法并不禁止争端当事国单方面实施此类活动，所以合同当事国只需要将活动的相关信息告知其他争端当事国即可，如活动的性质、区域、时间、参与的人员装备以及所依据的法律。需要指出的是，此类通知应当由合同当事国政府，直接正式的发给其他争端当事国政府，而非由石油公司发出，或者仅仅只是在官方网站上贴出公告。此举也是为了避免再出现“喀麦隆—尼日利亚划界案”中的情况，即尼日利亚否认自己没有履行通知的义务，它认为有关其石油实践的信息无论如何都是可以公开获得的。但是喀麦隆并不认同尼日利亚的观点，因为尼日利亚当局并没有像其曾经承诺的那样，将新的石油特许权通知喀麦隆。①

在收到合同当事国所发出的通知后，其他争端当事国可以在规定期限内表示同意或反对，也可以不表态，但是无论如何，其他争端当事国的态度不影响合同当事国授权外国石油公司在争议海域实施临时性石油活动，更不应该派遣公务船进行执法活动。

虽然一再强调国际法并不禁止在争议海域单方面实施临时性石油活动，但是其他争端当事国仍有可能依据国内法采取执法行动，如果执意派遣公务船只进行执法活动，那么应当将此信息事先告知合同当事国，那么合同当事国在接到通知后，可以立即要求与其他争端当事国进行磋商。

如果计划实施的是非临时性石油活动（主要是钻探和开采），由于国际法明令禁止争端当事国单方面实施此类活动，所以合同当事国要想实施此类活动，必须事先征得其他争端当事国的同意。所

---

① 参见 Land and Maritime Boundary between Cameroon and Nigeria (Cameroon v. Nigeria: Equatorial Guinea intervening), Judgment, ICJ Reports 2002, paras. 282-283。

以此时合同当事国所发出的正式通知，其意义不再只是一种单方面告知，而是期待得到其他争端当事国的回应。此时通知的内容，除了活动的性质、区域、时间、参与的人员装备，最重要的一项就是希望获得对方的同意。

在其他争端当事国接到通知后，如果在规定时间内表示反对，那么合同当事国就不得实施非临时性石油活动，当然合同当事国可以选择与其他争端当事国继续磋商，以期获得其同意，或者进行共同开发。如果在规定时间内表示同意，那么合同当事国自然可以进行非临时性石油活动。如果在规定时间内，其他争端当事国未作出回应，应当推定其同意。之所以要作出这种法律推定，是因为实践中确实存在这种情况。例如，在前文已多次提及的“利比亚海军包围马耳他钻探船的事件”中，马耳他已经提前9个月，将其要在争议海域实施钻探作业的计划通知了利比亚政府，可是利比亚政府在此期间未作出任何回应。① 遗憾的是，两国之间并未事先达成本书所述的危机预防和管控机制，因此即便是9个月未作出回应，也就不能想当然的推定利比亚政府表示同意。

需要指出的是，此处的“推定同意”有别于第三章第一节中所提及的“默认”。前文的“默认”专指一方当事国由于自己的长期不作为，所产生的一种默示同意其他当事国的海洋主张的法律效果；而此处的推定同意是发生在关键日期之后，当事国之间就争议海域的危机预防和管控，所达成一种临时安排中的内容，作为一种临时安排，肯定是不会影响当事国各方的海洋主张。尽管国际法明确禁止单方面实施非临时性石油活动，但是合同当事国仍可能在未取得其他争端当事国的同意的情况下，单方面实施此类活动，必然会引起其他争端当事国的执法行动。其他争端当事国在采取执法行动前，同样需要将相关内容告知合同当事国，如果合同当事国能够

① 参见 Letter Dated 4 September 1980 from the Permanent Representative of Malta to the United Nations Addressed to the President of the Security Council, S/14147, 4 September 1980, http://www.un.org/en/ga/search/view_doc.asp?symbol=S/14147, visited on 1 January, 2016。

立即停止不法行为，那么执法行动自然就可以取消，否则就不可避免。

（2）管控阶段

不论是国际法允许的临时性石油活动，还是被禁止的非临时性石油活动，只要其他争端当事国坚持采取执法行动，就很有可能引发合同当事国与其他争端当事国之间公务船只的对峙，至此就转入危机管控阶段。本阶段的主要目标在于防范危机失控以及化解危机。此时，当事国之间必须直接进行谈判磋商，当然也可以通过协商，根据实际情况选择《联合国宪章》第33条①规定的其他解决办法。

在当事国政府寻找解决问题办法的同时，还应该时刻关注海上对峙的船只，两国政府间（主要是外交部门或者海上执法部门之间）应当建立热线联系，及时向对方通报自己的意图，以免引起误判。此外，还应当在两国执法船只之间，保持沟通渠道的畅通，因为很多一线的具体情况，是政府高层所不能预料的，只有保持双方执法人员间的直接沟通，才能保证不出现突发情况。一般而言，在海上对峙中，只要双方船只都能够保持克制，当事国之间通过一段时间的谈判磋商，最终都会撤出各自的船只，进而化解危机。因此危机管控的意义，就在于为当事国之间寻找化解危机的办法，争取宝贵的时间。

综上所述，针对合同当事国单方面授权的非临时性石油活动，其他争端当事国当事国可以派遣公务船只实施执法。但在执法过程中，要严格控制使用武力，即便诉诸武力，也应严格遵循程序性要求，防止“过度使用武力”。对于海军执法问题，由于其身份的特殊性，一旦使用武力，就很有可能被指控为《联合国宪章》中的

① 《联合国宪章》第33条规定：1. 任何争端之当事国，于争端之继续存在足以危及国际和平与安全之维持时，应尽先以谈判、调查、调停、和解、公断、司法解决、区域机关或区域办法之利用，或各该国自行选择之其他和平方法，求得解决；2. 安全理事会认为必要时，应促请各当事国以此项方法，解决其争端。

“使用武力”，加之目前尚无法对“过度使用武力”与“使用武力”作一个准确的区分，因此本书建议，海军尽量不参与执法行动。对于海上执法可能引发的对峙问题，本书建议从源头进行预防，合同当事国在实施单方面石油活动前，应当事先通知其他争端当事国，并就存在的异议及时沟通。如果对峙未能避免，当事国之间应当立即协商解决办法，在此期间，当事国高层之间以及执法船只之间，均应建立有效沟通，防范危机的进一步恶化，为问题的解决争取时间。

本章小结

本章分析了三种情况下的既有石油合同的处理问题：

在划界谈判中，如果合同当事国能够在划界谈判中争取将合同区域划归自己所有，那么既有石油合同当然得以保留。如果合同当事国无法争取将整个合同区域划归自己，那么就必须采取一些措施来避免或减少外国石油公司所遭受的损失：（1）合同当事国若完全丧失合同所在海域，那么应当首先争取获得该海域的其他当事国，同意与外国石油公司重新订立石油合同；若未奏效，合同当事国还可以尝试与外国石油公司就开发其他海域的石油资源重新订立石油合同；当上述方法均未成功时，合同当事国只能与外国石油公司协商具体补偿事宜。（2）合同当事国若只失去部分的合同所在海域，并且发现单一石油资源跨界分布，在其他当事国尚未进行商业开发的情况下，应当积极争取由原合同中的外国石油公司完全负责跨界石油资源的开发；若是其他当事国已确定开发己方海域的石油公司，那么只能由原合同中的外国石油公司与其他当事国所确定的石油公司签署联合经营协议，合作开发整个石油资源。

在共同开发谈判中，有数种处理既有石油合同的方法，其中“不受共同开发影响”未能顾及其他当事国的诉求，除非得到其他当事国的同意，否则无法实现；而“单方面取消既有石油合同”则忽略了外国石油公司的诉求。“依据合同条款终止合同”完全基于合同当事国与外国石油公司的事先约定，在不违背石油公司意志的情况下终止了既有石油合同，为当事国双方的共同开发扫清了障碍；而“将既有石油合同纳入共同开发”则比较全面地顾及了各方的利益，因此这两种方法比较具有可行性。

在维持争议海域现状中，既有石油合同会引发了两个主要问题：海洋环境污染和海上执法。（1）争端当事国在争议海域内的石油活动，仍要受《公约》中所规定的环境保护义务的约束，而且针对合同当事国在争议海域内的石油作业所产生的环境污染，其他当事国完全可以主张适用强制解决程序。（2）针对合同当事国单方面授权的非临时性石油活动，其他当事国可以派遣公务船只实施执法。在执法过程中，要严格控制使用武力，即便诉诸武力，也应严格遵循程序性要求。由于海军地位的特殊性，其执法过程中若使用武力，就很有可能被指控为《联合国宪章》中的“使用武力”，加之目前尚无法对“过度使用武力”与“使用武力”作一个准确的区分，因此海军应尽量不参与执法行动。对于海上执法可能引发的对峙问题，应通过事先沟通机制进行预防；如果对峙未能避免，当事国之间应当立即协商解决办法，在此期间当事国高层之间以及执法船只之间，均应建立有效沟通。

第四章　中国周边争议海域既有石油合同的处理对策建议

通过前三章的分析，本书已经对争议海域的既有石油合同问题作了一个较为全面的分析，特别是重点探讨了既有石油合同的法律效力问题，以及争议海域未来三种走向下的既有石油合同的具体处理方法。鉴于中国与周边国家存在一系列的海上争议，因此本章在前三章的基础之上，结合中国周边争议海域的实际情况，逐一分析相关争议海域的既有石油合同的处理方法。中国与周边国家存在争议的海域集中在黄海、东海和南海，因此本章将按照这一顺序进行分析。

第一节　黄　　海

在黄海区域，虽然中国与朝鲜①、韩国②均存在海上划界争

① 有关中朝海上划界的相关资料比较缺乏，根据作者目前掌握的信息，中国与朝鲜尚未就专属经济、大陆架的划界问题达成协议。主要是因为朝鲜尚未公布专属经济区法，无法确定其主张的专属经济区的外部界限。此外，朝鲜曾经主张相邻或相向国家间的专属经济区的边界，应当根据等距离线或中间线原则，通过协商的方式确立。朝鲜的这一划界立场，与中国所主张的在国际法的基础上按照公平原则划定，还是存在出入的。另外，中朝还就鸭绿江江口数个岛屿的归属问题存在争议，这也影响双方从江口向海延伸划定海上边界。参见 Zou Keyuan, China and Maritime Boundary Delimitation：Past, Present and Future, in Ramses Amer and Zou Keyuan (ed.) Conflict Management and Dispute Settlement in East Asia, Ashgate Publishing Limited, 2011, p. 157。

② 中韩关于黄海的划界主张存在争议。其中韩国主张适用“等距离——特殊情况原则”，先根据等距离线划定临时界线，再决定是否需要根据特殊情况进行调整。中国则主张适用公平原则，反对在谈判一开始就根据等距离线划定临时界线，而是应当列明所有与划界相关的因素，然后根据这些因素划定边界。参见 Sun Pyo Kim, Maritime Delimitation and Interim Arrangements in North East Asia, Martinus Nijhoff Publishers, 2004, p. 206。

议，但是目前争议海域内尚不存在既有石油合同。没有既有石油合同的局面，不是一开始就有的，而是与中国方面的长期坚持密不可分。韩国曾在1969年与海湾石油公司就黄海争议区域的石油资源开发签订石油合同。起初，中国方面并未派遣船只阻止海湾石油公司的地震勘探，因为地震勘探只是一种临时性石油活动，所以中国政府按照国际法的要求，并未加以阻拦。但是随着勘探的深入，特别是在实施钻探活动后，这些行动招致中国方面的强烈反对，因为国际法明确禁止单方面实施此类非临时性石油活动，于是中国政府开始派遣军舰阻止海湾石油公司的单方面作业。由于中国方面的持续反对，海湾石油公司终于在1973年6月10日终止了钻探活动。此后的韩国国家石油公司仅在近海海域钻探了数口井，避免涉及争议海域。① 如今中韩已正式进行海上划界谈判，② 虽然仍存在其他障碍，③ 但是当年中国政府的果断行动，避免了争议海域出现既有石油合同，至少为现在的海上划界谈判减少了一些阻力。同样，根据2005年4月的消息，朝鲜曾与马来西亚国家石油公司，就其与中国存在争议的海域的石油资源开发问题签订了特许协议，后来由于中国的反对，朝鲜方面最终取消了该项特许协议。④ 而在2005年12月24日，中朝两国就签署了一项在黄海海域共同开发油田的

---

① 参见 Selig S. Harrison, Seabed Petroleum in Northeast Asia: Conflict or Cooperation? in Selig S. Harrison (ed.) Seabed Petroleum in Northeast Asia: Conflict or Cooperation? Woodrow Wilson International Center for Scholars, 2005, pp. 11-12。

② 参见《中韩海域划界首轮会谈成功举行》，2015年12月22日，中央政府网，http://www.gov.cn/xinwen/2015-12/22/content_5026586.htm，2016年1月2日访问。

③ 参见《中韩海域划界谈判"困难而漫长"》，载《参考消息》2015年12月25日第16版。

④ 参见 Selig S. Harrison, Seabed Petroleum in Northeast Asia: Conflict or Cooperation? in Selig S. Harrison (ed.) Seabed Petroleum in Northeast Asia: Conflict or Cooperation? Woodrow Wilson International Center for Scholars, 2005, p. 13。

协议。① 这种时间上的先后顺序，不禁令人推测，终止特许协议可能就是为随后的共同开发扫清障碍，不过由于缺乏后续的相关报道，因此目前也不知晓共同开发的具体进展情况。通过以上分析可知，尽管目前中国与朝鲜、韩国在黄海存在争议区域，但由于不存在既有石油合同的缘故，无论是进行划界谈判还是尝试共同开发，当事国之间所遇到的阻力必然会大大减少。

第二节　东　　海

相较于黄海争议海域不存在既有石油合同的现状，东海的争议海域还是存在一定的既有石油合同。当前东海争议海域的既有石油合同主要集中在两个区域：中日韩三方主张重叠区和中日争议海域。由于本书认为东海争议海域完成划界或者共同开发，将是一个耗时很长的过程，因此本节主要还是在维持争议海域现状的背景下，讨论既有石油合同问题。

一、中日韩三方主张重叠区

1974 年日本与韩国就签署共同开发协议，在东海的东北区域建立了一个共同开发开发区。② 由于中国当时并未参与共同开发谈判，因此日韩两国根据它们与中国之间的一条假想的等距离线，确立了共同开发区的西部边界。在共同开发协议签署后不久，中国政府提出抗议。中国外交部的一项声明指出：中国政府认为，根据大陆架是陆地自然延伸的原则，涉及其他国家的东海大陆架划界问

① 参见《中朝签约共同开发黄海油田显示两国友好》，2005 年 12 月 26 日，中国石化新闻网，http：//www.sinopecnews.com.cn/shnews/2005-12/26/content_334498.shtml，2016 年 1 月 2 日访问。

② 参见 Ana E. Bastida，Adaeze Ifesi-Okoye and Salim Mahmud，Crossborder Unitization and Joint Development Agreements：An International Law Perspective，Houston Journal of International Law，Vol. 29，No. 2，2007，pp. 399-400。

题，应当由中国与相关国家通过协商解决。① 因此，在日韩共同开发区的西南部分，存在与中国的大陆架主张相重叠的区域。尽管中国表示抗议，日韩双方还是根据共同开发协定的内容，将共同开发区划分为9个区块，每个区块由两国分别指定的石油公司共同开发。② 从1980年到1986年，日韩两国在共同开发区的三个区块内，一共实施了7次钻探，但是结果并未显示存在油气资源；到了2006年根据初步勘探的结果，共同开发区内可能蕴含油气资源，于是韩国方面公开提议，日韩双方对共同开发区内的油气资源进行重新评估，③ 不过截至目前，作者尚未看到日韩双方发现油气资源的信息。也正是由于海底蕴藏油气资源的可能性较小，日韩两国政府早在1987年8月31日，就通过换文的形式，将共同开发区内的区块，从最初的9个减少到现在的6个，也将探井的数量，从起初的11个减少至7个。④ 日韩共同开发区未发现油气资源的现实，对于中国而言是一个比较有利的消息，因为长期未能有商业发现，对石油公司的吸引力就会降低，很有可能导致整个共同开发区的石油活动长期处于一种停滞的状态。如果中国建议三方就重叠区的划界问题进行谈判，并要求日韩终止共有开发区内的既有石油合同，那么会在石油公司方面遇到较小的阻力。另外，如果日韩双方长期未在共同开发区内发现石油资源，也可能根据共同开发协定第31

---

① 参见 Sun Pyo Kim, Maritime Delimitation and Interim Arrangements in North East Asia, Martinus Nijhoff Publishers, 2004, pp. 283-284。

② 参见 Annex and Article 1 of Agreement Between Japan and Republic of Korea Concerning Joint Development of the Southern Part of the Continental Shelf Adjecent to the Two Conutries, 30 January 1974。

③ 参见 Tara Davenport, Joint Development in Asia: Some Valubale Lessons Learned, in Clive Schofield (ed.) Maritime Cooperation in Contested Waters: Addressing Legal Challenges in East and Southeast Asian Waters, the National Bureau of Asian Research Specila Report, 2012, p. 137。

④ 参见 Masahiro Miyoshi, the Joint Development of Offshore Oil and Gas in Relation to Maritime Boundary Delimitation, International Boundaries Research Unit Maritime Briefing, Vol. 2, No. 5, 1999, p. 13。

条第4款之规定，① 通过协商终止本项共同开发协定。如果日韩双方未能就提前终止共同开发协定达成一致，那么还可以依据本条第3款之规定，由任何意图终止本协定的一方当事国，在本协定最初50年期限届满前3年，以书面形式通知另一方当事国，要在本协定50年期限届满后终止本协定。不论是提前终止共同开发协定，还是50年期满后不再延长，都可以终结共同开发项下的石油合同。不过需要指出的是，尽管日韩共同开发区没有发现商业开采价值的油气资源，但是不应该忽视共同开发在缓解韩日两国海上划界争端升级中发挥了积极作用。② 因此，本书认为，在日韩两国未就大陆架划界达成共识之前，即便没有任何商业发现，在共同开发协定所规定最初50年期限届满后，日韩两国也会让本协定继续有效，直至双方能够妥善处理划界问题。综合来说，尽管中日韩三方重叠区，位于日韩共同开发区内，但是由于目前该区域石油资源前景不明，对石油公司吸引力有限，只要这种状态持续下去，那么在中国与日本、韩国协商解决这一海域划界问题时，既有石油合同将不是重点考虑因素；当然中国政府还是应当对重叠区内，日韩两国可能进行的勘探活动，保持密切关注，以便在其取得商业发现后，及时作出反应，特别是对其钻探和开采活动提出抗议，必要时可以考虑采取执法行动。

二、中日争议海域

虽然中日之间的大陆架争议范围很广，但是由于本书的研究

---

① 第31条第3款规定：任何一方当事国可以提前3年通知另一方当事国，要在本协定最初50年期限届满时或之后的任何时间终止本协定；第4款规定：任何一方当事国认为共同开发区内的自然资源不具备商业开采价值，当事国双方可以通过协商以确定是否需要修订或终止本协定。参见 Article 31 (3), (4) of Agreement Between Japan and Republic of Korea Concerning Joint Development of the Southern Part of the Continental Shelf Adjecent to the Two Conutries, 30 January 1974。

② 参见 Hazel Fox (ed.) Joint Development of Offshore Oil and Gas (Vol. I), the British Institute of International nd Comparative Law, 1989, p. 117。

对象仅为争议海域的既有石油合同，而中日争议海域的既有石油合同问题，集中在日本单方面主张的“中间线”附近，因此本部分的研究区域就集中在“中间线”附近。所谓的“中间线”是日本单方面提出的东海大陆架划界主张，即将中日两国海岸间的中间线作为两国大陆架的界线。中国方面从未承认“中间线”主张，中国一直主张自然延伸原则，直至冲绳海槽。虽然 2012 年中国向大陆架界限委员会所提交的《东海部分海域二百海里以外大陆架外部界限划界案》，已经明确了中国主张的东海大陆架的外部界限，但是并没有标明各定点到中国领海基线的距离，① 不过根据中国 2009 年所提交的初步信息中 4 个剖面中 4 个最大水深点到领海基线的距离，基本上还是可以推断出，中国主张的东海大陆架外部界限，距离中国领海基线，最近应不小于 228 海里，最远也不会超过 277 海里。② 之所以使用“中间线”这一表述，只是为了便于描述相关石油活动的地理位置。本部分的研究内容主要涉及三个方面：（1）日本方面将“中间线”以西海域争议化的企图，在国际法上是否成立；（2）日本方面在“中间线”以东海域的单方面石油活动，是否有违国际法；（3）危机预防和管控机制。

（一）日本企图将东海“中间线”以西海域争议化

1. 日本将东海“中间线”以西海域争议化的具体表现

中国政府在“中间线”以西海域的油气资源勘探开发活动，

① 参见《中华人民共和国东海部分海域二百海里以外大陆架外部界限划界案》，https：//www. un. org/Depts/los/clcs_new/submissions_files/chn63_12/executive%20summary_CH. pdf，2016 年 1 月 6 日访问。

② 其中剖面 1 最大水深点距离中国领海基线 261 海里，剖面 2 最大水深点距离中国领海基线 277 海里，剖面 3 最大水深点距离中国领海基线 247 海里，剖面 4 最大水深点距离中国领海基线 228 海里。详见《中华人民共和国关于确定二百海里以外大陆架外部界限的初步信息》，http：//www. un. org/depts/los/clcs _ new/submissions _ files/preliminary/chn2009 preliminaryinformation _ chinese. pdf，2016 年 1 月 6 日访问。

已经进行了较长的一段时间。“从 1974 年开始，在东海实施勘探活动，1983 年中国地质矿产部发现平湖油气田，并计划于 1992 年进行开发。”① 中国政府计划在西湖凹陷区域开发 7 个油气田，其中包括平湖、残雪、断桥、天外天，区域面积为 22000 平方公里，平湖油气田已于 1998 年正式投产，并通过海底管道向上海输送天然气。② 2003 年 8 月初，中石化和中海油，与壳牌石油公司（Royal Dutch Shell）、优尼科石油公司（Unocal）签署协议，勘探西湖凹陷区域中的三个区块，并对其中两个进行开发，该项合作中就包括对春晓油气田的开发。③

尽管曾有不少日本右翼分子极力在海域划界上煽动反华情绪，但日本政府考虑到“如果在东海开采海底资源，将可能背上无用的政治风险”，故而一直采取温和的立场。④ 这一争端正真成为影响两国关系的症结之一，还是始于 2004 年，日方不断滋扰中国在“中间线”以西海域合法的油气开发活动，并在此后逐渐转向追求“中间线”以西海域争议化。

（1）主张存在“虹吸效应”

从 2004 年开始，中方开发春晓油田的计划就遭到日方的阻挠。

---

① Reinhard Drifte, From "Sea of Confrontation" to "Sea of Peace, Cooperation and Friendship"? ——Japan Facing China in the East China Sea, Japan Aktuell, 2008, Vol. 3, p. 35, http://eprint.ncl.ac.uk/file_store/production/214918/0CEFEA9C-6404-4C31-9B33-FF29A4F34DA2.pdf, visited on 4 January, 2016.

② 参见 James C. Hsiung, Sea Power, the Law of the Sea, and the Sino-Japanese East China Sea "Resource War", American Foreign Policy Interest, Vol. 27, No. 6, 2005, p. 517。

③ 参见 Suk Kyoon Kim, China and Japan Maritime Disputes in the East China Sea: A Note on Recent Developments, Ocean Development and International Law, Vol. 43, No. 3, 2012, p. 298。

④ 王珊：《从东海油气田争端看日本对华能源政策》，载《现代国际关系》2005 年第 12 期，第 41 页。

首先是日本媒体的大肆炒作,① 然后是日本政府的发难。② 最终,壳牌石油公司和优尼科石油公司于2004年9月24日,宣布退出与中国的合作,给出的理由是不看好该区域油气储量的商业前景,尽管两家公司均否认海洋争端影响其决定,但有学者认为它们的决定与日本政府先前的抗议不无关系。③

日方反对中国正常油气活动的核心观点是“虹吸效应”(又称“吸管效应”),即春晓油气田距离“中间线”只有3.1海里,会对“中间线”以东区域的油气资源产生“虹吸效应”,因此要求中方停止开发计划。有学者认为,如果事实真如日本所述,存在所谓的“虹吸效应”,那么鉴于油气资源的流动性,在单一油气田跨越“中间线”分布的情况下,基于“不危害或阻碍最后协议的达成之义务”,在没有日本参与的情况下,中国确实不宜采取单方面行动。④ 正是基于此,2004年6月9日,日方要求中国提供有关春晓油气田的相关数据,以便判定是否存在“虹吸效应”。而中方则认为,中国在其大陆架范围内开发油气资源,属于行使自己的主权权利,拒绝了日方的无理要求。⑤ 日方的要求看似很合理,但是稍加分析就会发现其中的问题。既然日方认为中国的油气活

① 于李娜、邱磊、曹征:《中日东海划界的发展趋势及影响因素》,载《学理论》2011年第32期,第28页。

② “日本为何阻挠我开发东海资源”,《文摘报》2004年6月24日,http://www.gmw.cn/01wzb/2004-06/24/content_47773.htm,2016年7月19日访问。

③ 参见 Alexander M. Peterson, Sino-Japanese Cooperation in the East China Sea: A Lasting Arrangement, Cornell International Law Journal, Vol. 42, No. 3, 2009, p. 457。

④ 参见 Seokwoo Lee and Young Kil Park, Maritime Delimitation and Joint Resources Development in the East China Sea, Papers from the Law of the Sea Institute, UC Berkeley-Korea Institute of Ocean Science and Technology Conference, held in Seoul, Korea, May 2012, pp. 22-23, https://www.law.berkeley.edu/files/Lee-Park-final.pdf, visited on 18 July, 2016。

⑤ 朱凤岚:《中日东海争端及其解决的前景》,载《当代亚太》2005年第7期,第15页。

动违反国际法，那么基于“谁主张谁举证”这一原则，应由日方承担收集相关证据的义务，以证明其对中国的指责在国际法上站得住脚，而中方没有义务协助日方收集证据，自然有权拒绝日方的要求。

鉴于无法从中方获得相关数据，为了证明自己的主张，日本经济产业省于2004年7月租用一艘挪威的地震勘探船，在与春晓油气田相对的“中间线”日本一侧实施勘探。2005年2月19日，经济产业省下属的资源能源厅（Agency for Natural Resources and Energy）发布此次勘探调查报告，认为中国一侧的构造延伸至日本一侧的可能性高。但同时该报告也指出，不能完全确定日本一侧存在油气资源，但是基于现有的证据，该报告相信存在油气资源，而且中国的生产作业会吸取日本一侧的油气资源。① 据此日本政府得出结论，即春晓油气田的构造深入“中间线”日本一侧，并再次要求中国方面提供有关春晓油气田的详细信息，以判定春晓油气田是否延伸至“中间线”日本一侧，但是中国政府拒绝了日本的这一要求。② 通过对这份调查报告的分析可知，对于“中间线”日本一侧到底是否具有石油资源，以及春晓油气田是否延伸至日本一侧，报告的内容均未给出明确的回答，只是用了一些“可能性高”、“不完全确定”的模糊措辞。也正是由于日方未能通过此次地震勘探得出准确结论，所以才在报告公布后，又要求中国提供春晓油气田的详细资料，以便作出最终判断。所以正如有的日本学者所言，要产生吸管效应，国际上通行做法是，受许可矿区间隔只有100米，而中国在东海的气田离“中间线”大约最近也有5公里，

---

① 参见 Selig S. Harrison, Seabed Petroleum in Northeast Asia: Conflict or Cooperation? in Selig S. Harrison (ed.) Seabed Petroleum in Northeast Asia: Conflict or Cooperation? Woodrow Wilson International Center for Scholars, 2005, p. 4。

② 参见“Drawing the Line on Energy”, the New York Times, 29 March 2005, http://www.nytimes.com/2005/03/29/business/worldbusiness/29joust.html?scp=1&s, visited on 18 July, 2016。

难以产生吸管效应，因此日方不应该要求中方提供油气资源勘探资料。①

由此可见，在2004年至2005年间，日方意图通过所谓的“虹吸效应”来阻挠中方在“中间线”以西海域的合法油气资源开发活动，甚至是想从中分一杯羹。虽然此时日方尚未展现出将“中间线”以西海域争议化的企图，其所关注的区域仅限于春晓油气田所在海域，但是鉴于春晓油气田仍位于“中间线”以西海域，所以日方的行为还是开启了染指“中间线”以西海域的先例。从此以后，中日东海大陆架划界问题正式成为双方政府、学者、媒体以及普通民众关心的重点问题。

（2）混淆“争议海域”与“未划界海域”

由于日方抛出的所谓“虹吸效应”未能达到预期效果，于是日本政府转而寻求新的方法，以求从根本上否定中国在“中间线”以西海域进行石油活动的法律基础。日本政府于2006年11月发表了《我国有关东海资源开发的法律立场》的文件，该文件第三部分指出：针对尚未划定界线的海域（境界が未画定の海域/Maritime Area Pending Delimitation），日本至少能在“中间线”以东海域行使主权权利和管辖权；日本的《专属经济区和大陆架法》对其专属经济区和大陆架的范围作出了规定，但不意味着放弃了对“中间线”以西海域的权利，而不过是在划界之前，暂时对“中间线”以东海域行使主权权利和管辖权。在中日之间尚未完成东海划界且中方不承认日方的“中间线”主张的情况下，日本有必要主张其享有从领海基线直至200海里的专属经济区和大陆架。② 第

① 何力：《东海油气资源开发的法律问题——日本的动向与我国的对策》，载《上海财经大学学报》2007年第3期，第28页。

② 『東シナ海における資源開発に関する我が国の法的立場』，2015年8月3日，10http：//www. mofa. go. jp/mofaj/a_o/c_m1/page3_001302. html，2016年10月15日访问。虽然日本外务省网站上标注的时间是2015年8月3日，事实上早在2006年11月，日本外务省就已经公布了该文件，详见［日］浦野起央：《日本の国境：分析・資料・文献》，三和書籍2013年版，第375页。

三部分表达了日方的一个核心观点：由于中日之间的东海海域尚未划界，日方就可以对"中间线"以西海域主张权利。这一观点的潜台词是：只要中日之间未完成海域划界，整个海域均存在争议，不仅限于"中间线"以东海域，也包括"中间线"以西直至距离日本领海基线200海里的海域。正是由于"中间线"以西海域存在争议，那么作为争端当事国的日本，自然可以对"中间线"以西海域主张权利。那么日本的这一观点能否在国际法上立足？对此，本书认为应从两个方面进行分析：

首先，明确"未划界海域"与"争议海域"的关系。日本在该文件中一再使用"未划界或划界前"的表述，强调中日之间的东海属于"未划界海域"，并未提及"争议海域"。但是日方又强调其对"中间线"两侧海域的权利主张，而这又必须以"中间线"东西两侧的海域（尤其是以西海域）均存在争议为基础。因为如果日方不认为"中间线"以西海域有争议，那么就无法对该海域提出任何主张。这样就出现了一个奇怪的现象，日本一方面刻意地在字面上回避使用"争议海域"的表述，而是采用"未划界海域"；另一方面，又想实现"争议海域"所具有的法律效果。

那么，"未划界海域"与"争议海域"能否等同？对于"争议海域"与"未划界海域"关系，本书认为二者之间存在种属关系。也就是说，"未划界海域"的范围大于"争议海域"。一般而言，当事国之间某一海域未完成划界的原因，并不是整个海域都存在争议，通常都是由于当事国之间的划界主张出现部分重叠。只有其中的主张重叠区域才是争议海域，其余海域不存在争议。具体到中日之间而言，尽管双方未在东海完成大陆架划界，但是双方的争议区域仅限于从"中间线"到冲绳海槽的区域。

很明显，日本在文件中主张权利的海域远大于双方争议海域的范围，涵盖了"中间线"两侧的海域，也就是认为整个"未划界海域"均存在争议。但值得注意的是，日本并没有直接在文件中宣称"中间线"两侧海域均为"争议海域"，仍是统称为"未划界海域"。日本这种无视"争议海域"与"未划界海域"之间的种属关系，将二者等同起来的做法，明显是在扩大解释"争议海域"

的范围。那么日方为何明明想主张“中间线”两侧海域均存在争议，却又在字面上使用“未划界海域”的表述？本书认为，日方不直接使用“争议海域”的表述，主要是对“中间线”以西海域存在争议的主张没有十足的把握，只能通过“未划界海域”进行模糊化处理。日方之所以未直接主张“中间线”以西海域存在争议，其中最重要的原因还是日方长期以来有关“中间线”的实践，限制了日方再去主张“中间线”以西海域存在争议。

其次，明确东海“中间线”对于日方的拘束力。虽然中方一直反对日方提出的“中间线”主张，但这并不意味着我们应当忽视对“中间线”相关实践的研究，我们应当辩证地看待这一问题。虽然“中间线”主张与中国的划界主张相冲突，但是日方较早地提出并坚持“中间线”主张，客观上有助于中方确定双方争议的范围，便于在无争议的“中间线”以西海域进行油气资源开发活动。更为重要的是，日方的“中间线”主张反而在一定程度上束缚了日方的手脚。尽管一方当事国的单方面行为对其他当事国没有拘束力，但是并不意味着对自己也必然无拘束力，而“中间线”主张恰恰对日本产生了拘束力。

日本在《我国有关东海资源开发的法律立场》中指出：《专属经济区和大陆架法》对其专属经济区和大陆架的范围作出了规定，但不意味着放弃了对“中间线”以西海域的权利，而不过是在划界之前，暂时对“中间线”以东海域行使主权权利和管辖权。从中我们可以看出日方的一个明显用意，即其先前提出的“中间线”划界主张不具有最终性，对日方不具有任何拘束力。

本书同样认为日方的观点存在问题。当事国的划界主张对于争议海域的问题解决至关重要，因为当事国各自主张的界线，将决定主张重叠区的范围，而主张重叠区的确立通常就意味着争议海域范围的确立。由于《公约》赋予了沿海国家所主张海洋区域的最大范围，因此争端各当事国依据公约规定的最大主张范围，可以形成一个“权利重叠区”（Area of Overlapping Entitlements）。具体到中日之间而言，由于中日之间的海域宽度超过 200 海里但小于 400 海里，且中方陆地领土自然延伸超过 200 海里，而日方陆地领土自然延伸未超过200海里，因此按照《公约》的规定，中方可以适用“自然延伸原则”，而日方则可以适用“距离基准”，① 故双方的“权利重叠区”的西部界限应当是一条距离日本领海基线200海里的一条线，而东部界限则中国陆地领土自然延伸的界线。虽然《公约》赋予了当事国可以主张的最大范围，但在实践中有的国家会按照其规定的最大范围提出自己的海洋主张，而有的国家则会有所调整。争端当事国根据《公约》的规定，提出各自主张的海洋范围，此时形成的重叠区域被称为“主张重叠区”（Area of Overlapping Claims）。主张重叠区与权利重叠区之间同样存在种属关系，主张重叠区的面积只能小于或等于权利重叠区的面积。主张重叠区范围的大小取决于争端当事国是否按照《公约》的规定，最大限度地提出自己的海洋主张。不论采取哪一种形式，都是符合国际法的，但是一旦当事国确立划界主张后，就不得再更改自己的划界主张（主要是扩大自己的划界主张），否则将使得其他当事国无法知晓其准确的划界主张，从而使得争议海域的范围长期处于不确定状态。

关于中日之间的大陆架划界，日本一直主张适用“中间线”，这一主张可以追溯至1974年，当时日韩在确定共同开发区西南部与中国的界线时，采用了一条假设的“中间线”；同样在日韩大陆架划界中，日本也是主张适用“中间线”，正是由于日韩两国协商未果，才最终决定用共同开发代替划界。② 可见适用“中间线”是日本的一贯立场。在《公约》生效后，尽管第76条第1款赋予了沿海国主张200海里大陆架的权利，但是根据日本1996年制定的《专属经济区和大陆架法》第2条第1款之规定：“日本依据《公约》作为沿海国家行使主权权利和其他权利的大陆架，包括以

① 参见Gao Jianjun, Joint Development in the East China Sea: Not an Easier Challenge than Delimitation, the International Journal of Marine and Coastal Law, Vol. 23, No. 1, 2008, pp. 45。

② 参见Gao Jianjun, Joint Development in the East China Sea: Not an Easier Challenge than Delimitation, the International Journal of Marine and Coastal Law, Vol. 23, No. 1, 2008, pp. 56-57。

下海床和底土：到日本领海基线上最近各点的距离均为200海里的线（除去其中的领海区域）；如果这条线任何部分超出从领海基线起算的中间线，那么采用中间线，或者日本与外国所达成的取代中间线的界线。"① 由于东海最宽处也不足400海里，所以按照本法之规定，日本没有主张200海里的大陆架，而是主张适用"中间线"。虽说《专属经济区和大陆架法》只是日本的国内法，对于其他国家无拘束力，但是日本政府的行为应受其拘束。在本法颁布之后，中国政府更加确信日方坚持"中间线"主张。虽然中国政府反对日本的这一主张，但是该主张对于确定中日大陆架争议区域是有益的，中方至少可以确信"中间线"以西海域是不存在争议的。

此外，中国在"中间线"以西海域的石油活动，长期未受到日本的反对。正如前文所提及的，从1974年开始，中国就在这一海域进行油气活动，在2004年之前未曾遭到日方的任何异议。另外，根据第一线人员的亲身体验和表述来看，日本不仅早已清楚中国的勘探开发活动，而且一直对此事态保持着密切关注甚至予以监视，但在2004年之前未作出任何表态。② 这也就是说，在2004年之前的30年时间里，日本对于中国在"中间线"以西海域的油气活动未曾表示反对。事实上，日本方面不仅没有反对，而且还曾对中国在该海域的油气活动提供过资金支持。例如，1997至1998年，日本通过亚洲开发银行（Asian Development Bank）以及直接通过日本输出入银行（Exporting Bank），③ 为平湖油气田向中国大

① 参见 Article 2 (1) of Law on the Exclusive Zone and the Continental Shelf, Law of the Sea Bulletin, No. 35, 1997, p. 95, http://www.un.org/Depts/los/doalos_publications/LOSBulletins/bulletinpdf/bulletinE35.pdf, visited on 20 July, 2016。

② 孙志：《中日东海海域划界问题背后的中日两强并立新格局》，载《世界经济与政治》2007年第11期，第56页。

③ 1999年更名为国际协力银行（Japan Bank of International Cooperation），『国際協力銀行の役割と機能』，http://www.jbic.go.jp/wp-content/uploads/page/2016/12/53107/jbic-brochure-japanese.pdf，2017年3月25日访问。

陆输送油气的管道建设提供资金支持，其中第一笔资金于1997年2月通过亚洲开发银行支出，最后一笔资金于2001年11月支出。①即便可以辩解称，亚洲开发银行提供资金的行为，属于区域性国际组织的行为，不能代表日本政府的意志。但至少不能否认日本输出入银行的行为，体现了日本政府的态度。因为作为日本国内的政策性金融机构，如果想实施海外投资活动，就必须事先取得日本政府的同意。

日方在2004年之前所作出的上述行为，足以表明“中间线”以西海域不属于中日争议区域，而日本政府现在又意图单方面扩大其划界主张的行为，明显有违“禁止反言规则”，损害了中国的合法权益。因为中日之间的现状，已经满足适用“禁止反言规则”的三个基本要求：（1）一方当事国作出的意思表示必须是清楚明确的；（2）一方当事国所作出的意思表示必须是自愿、无条件且有足够授权的；（3）善意信赖一方当事国意思表示的其他国家，会因为一方当事国的反言而受到损害，或者作出意思表示的一方当事国，会从其反言中获利，由于反言会引起当事国之间地位的变化，因此为了维护善意，作出意思表示的一方必须坚守自己之前的立场。②

第一，不论是日方30余年长期主张适用“中间线”，还是为中国的石油开发提供资金支持，都向中方明确表达了“中间线”以西海域不存在争议的观点。第二，日方作出上述行为，并不是出于中方的胁迫，而是完全依照日本国内法定程序自愿作出的。第三，作为争端另一方的中国，基于相信“中间线”主张是日方真实的意思表示，中国才确信“中间线”以西海域不存在争议，已

---

① 参见 Reinhard Drifte, Territorial Conflicts in the East China Sea—From Missed Opportunities to Negotiation Stalemate, the Asia-Pacific Journal: Japan Focus, Vol. 7, No. 3, 2009, p. 6. http://www.japanfocus.org/-Reinhard-Drifte/3156/article.html, visited on 5 January, 2016。

② 参见 D. W. Bowett, Estoppel before International Tribunals and its Relation to Acquiescence, the British Yearbook of International Law, Vol. 33, 1957, pp. 188-194。

经对这一海域行使了30余年的主权权利和管辖权，进而计划实施大规模的石油资源开发，其中有些油气田已经投产十余年，整个“中间线”以西海域已经与中国的国家利益密不可分。如果此时日本方面再想扩大其划界主张，必然会使中国遭受损害，而日方获利。因此为了维护善意，国际法要求日本方面不得再扩大自己的划界主张。所以，日本政府在《我国有关东海资源开发的法律立场》中所表达的重新主张200海里大陆架的意向，在国际法上是行不通的，必须受制于其先前提出的“中间线”主张。

如果说2004年日方主张的所谓“虹吸效应”，还只是仅限于“中间线”以西海域某一个油气田的“小打小闹”，那么2006年发表的《我国有关东海资源开发的法律立场》则是意图从根本上挑战“中间线”以西海域无争议的现状，将日方的大陆架主张，从起初的“中间线”以东海域，扩展至距离日本领海基线200海里的整个海域。这无疑将使中日争议海域的范围扩大，严重损害中国的国家利益。这一文件也为日本今后处理中日大陆架争端定下了一个基调，朝着将“中间线”以西海域争议化的方向努力。不过对于该文件，当时国内媒体并未关注，官方也未及时作出回应，学界也鲜有研究。①

（3）围绕《中日东海原则共识》的角力

在2006年发布《我国有关东海资源开发的法律立场》之后，

---

① 由于日方于2006年11月份发表了该份文件，为了核实中国外交部是否就该问题作出回应，作者查阅了2006年10月至12月间所有的外交部发言人讲话记录，并未发现直接针对日方这一文件的表态，其中涉及东海大陆架问题的表态，主要是针对时任日本官房长官盐崎恭久就平湖油气田的“八角亭”投入生产“表示强烈关切和忧虑”，时任外交部发言人姜瑜予以了批驳。详见“外交部发言人讲话（2006）”，人民网，http://world.people.com.cn/GB/8212/9491/57325/index.html，2016年7月20日访问。至于中国学术界，据目前所收集的资料，仅有张新军在2009年发表于《法学研究》的《法律适用中的时间要素——中日东海争端关键日期和时际法问题考察》一文中明确提及日方的这一文件，不过遗憾的是，该文作者并没有关注日本将“中间线”以西海域争议化的企图。

日本针对东海大陆架争端所采取的许多措施，都体现了将“中间线”以西海域争议化的企图。其中第一个受这一既定目标影响的，就是日方在《中日东海原则共识》谈判前后的表现。在谈判过程中，日方提出在“东海中间线”东西两侧“更广阔海域”建立共同开发区。① 日本的提议很明显是想通过将“中间线”以西海域纳入共同开发，以实现将其争议化的目的。之所以这么说，是因为对于“共同开发”制度，目前有一个较为普遍共识的，那就是“共同开发”通常存在两种类型：跨界共同开发和争议海域共同开发。其中跨界共同开发，主要是针对单一油气资源的跨界分布，而且必须以完成划界为前提，由于中日之间尚未完成划界，很明显中日之间所谈的“共同开发”不属于跨界共同开发。那么中日之间所谈的只能是争议海域共同开发，但它须以争议海域为前提，而“中间线”以西海域不存在争议，所以日方坚持将这一海域纳入共同开发范围，无疑是想将其争议化。

在2008年中日双方达成《中日东海问题原则共识》后，日方有关该项原则共识的官方表态，再次表明了其意图将“中间线”以西海域争议化的打算。该原则共识规定：“中国企业欢迎日本法人按照中国对外合作开采海洋石油资源的有关法律，参加对春晓现有油气田的开发。”② 日本外相却认为，对于春晓油气田是否使用“共同开发”这个术语，只是对一个词如何进行定义的问题。③ 其言外之意就是，如果需要的话，完全可以将“共同开发”定义的

---

① 蔡鹏鸿：《中日东海争议现状与共同开发前景》，载《现代国际关系》2008年第3期，第45页。

② 《中日就东海问题达成原则共识》，2008年6月18日，新华网，http：//news. xinhuanet. com/newscenter/2008-06/18/content _ 8394191. htm，2016年1月5日访问。

③ 参见 Joint Press Conference by Minister for Foreign Affairs Masahiko Koumura and Minister of Economy, Trade and Industry Akira Amari（Regarding Cooperation between Japan and China in the East China Sea），http：//www. mofa. go. jp/announce/fm _ press/2008/6/0618. html，visited on 5 January, 2016。

范围扩大，从而包括“合作开采”。正如前文所述，中日之间的共同开发属于“争议海域共同开发”，而春晓油气田位于“中间线”以西的无争议海域，日本外相的这一说辞意在将春晓油气田拉入“争议海域共同开发”的范畴，从而否定“中间线”以西海域无争议的现状。

对此，中方于次日作出回应：“关于共同开发，我们讲搁置主权争议，就是中方的主张和日方的主张都不受影响……春晓油气田的合作开发和其他海域的共同开发是两回事……春晓油气田的开发必须要依照中国法律来进行……春晓油气田的主权权利属于中国。”① 从中可以得出两点重要信息：(1) 中日之间的共同开发属于“争议海域共同开发”，因此才有“中日双方的主张都不受影响”的表述。这也印证了本文先前对中日东海共同开发属性的认定。(2) 春晓油气田的开发不属于共同开发的范畴。

那么春晓油气田的开发到底是否属于“共同开发”？尽管日本政府对于春晓油气田是否属于“共同开发”的问题一再狡辩，但是在日方公布的该文件的日文和英文版本中，② 关于这一问题的规定，与中国所提供的版本是一样的。既然三种版本关于这一问题的规定都是相同的，那么只需要按照正常思维去理解该项规定即可。鉴于中日双方对于“参加”的具体方式，在理解上存在差异，那么我们就分析该项规定中的其他内容。这三个文本均使用“中国企业欢迎日本法人参加（中国企業は、日本法人が……開発に参加することを歓迎する/Chinese enterprises welcome that Japanese corporation（s）will participate）”的措辞，就足以表明中国为主，日本为客。另外，三个文本中“按照中国对外合作开采海洋石油

① “外交部副部长就中日东海问题原则共识发表谈话”，中华人民共和国中央人民政府网，http://www.gov.cn/xwfb/2008-06/19/content 1021854.htm，2016年7月20日访问。

② 参见『白樺油ガス田開発についての了解』，http://www.mofa.go.jp/mofaj/area/china/higashi_shina/press.html；“Understanding on the Development of Skrakaba Oil and Gas Field”，http://www.mofa.go.jp/files/000091726.pdf，visited on 5 January，2016。

资源的有关法律（中国の海洋石油資源の対外協力開発に関する法律に従って/in accordance with Chinese laws regarding cooperation with foreign enterprises in the exploration and exploitation of off-shore petroleum resources）”的表述，表明整个春晓油气田的运行要受中国管辖。因此，春晓油气田所在海域，属于中国管辖的无争议海域的事实，确定无疑。所以日方认为春晓油气田的开发是否属于“共同开发”，只是定义的问题，纯属刻意的字面诡辩，有意将一个清楚明了的问题模糊化。

当然，鉴于国家间的谈判本身就意味着相互妥协，因此《中日东海问题原则共识》也不可能有完全有利于中国。虽然原则共识文本中并未提及“中间线”，但其确立的共同开发区块，事实上横跨了“中间线”所处的地理位置，即涵盖了“中间线”以西的无争议海域。① 有学者认为，原则共识所确立的区块有一个明显的特征，即延伸至“中间线”中国一侧的无争议海域。② 因此，有学者表示，原则共识对于中日双方而言并不是互惠的。因为共同开发区的西部边界代表了日本在《我国有关东海资源开发的法律立场》中的主张，越过了日本单方面主张的“中间线”，处在距离日本海岸200海里的范围内；共同开发区的东部边界代表了中国的主张，在距离中国海岸200海里的范围内，虽然也处在中国所主张的大陆架范围内，但是由于在200海里范围内主张自然延伸是没有意义的，因此共同开发区的东部未能体现中国所主张的自然延伸原则。如果要体现中国所主张的自然延伸原则，那么共同开发区的东部界线，应当在距离中国海岸200海里到冲绳海槽之间确定。因此，根据互惠性原则，既然日本的200海里主张得到体现，那么相应的，中国的自然延伸要求也应当在共同开发中得到体现，或者写

① 参见Gao Jianjun, A Note on the 2008 Cooperation Consensus between China and Japan in the East China Sea, Ocean Development and International Law, Vol. 40, No. 3, 2009, p. 293。

② 参见Suk Kyoon Kim, China and Japan Maritime Disputes in the East China Sea: A Note on Recent Developments, Ocean Development and International Law, Vol. 43, No. 3, 2012, p. 301。

入钓鱼岛争端，但原则共识中均未体现这些内容，所以原则共识整体上更加有利于日本。①

本书认为该观点还是有可取之处的，根据互惠性原则的要求，如果日方不愿作出相应的让步，中方就不应将地理上位于“中间线”以西的海域纳入共同开发，否则30年来一直维持无争议的这一海域，就会面临“被争议化”的风险。不过好在原则共识关于共同开发区的问题，仅做了非常原则性的规定，中日双方需要继续进行磋商以达成必要的双边协定，加之目前双方有关共同开发具体协定的磋商陷入停滞，② 因此先前在原则共识中作出的让步，对中国能够造成的不利影响有限。此外，关于原则共识是否具有法律拘束力的问题，也存在不同的看法。从日方的表态来看，更倾向于将这一原则共识视为“政治协定”（Political Agreements）③，不认为其具有法律拘束力。④ 中方未对这一问题发表看法，但是有中国学者主张该原则共识具有法律约束力。⑤ 鉴于原则共识所确立的共同

① 参见 Xinjun Zhang, Why the 2008 Sino-Japanese Consensus on the East Sea Has Stalled: Good Faith and Reciprocity in Interim Measures Pending a Maritime Boundary Delimitation, Ocean Development and International Law, Vol. 42, No. 1 2, 2011, pp. 59-61。

② 李永增:《“春晓”待破晓》，载《中国石油石化》2011年第18期，第29页。

③ 参见“Joint Press Conference by Minister for Foreign Affairs Masahiko Koumura and Minister of Economy, Trade and Industry Akira Amari (Regarding Cooperation between Japan and China in the East China Sea)”, http://www.mofa.go.jp/announce/fm_press/2008/6/0618.html, visited on 5 January, 2016。

④ 参见 Xinjun Zhang, Why the 2008 Sino-Japanese Consensus on the East Sea Has Stalled: Good Faith and Reciprocity in Interim Measures Pending a Maritime Boundary Delimitation, Ocean Development and International Law, Vol. 42, No. 1-2, 2011, p. 57。

⑤ 参见 Gao Jianjun, A Note on the 2008 Cooperation Consensus between China and Japan in the East China Sea, Ocean Development and International Law, Vol. 40, No. 3, 2009, p. 297。

开发区包含部分“中间线”以西海域，如果承认其具有法律拘束力，就意味着承认“中间线”以西海域存在争议，正中日方下怀。因此，本书认为中方不急于就原则共识是否具有法律拘束力作出表态的做法是明智的，以免落人口实。

同时，我们也不能排除中日继续磋商共同开发的可能性，特别是在2014年11月7日，中日就处理和改善中日关系达成了四点原则共识，其中特别提及“双方认识到围绕钓鱼岛等东海海域近年来出现的紧张局势存在不同主张”,① 这被国内媒体解读为钓鱼岛问题上的一大突破。② 中日双方达成的四点原则共识，确实为此后双方的对话，创造了良好的氛围。在日后的共同开发谈判中，如果日本方面仍不愿意将钓鱼岛附近海域纳入共同开发，那么中国应当争取向东延伸共同开发区的范围，直至距离中国海岸200海里以外的海域；如果这一点很难实现的话，至少中国应该要求在具体的共同开发协议中明确自己对于“中间线”以西海域的管辖权，即“中间线”以西海域可以纳入共同开发，但是必须明确中国对其享有主权权利，以免日本方面日后再企图进行字面上的狡辩。

---

① 《杨洁篪会见日本国家安全保障局长谷内正太郎——中日就处理和改善中日关系达成四点原则共识》，载《世界知识》2014年第23期，第7页。

② 参见《改善中日关系的可贵一步——专家解读中日四点原则共识》，2014年11月7日，新华网，http：//news. xinhuanet. com/2014-11/07/c_127189732. htm，2016年1月6日访问。不过本书认为现在就下结论认为日本方面已经承认钓鱼岛存在争议还为时尚早。因为四点原则共识并没有清楚明了地规定“中日两国关于钓鱼岛问题存在不同主张”，而是规定“围绕……的紧张局势存在不同主张”，完全可以理解为，中日两国关于钓鱼岛的紧张局势出现的原因有着不同的理解。也就是说，中国方面认为过错在日本方面，而日本方面则认为过错在中国。若是作此解读，那么日本实际上仍拒绝承认钓鱼岛存在争议。事实也证明了本书的这一推测，在四点原则共识达成后不久的11月21日，日本内阁在其一份答辩书中公开宣称：关于东海海域近年发生的紧张局势，已经确认了日中双方的见解有所不同，但关于钓鱼岛的“立场不会改变”。参见《日本内阁公然否认中日共识，称钓鱼岛不存争议》，2014年11月22日，环球网，http：//world. huanqiu. com/exclusive/2014-11/5211790. html，2016年1月16日访问。

（4）再次炒作中国在东海“中间线”以西海域正常油气开发活动

日方最近一次炒作“中间线”以西海域的中国正常油气开发活动，始于2013年7月，时任日本官房长官的菅义伟声称：“中国正在东海‘中间线’附近建设新的油气钻探设施，在东海未划界的情况下，日方不能接受中国在中日主张重叠的海域内进行单方面开发活动，日方对此表示严重关切，并已通过外交渠道向中国表达抗议。”① 很明显日方的这一表态延续了《我国有关东海资源开发的法律立场》中的观点，认为中日争议海域不仅限于“中间线”以东海海域，也包括“中间线”以西直至距离日本领海基线200海里的海域，唯有将“中间线”以西海域说成是争议海域，日方才能“名正言顺”地将中国在“中间线”以西海域所进行的正常油气开发活动指责为“单方面开发活动”。此外，日方认为中国的正常油气开发活动正处在中日主张重叠的海域，这意味着日方对“中间线”以西直至距离日本领海基线200海里的海域提出了主张，目的同样是将这一海域争议化。当然，对于日方的这一无端指责，中国外交部发言人于2013年7月3日、4日进行了两次批驳，认为中方在中国管辖海域进行开发活动无可非议。②

这一轮的有关中国正常油气开发活动的炒作，在日本政府的推动下，不断地发酵，到了2015年7月达到了顶点。7月22日，日本外务省网站设立了名为“中国在东海单方面开发自然资源的现

① Press Conference by the Chief Cabinet Secretary, July 3, 2013, http://japan.kantei.go.jp/tyoukanpress/201307/03_a.html, visited on 22 July, 2016.

② “2013年7月3日外交部发言人华春莹主持例行记者会”，外交部网站，http://www.fmprc.gov.cn/web/wjdt_674879/fyrbt_674889/t1055761.shtml，2016年7月22日访问；“2013年7月4日外交部发言人华春莹主持例行记者会”，外交部网站，http://www.fmprc.gov.cn/web/wjdt_674879/fyrbt_674889/t1056083.shtml，2016年7月22日访问。

状”的专栏，其中不仅附有中国石油平台的照片以及显示位置的地图，也附上了日方早先发布的《我国有关东海资源开发的法律立场》，并且不断更新中国油气活动的相关信息（最近一次更新时间为2017年9月28日）。① 面对日方的这一指责，中国外交部于7月24日发表的《中国东海油气开发活动正当合法》一文作出了有力的回应，强调中国东海油气开发活动是在无争议的中国管辖海域进行，完全是中国主权权利和管辖权范围内的事情，无可非议。中方长期以来未在争议海域进行油气开发活动。② 很明显中国外交部的这一文件，很有针对性地回击了日方的指责。不过需要注意的是，文件中并没有揭露日方采取的这些措施背后所隐含的目的，即将“中间线”以西海域争议化。

进入2016年后，事态又有了新发展：首先，将“单方面启动仲裁”作为备选方案。2016年3月16日，日本自民党向安倍内阁提出两点建议：（1）坚决要求中方尽快重启东海油气钻探问题的谈判。（2）可以参考菲律宾提起的“南海仲裁案”，准备考虑通过国际仲裁法庭来解决争端。③ 到了2016年7月13日，正如本书开头所述，日本自民党再次提议政府启动仲裁。由于上述表态并非出自日本政府，所以截至目前中国政府也尚未就此作出回应。但是中国的部分们主流媒体的海外版，均在2017年7月15日刊文批驳日

① 『中国による東シナ海での一方的資源開発の現状』，2017年9月28日，http：//www.mofa.go.jp/mofaj/area/china/higashi _ shina/tachiba.html，2017年10月11日访问。.

② 《中国东海油气开发活动正当合法》，外交部网站，http：//www.fmprc.gov.cn/web/ziliao_674904/1179_674909/t1283725.shtml，2016年7月22日访问。

③ 『自民、中国のガス田開発問題を提言へ』，每日新聞，2016年3月16日，http：//mainichi.jp/articles/20160317/k00/00m/010/024000c；赤池 まさあき『東シナ海ガス油田問題 党から政府へ提言』，http：//blogos.com/article/167707/，2016年7月22日访问。

本自民党的这一做法，认为日方此举必将使其自身遭受损失。① 日本内部之所以有这样的建议，无疑是受“南海仲裁案”的影响，有意使中日之间的争端复杂化、国际化。

其次，在《外交蓝皮书》中指责中国在东海未划界海域单方面开发资源。日方于 2016 年 7 月 29 日公布的 2016 年版《外交蓝皮书》，在其首次设置的“对海洋秩序的挑战及日本与国际社会的应对”中，用了很长的篇幅介绍东海和南海问题，指责中国在东海未划界海域单方面开发资源的行为。② 在 2017 年版《外交蓝皮书》，日方依旧延续了这一做法。③

通过以上分析可知，日方这一轮炒作的目的，依旧是其早先发布的《我国有关东海资源开发的法律立场》中所追求的将“中间线”以西海域争议化。但是相较于之前的做法，此次炒作呈现出新的特点：（1）持续时间长。从 2013 年开始至今尚无结束的迹象，这种炒作在今后很有可能成为一种常态，而不再是以往的炒作一次沉寂几年再炒作的周期循环。（2）手段多样化。除了以往经常看到的官方表态、媒体报道，还制作了专门的网页，并不断更新信息，时不时地引起关注，这将使得这一问题长期难以“降温”。甚至将该问题写入《外交蓝皮书》，而且还有提议启动仲裁。

2. 日本企图将东海“中间线”以西海域争议化的背景

通过以上分析可知，2004 年以来日方不断滋扰中国在“中间

① 『東中国海ガス田開発問題、仲裁で損をするのは日本』，中国网（日语版）2016/07/15，http：//japanese. china. org. cn/jp/txt/2016-07/15/content_38886971. htm；『東中国海ガス田開発問題、仲裁で損をするのは日本』，人民日报海外版（日中新聞）2016/07/15，http：//www. infochina. jp/jp/index. php? m=content&c=index&a=show&catid=6&id=11175；『東中国海ガス田開発問題、仲裁で損をするのは日本』，人民中国 2016/07/15，http：//www. peoplechina. com. cn/xinwen/txt/2016-07/15/content _ 724732. htm，2016 年 7 月 22 日访问。

② 『外交青書 2016』126 頁，http：//www. mofa. go. jp/mofaj/fp/pp/page23_001623. html，2016 年 11 月 2 日访问。

③ 『外交青書 2017』140 頁，http：//www. mofa. go. jp/mofaj/fp/pp/page23_002228. html，2016 年 10 月 11 日访问。

线”以西海域合法的油气开发活动，而在2006年之后更是明确将“中间线”以西海域争议化作为其目标。那么，日本为什么要这么做？要想了解其中原委，必须揭示日方此举的特殊背景。

（1）主要原因

首先，中日关系新格局。通过上文的介绍可知，中日之间的东海大陆架之争始于20世纪70年代，中国几乎同时在“中间线”以西海域进行相关的油气活动，日本也是早已知晓此类油气活动。但是为何日本方面却选择在2004年开始大肆炒作这一问题，并且十余年来呈现愈演愈烈之势？本书认为其根本原因还应当是中日关系新格局所引发的连锁反应。

根据肯尼思·华尔兹的观点，国际体系的基本结构特征是无政府状态。这种无政府状态，使国家时刻处于被颠覆的危险之中。因此，国家必须采取一切手段来维护自己（即自助手段），那些不自助的国家或者在自助方面不如其他国家有效的国家，就不能繁荣，就会面临危险，就会遭到损失。在国际体系的无政府状态下，国家的“自助”行为模式，也必然催生了国家间围绕利益产生冲突和斗争。① 肯尼思·华尔兹进一步指出：“国际体系的结构是影响国家行为体的国际行为的最主要因素。尤其重要的一点是，国际体系的结构指国际体系单位（国家）依其相对国力在国际体系中的相应位置。所以说，国际体系结构的基础是国家实力，即，国际体系中的权力分配决定了国际体系的结构。”②

根据这一论断，我们不难得出一个结论，即在一个国际体系结构中，国家实力的相对变动将导致国际体系结构的重大变化，而在这一变化过程中，相关国家的对外政策发生明显改变自然也就不难理解。从结构现实主义理论角度出发，日方不断染指“中间线”以西海域的核心原因，在于中日之间出现了前所未有的“两强并

① ［美］肯尼思·沃尔兹著，胡少华等译：《国际政治理论》，中国人民公安大学出版社1992年版，第142页。

② 秦亚青：《西方国际关系学的现实主义与新现实主义理论》，载《外交学院学报》1996年第2期，第44页。

立”新格局，这直接导致了“两强并立”局面下的安全困境。① 中日彼此存在根深蒂固的不信任乃至敌意，钓鱼岛和东海争端固化了政治争端。中日之间存在着复杂而深刻的历史和现实冲突点、爆发点。加上日本曾长期居于东亚显耀地位，对中国全面崛起既不适应又难以接受，既有实力又有动力遏制中国发展，其对华战略的冲突性、挑战性因素难以抹除，中日战略竞争加深势在必然。② 中日两强东亚战略对峙，形成世界上最为复杂的双边关系。③ 冷战结束以后，中国仍然是某些西方大国的“假想敌”，近年的最大变化是日本已经把中国这个“假想敌”转化为真目标。④ 日本对中国的态度和举措，有出于同中国争夺东北亚及太平洋主导权的战略考量。⑤ 正是由于中日关系这一新格局的出现，预示着中日战略性碰撞和角力的时代刚刚开始，双边关系尚未完全定型，中日关系将继续经历一个不稳定的复杂调整。⑥ 甚至有学者认为，中华人民共和国成立以来的中日关系大约每 20 年经历一次重大转变，而目前正处于处于第四个时期（始于 2012 年），未来 20 年内中日发生冲突的潜在风险趋于增大。⑦

如果说 2004 年之前日本有意“忽略”中国在“中间线”以西海域的油气活动，是它认为中国尚不对日本构成威胁。但是随着中

---

① 孙志：《中日东海海域划界问题背后的中日两强并立新格局》，载《世界经济与政治》2007 年第 11 期，第 59~60 页。

② 门洪华：《日本变局与中日关系的走向》，载《世界经济与政治》2016 年第 1 期，第 74 页。

③ 肖晞：《日本战略趋向与中国的应对》，载《国际观察》2014 年第 2 期，第 110 页

④ 姜跃春：《日本备战动向及中日关系“新常态”》，载《东北亚论坛》2016 年第 4 期，第 17 页。

⑤ 刘亚洲：《从钓鱼岛问题看中日关系》，载《当代世界》2015 年第 10 期，第 2 页。

⑥ 门洪华：《日本变局与中日关系的走向》，载《世界经济与政治》2016 年第 1 期，第 74 页

⑦ 刘江永：《以钓鱼岛为视角透视新中国与日本的关系》，载《东北亚论坛》2017 年第 3 期，第 4~6 页。

国实力的稳步增强，中日关系发生了“重心位移”式的明显变化，战略关系变质很大，“对手”性质固化，未来，日本不管哪个政府上台，对中国的战略疑虑与防范难以停下脚步，① 所以日方会抓住一切给中国制造问题的机会。就连与日本无直接关系的南海问题，日本也一直在其中推波助澜，与菲律宾、美国一道在南海问题上刻意制造仲裁闹剧，② 以寻求牵制中国。既然作为非当事国的日本对于南海问题都如此“热心”，更何况是在与日本有直接关联的东海，即便日本将“中间线”以西海域争议化的做法并不占据法理优势，但是日方肯定会不断尝试不同手段以期实现这一目的。

其次，日本政府的右倾化。如上所述，中日两国实力对比，正朝着不利于日本的方向发展，加之中日之间尚未能妥善处理历史以及领土海洋纠纷，日本担心中国将经济实力的增长转化为军事实力，最终将打破两国间的军事平衡。国家间实力对比的变化，不仅会影响一国对外部环境的看法，也会影响一国国民对国际环境的判断。由于日本经济长期低迷，而且与周边许多国家均存在领土海洋争端，这势必会激发日本民众的危机意识。每当日本面临重大变故，日本社会就会产生强烈的“自国意识”，有关日本民族性的“日本人论”也会成为热门话题。当今的日本，既焦躁又无奈、既自负又嫉妒、既不满又较劲等社会心理交织在一起，对中国在经济上更加重视和在安全上更加戒备的心态显得相当纠结。③ 此时，以

---

① 吴怀中：《战后中日关系的轨迹、特征与走向》，载《日本学刊》2015 年第 6 期，第 18~19 页。

② “南海仲裁：菲律宾主演、美国操纵、日本当‘托儿’的反华闹剧”，2016 年 7 月 11 日，新华网，http://news.xinhuanet.com/world/2016-07/11/c_129135294.htm，2016 年 7 月 24 日访问；“外交部副部长刘振民出席《中国坚持通过谈判解决中国与菲律宾在南海的有关争议》白皮书发布会并回答记者提问实录”，外交部网站，http://www.fmprc.gov.cn/web/ziliao_674904/zyjh_674906/t1381069.shtml，2016 年 7 月 24 日访问。

③ 刘江永：《焦躁无奈下的右翼逆流》，载《人民日报》2011 年 8 月 7 日，http://www.qstheory.cn/gj/gjsspl/201108/t20110807_100243.htm，2016 年 7 月 24 日访问。

“弘扬民族精神”、“维护民族利益”为外衣的民族主义主张最具魅力。① 那么只有迎合这种社会心理的右翼势力才能取得并较为长久的执掌政权。这一点在现任的安倍内阁身上表现得非常明显，其政治目标似乎就是要打破战后国际秩序。为此，安倍内阁积极推行所谓的“积极的和平主义”。在某种意义上讲，“积极的和平主义”正是日本参与“暴力的多边主义”的一种掩人耳目的托词。② 例如，安倍内阁正竭力摆脱现行宪法制约，行使“集体自卫权”；废除“禁止出口武器三原则”，展开军品出口和国际武器研发合作；以日美同盟为中心，加强同北约成员国、澳大利亚等“准盟国”关系；修改日美防卫合作指针，让日本在全球为美国提供军事支援。日本政府的右倾化，意味着其在处理中日海上争端时，必然会采取更加激进的措施。

最后，受美国亚太政策影响。除了以上两点原因外，当下的国际环境，特别是亚太地区的局势变化，也为日方的这一做法提供了便利，最明显的就是美国亚太战略变化对日本的煽动性影响。因为日美同盟是影响战后日本对华政策的结构性原因，也是基本的国际背景，它决定了战后日本对华政策由敌视变为和平友好，再进入合作，最后出现防范和对立的过程，它是日本对华政策制定的前提。③ 换言之，美国制约日本的对华政策，日本追随美国的对华政策。因此，在美国“重返亚太”背景下，日本在东海采取激进的政策，势必受到美国的纵容和支持。

在美国“重返亚太”前，日方虽然也曾数次就“中间线”以西海域制造事端，但是持续时间较短，均在一年左右，尚在可控的范围内。但伴随美国亚太再平衡战略的不断深化，中日东海争端激烈程度愈益加剧，发展态势逐渐升级，成为影响中日关系最深层次

---

① 游博、张陆：《论安倍政权的政治右倾化》，载《太平洋学报》2014年第2期，第80页。

② 刘江永：《“安倍政治学”与中日韩关系》，载《东北亚论坛》2015年第3期，第17~18页。

③ 廉德瑰：《影响战后日本对华政策的政治原因分析》，载《太平洋学报》2016年第7期，第73页。

的问题。日方最近一次炒作“中间线”以西海域的中国正常油气开发活动所体现出的特点，足以说明这一趋势。首先是持续时间长，从 2013 年开始至今尚无结束的迹象，这将长期影响两国关系；其次强度明显加大，不再只是官方表态、媒体报道，还制作了专门的网页，甚至将该问题写入《外交蓝皮书》，表明日方态度更加强硬。

在美国亚太再平衡战略的推动下，日本在东海争端中的立场愈显强硬，主要特征是“合纵抗华”。日本以美国亚太再平衡为契机，不断加强与美国的同盟体系，基于综合原因，坚持“合纵抗华”的立场，积极开展亚太外交，构筑“亚太新秩序”，并企图通过东海争端，继续朝政治大国方向迈进，以维护其在亚太地区的优势，阻碍中国的崛起。① 日本近期在东海与南海的强硬立场已经发出了明确信号：日本当前更在意的不是改善对华关系，而是准备开足马力推进对华对冲战略，与美国及南海地区其他国家深化战略合作以牵制中国。②

虽然近日美国负责东亚事务的助理国务卿苏珊·桑顿声称：“重返亚太、亚太再平衡等都是奥巴马政府的亚洲政策用词，你们可以期待新政府将有一个自己的方案。”媒体将其解读为宣布奥巴马政府时期的亚太再平衡战略“正式死亡”。③ “但这并不意味着美国会放弃其在亚太的利益，美国将在亚洲继续存在和保持活力。亚洲经济对于美国的繁荣和发展非常重要，因此美国会在亚洲推动公平自由贸易，处理朝鲜等地区安全挑战，并继续推动基于规则的、建设性的、和平稳定的亚洲秩序。任何一届美国政府都必须认

---

① 刘霏：《论日本的东海政策及其对中国的影响》，载《日本研究》2015 年第 4 期，第 25~27 页。

② 王胜今：《中日关系的历史与未来》，载《东北亚论坛》2015 年第 6 期，第 31 页。

③ “Pivot to the Pacific” is over, senior U. S. diplomat says, March 14, 2017, http: //www. defensenews. com/articles/pivot-to-the-pacific-is-over-state-official-says, visited on May 7, 2017.

真对待亚洲。"① 除非特朗普政府的亚太政策出现重大调整，进而影响日本对华政策，否则日本现有的东海政策会很难发生改变。

（2）直接目的

首先，迫使中国承认日方的东海"中间线"主张。在具体策略上，日本一直要将"中间线"以西海域争议化，其最直接的目的就是要迫使中国承认日方的"中间线"主张。实际上，日本政府一直希望中国政府承认"中间线"，在其早先发布的《我国有关东海资源开发的法律立场》中就可以窥探一二，该文件指出，日本之所以重新对"中间线"以西海域提出主张，就是因为中国政府一直不承认日本的"中间线"划界主张。言外之意就是，如果中国认可"中间线"，日本自然不会再对"中间线"以西海域提出主张。由此可见，日本将"中间线"以西海域争议化的真正目的，还是希望迫使中国政府认可"中间线"。但由于中国政府不承认"中间线"的态度很坚决，日方唯有继续炒作"中间线"以西海域存在争议化的话题，给中国政府不断地施加压力，以期中国政府在未来能够作出让步。

其次，与钓鱼岛问题遥相呼应。除了要迫使中国承认日方的"中间线"主张，日本努力将"中间线"以西海域争议化，也是为了与钓鱼岛问题遥相呼应。在 2004 年之前，中日东海大陆架之争在整个东海问题中居于次要地位，2004 年之前的中日东海危机的导火索都是钓鱼岛，② 但是在 2004 年之后，双方逐渐重视东海大陆架划界问题。就"中间线"以西海域制造事端，被日方视为一种在东海问题上攻击中国的有效策略。自此之后，日本逐渐地选择在这两个问题上均向中国发难，而且不断协调在这两个问题上所采取的具体策略，以达到相互策应的效果。例如，2010 年钓鱼岛争

---

① Ankit Panda, Straight from the US State Department: The 'Pivot' to Asia is Over, March 14, 2017, http://thediplomat.com/2017/03/straight-from-the-us-state-department-the-pivot-to-asia-is-over/, visited on May 7, 2017.

② 参见 Min Gyo Koo, Island Disputes and Maritime Regime Building in East Asia: between a Rock and a Hard Place, Springer, 2010, pp. 104-134。

端开启了中日“政冷经凉”的新时代，① 中国渔政自2010年开始，将钓鱼岛及其附属岛屿附近海域的护渔巡航纳入常态化，② 在2012年“购岛闹剧”之后，中国海监、海警均参与钓鱼岛及其附属岛屿海域的维权巡航执法。③ 面对中国的海上维权行动，日本方面在钓鱼岛问题上陷入被动，为了扭转这一局面，日方采取“北攻南守”的策略，一方面，扩大在东海北部海域的争端；另一方面，升级在东海南部海域的争端。④ 其中扩大在东海北部海域的争端，就是要在“中间线”以西海域制造问题，给中国施加压力，以缓解中国在钓鱼岛问题上给日本所施加的压力。这也正好解释了日本为何选择2013年再次炒作“中间线”以西海域的中国正常油气开发活动。

3. 日本此举对中国的消极影响

尽管日方将“中间线”以西海域争议化的做法并不符合现行国际法，但是客观上仍给中国造成了一些消极影响：

（1）干扰中国方面合法的油气开发活动

日本此举所造成的最直接影响，就是干扰了中国在“中间线”以西海域正常的油气开发活动。以春晓油气田为例，平台早在2004年就已建成，原计划2005年投产，但在日方的严重干扰下，

---

① 冯昭奎：《中日关系的辩证解析》，载《日本学刊》2015年第1期，第8页。

② “中国渔政船编队在钓鱼岛附近海域开展护渔巡航”，2012年7月11日，新华网，http://news.xinhuanet.com/politics/2012-07/11/c_112407496.htm，2016年7月24日访问。

③ “中国海监船舶编队抵达钓鱼岛海域开展维权巡航执法”，2012年9月14日，新华网，http://news.xinhuanet.com/politics/2012-09/14/c_113073244_6.htm，2016年7月24日访问；“中国海警舰船编队在钓鱼岛海域宣示主权”，2013年7月26日，国家海洋局网站，http://www.soa.gov.cn/xw/ztbd/2012/dydszgdsslt/dydszgdsslt_549/201308/t20130820_27032.htm，2016年7月24日访问。

④ 刘霏：《论日本的东海政策及其对中国的影响》，载《日本研究》2015年第4期，第31页。

截至 2011 年未能启动生产程序。① 虽然 2013 年中海油计划向中国政府提出申请，新开发位于东海海域的 7 个油汽田，但同样遭到日方的反对。② 另外，日方不断炒作这一问题，制造紧张局势，使得原本有兴趣参与这一海域油气资源开发的外国企业望而却步，正如 2004 年壳牌石油公司和优尼科石油公司宣布退出与中国的合作一样，不利于中国吸引外资参与海上油气资源的勘探开发。

此外，如果日本将来启动仲裁程序，势必会进一步干扰中国的合法油气活动。首先，毋庸置疑，一旦日方单方面启动仲裁，其所提出的诉求中必然会针对中国现有的油气活动，可能会要求仲裁庭宣布“中国的油气开发活动违法并予以停止”。其次，为了最大程度地干扰中国的合法油气活动，日方除了在诉求中提出相应要求之外，很有可能在仲裁程序启动后，立即会要求规定临时措施，“要求在仲裁庭作出最终裁决前，暂停中国现有的油气活动”。通过临时措施这种方式，即便仲裁庭的最终裁决并不能如日本所愿，日本也可以在仲裁程序结束之前，假借国际法的名义，暂时阻挠中国的合法油气活动。

（2）东海紧张局势难以缓解

虽然中日东海之争主要包括钓鱼岛问题和东海大陆架之争，但是先前日本政府每次只会就其中一个问题制造事端，东海危机通常是周期性出现，其中的间隔就属于相对平稳的时间，中日之间经常会利用这段时间修补因危机而破损的双边关系。尽管难以打破“平稳→危机→修补→平稳”的怪圈，但至少双方可以掌控局势。令人担忧的是，即便是这种危机周期出现的“怪圈”也可能难以维系。由于现在日本政府更倾向于协调运用东海大陆架划界争端和钓鱼岛争端这两张牌，使得二者遥相呼应，互为犄角。这意味着日

---

① 李永增：《“春晓”待破晓》，载《中国石油石化》2011 年第 18 期，第 29 页

② “专家谈东海油气田争端：日本没资格说三道四”，2013 年 7 月 19 日，人民网，http://world.people.com.cn/GB/n/2013/0719/c1002-22252725.html，2016 年 7 月 24 日访问。

本政府今后可能会频繁地交替就这两个问题向中国发难，两个问题之间无缝连接，甚至是前一个危机尚未结束，后一个危机随之而来，这样东海就会长期处于一种局势紧张的状态，很难得到有效缓解。从2010年至今的东海局势就是最典型的事例，钓鱼岛附近海域的“撞船事件”引发了新一轮的钓鱼岛危机，在2012年因日本的“购岛闹剧”以及“钓鱼岛国有化”而进一步加剧，作为回应中国政府派遣公务船只和飞机，在钓鱼岛附近海域维权巡航。但日本政府并没有寻求通过对话来解决危机，而是尝试另一种方法，即通过制造新矛盾来转移在钓鱼岛方面承受的压力。于是在2013年钓鱼岛危机仍在发酵的情况下，日本政府又开始搅动“中间线”以西海域，希望以此来转移中国政府的注意力。很明显，日本政府的这一做法只会使原本就紧张的东海局势雪上加霜，以至于到现在这两个危机仍在持续。

（3）淡化东海“中间线”以东海域存在争议的事实

正如前文所分析的，将“中间线”以西海域争议化，其最直接的目的就是要迫使中国承认日方的“中间线”主张。尽管日本的此举在国际法上是行不通的，但是日方不断炒作这一话题确实会使得中国政府疲于应付，而且国际舆论也会将“中间线”以西海域作为焦点。这必然会在客观上削弱中国政府乃至国际社会对“中间线”以东存在争议的海域的关注，使得真正存在争议的“中间线”以东海域，却成为视野盲区。特别是将来，若日本政府就中国的合法油气开发活动提起仲裁，那么整个国际社会关注的焦点会进一步集中在“中间线”以西海域，至少会一直持续到仲裁程序结束。即便通过仲裁未能实现日本的目标，只要日本将“中间线”以西海域争议化的立场不改变，就还会继续尝试新的方法。长此以往，势必在国际舆论上造成“中间线”以西海域存在争议的假象，而“中间线”以东海域存在争议的事实却被淡化。

4. 中国的应对措施

针对日方十余年来不断尝试将“中间线”以西海域争议化的现实，以及日方这一企图可能产生的不利影响，本书从三个方面为中国提出了应对方法。

(1) 能动运用国际法反制日方的理念

由于近来日本国内一再有人鼓吹启动仲裁程序，因此我们必须对此进行充分研究，具体包括：日本可能提出的主要诉求和主要法律依据，日本是否会要求仲裁庭规定临时措施，仲裁庭是否具有管辖权，仲裁庭在实体阶段必须处理的核心问题，以及中国政府如何有效地进行应对。

尽管日本一再就“中间线”以西海域制造事端，而且其中不乏对国际法相关概念的曲解和混淆，但是日本国内相关人士在此过程确实在发挥自己的主观能动性，使得现有国际法规则尽量服务于其国家需求。因此，中国从事这一领域研究的人员应当学习这一理念，充分发挥主观能动性，创造性地运用国际法。中国不能处于一种被动反应式的研究，不能仅限于反驳日方的主张，否则将很容易陷于日方事先设定的“套路”之中。我们应当创造性地运用国际法反制日方，积极引导事态朝着中国预设的方向发展。虽然结构现实主义理论认为国际社会是无政府状态，但这并不意味着国家可以采取一切手段来维护自己的利益，必须要在现行国际法规则框架下行事，因此如果中国政府可以能动地运用国际法，势必非常有助于维护自身的海洋权益。另外，由于国际法起源于西方，可以作为一种沟通东西方的“语言”，加之目前西方舆论掌握国际话语权，倘若中国的海洋主张要想更好地被世界所知晓和接受，就必须精通于如何运用国际法表达自己的主张。

(2) 争取日方明确承认“中间线”以西海域无争议

除了要在宏观上树立正确的理念之外，针对日方将“中间线”以西海域争议化的做法，还需要具体的应对方法。尽管近来日方不断加剧紧张局势，但是中日双方仍都表达了重启落实 2008 年原则共识磋商的意愿。例如，中国在《中国东海油气开发活动正当合法》中就明确表明“希望日方尽早回归共识、维护共识，为双方重启落实原则共识磋商创造良好的条件和气氛”。① 而日本官方在

① 《中国东海油气开发活动正当合法》，外交部网站，http://www.fmprc.gov.cn/web/ziliao_674904/1179_674909/t1283725.shtml，2016 年 7 月 22 日访问。

最近一次有关“中间线”以西海域油气活动的表态中，在无端指责中国的同时，也表达了尽快重启落实2008年原则共识磋商的想法。① 因此，我们不能排除中日今后会继续磋商东海共同开发的可能性。正如前文所述，在2008年的原则共识中，既未体现中国的自然延伸要求，也未写入钓鱼岛争端，就连“中间线”以西的海域也存在“被争议化”的风险，所以在今后的共同开发协定谈判中，中国应当努力扭转这一不利局面。

首先，我们应当争取将钓鱼岛纳入共同开发协定，正如当初进行东海原则共识谈判时的策略一样。对于这一做法能否奏效，本书并不乐观，因为日本政府对于该问题一直很警觉。例如，在2014年11月7日，中日就处理和改善中日关系达成了“四点原则共识”，其中特别提及“双方认识到围绕钓鱼岛等东海海域近年来出现的紧张局势存在不同主张”，② 这被国内媒体解读为钓鱼岛问题上的一大突破。③ 不过本书认为就此下结论认为，日本方面已经承认钓鱼岛存在争议，还为时尚早。因为“四点原则共识”并没有清楚明了地规定“中日两国关于钓鱼岛存在不同主张”，而是规定“围绕……的紧张局势存在不同主张”，完全可以理解为，中日两国关于钓鱼岛的紧张局势出现的原因有着不同的理解。也就是说，中国方面认为过错在日本方面，而日本方面则认为过错在中国。若是作此解读，那么日本实际上仍拒绝承认钓鱼岛存在争议。事实也证明了本书的这一推测，在“四点原则共识”达成后不久的11月21日，日本内阁在其一份答辩书中公开宣称：关于东海海域近年发生的紧张局势，已经确认了日中双方的见解有所不同，但关于钓

---

① “Press Conference by the Chief Cabinet Secretary”, June 2, 2016, http://japan.kantei.go.jp/tyoukanpress/201606/2_p.html, visited on 22 July, 2016

② 《杨洁篪会见日本国家安全保障局长谷内正太郎——中日就处理和改善中日关系达成四点原则共识》，载《世界知识》2014年第23期，第7页。

③ “改善中日关系的可贵一步——专家解读中日四点原则共识”，2014年11月7日，新华网，http://news.xinhuanet.com/2014-11/07/c_127189732.htm，2016年7月26日访问。

鱼岛的“立场不会改变”。①

其次，如果日方仍不愿意将钓鱼岛附近海域纳入共同开发，那么中国就应当争取向东延伸共同开发区的范围，直至距离中国海岸200海里以外的海域。当然，这一点实现起来也绝非易事。通过前文的梳理，我们不难发现日方多年来一直死守基于“距离基准”的“中间线”主张，很难让其松动这一立场。

最后，且不论中国能否成功地将自然延伸要求或者钓鱼岛争端写入未来的共同开发协定，至少中国应当要求在未来的共同开发协定中明确规定，“中间线”以西海域属于中国管辖的无争议海域，彻底粉碎日方将其争议化的企图，以免日本方面日后再就该问题进行狡辩。

（3）考虑在“中间线”以东海域的自主开发活动

争取日方明确承认“中间线”以西海域不存在争议，只能算作是回应日方挑衅的一种被动自保的做法，而其能否实现，仍取决于中日双方协商的结果，具有很大的不确定性。因此，中国政府一方面应当努力争取，但是决不能只依靠这一种方法，中国政府还应当采取更加主动的方法，以起到“双保险”的作用。

前文已经指出，日本之所以不断在“中间线”以西海域制造事端，其最直接的目的就是要迫使中国承认日方的“中间线”主张，所以这一问题的根源还是双方不同的大陆架划界主张之间的冲突。当然，解决这一问题最为有效的方法，就是通过海域划界予以根治，但是鉴于海上划界在中短期内很难实现，因此当前最为可行的方法就是揭示中日双方大陆架划界争端的本质，从而引导国际舆论，将国际社会关注的焦点，从“中间线”以西无争议海域，转移至“中间线”以东海域。此举对于中日东海大陆架之争而言，将会起到正本清源的作用，日方所编造的“中间线”以西海域存在争议的谎言也会不攻自破。

要想引起国际社会的关注，最有效的办法就是“制造新闻”，

① 《日本内阁公然否认中日共识，称钓鱼岛不存争议》，载《环球时报》2014年11月22日第8版。

也就是说中国政府应当在“中间线”以东海域“制造新闻”。相较于前一种应对方法，该方法还具有一个明显的优势，即无须取得日方的同意，完全由中国掌握主动权。那么我们应当如何在现行国际法规则下“制造新闻”呢？本书认为，中国政府在“中间线”以东海域划出一定区域，授权国有石油公司进行石油活动，就是一个值得考虑的选项（具体内容详见下文“关注日本在东海“中间线”以东区域的石油活动”）。

（二）关注日本在东海“中间线”以东区域的石油活动

1. 日本单方面签订的既有石油合同

“中间线”以东海域，不同于上文所说的“中间线”以西海域，正好处在中日双方主张重叠区上，从“中间线”向东，直至中国《东海部分海域二百海里以外大陆架外部界限划界案》中所主张的大陆架外部界限，都属于中日争议海域。既然位于争议海域，那么根据“不危害或阻碍最后协议的达成”的义务，当事国在该海域从事与既有石油合同相关的活动时，必须受到严格限制，特别是禁止单方面实施非临时性的石油活动。

2005年日本政府授权日本帝国石油公司（Teikoku Oil Company），在“中间线”日本一侧毗邻春晓油气田的海域进行钻探活动（具体位置详见图2）。① 需要指出的是，日本政府在“中间线”以东海域签订的既有石油合同，不同于本文所探讨的大部分既有石油合同，日本政府所选择的石油公司，是一家国内石油公司，而非外国石油公司。这也正如本书第一章第二节中所提到的，既有石油合同中的石油公司，主要是指外国石油公司，也包括少数情况下的本国石油公司。日本政府之所以选择本国石油公司，一方面是因为帝国石油公司早在20世纪60年代就曾申请这一海域的石

① 参见Mark J. Valencia, The East China Sea Dispute: Context, Claims, Issues, and Possible Solutions, Asian Perspective, Vol. 31, No. 1, 2007, p. 132。

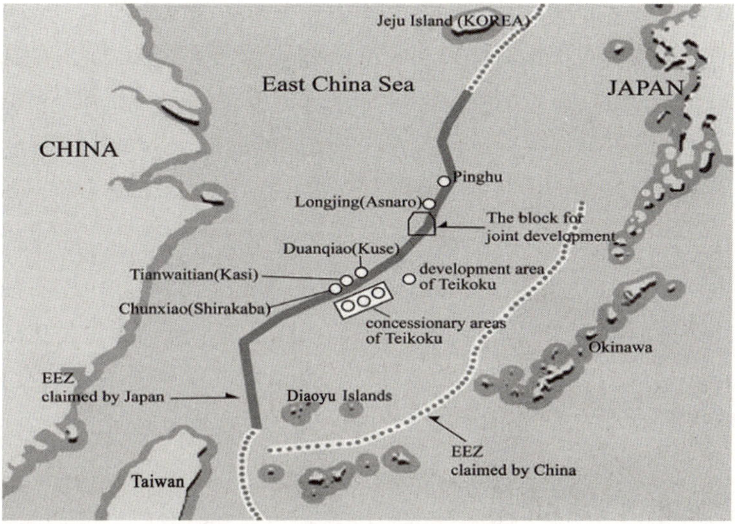

图 2 东海油气田分布图①

油钻探权，当时日本政府并未批准，据推测是为了不激怒中国；②另一方面则是本书第二章第一节中所提及的，日本的采矿权原则上只能由日本国民或日本法人所持有，所以一般不会与外国石油公司签订石油合同。不过在日本政府看来，中国开发春晓油气田，才是其批准帝国石油公司的正当理由。但是稍加分析就会发现，日本政府的这一做法是不符合国际法的。因为上文已经分析了，“中间线”以西海域属于中国，不存在争议，中国在该海域的石油活动完全合法，而日本方面意图实施的钻探活动，明显属于非临时性石油活动，国际法明确禁止一方当事国在争议海域内单方面进行此类活动，所以日本方面拿中国的合法行为，替自己的非法行为做辩

① 参见 Suk Kyoon Kim, China and Japan Maritime Disputes in the East China Sea: A Note on Recent Developments, Ocean Development and International Law, Vol. 43, No. 3, 2012, p. 298。

② 参见 Kung-Wing Au, The East China Sea Issue: Japan-China Talks for Oil and Gas, East Asia, Vol. 25, 2008, p. 226。

护，太过于牵强。对于日本方面的这一举动，中国政府也是及时提出抗议，认为日本方面在该海域开发油气资源的任何行为，都将被中国视为一种高度挑衅的行为，中国方面保留采取进一步措施的权利。① 由于中国方面的坚决反对，帝国石油公司随后声称，在紧张关系缓和前，不会在争议海域实施任何勘探开发活动。② 总体来说，中国政府的此次应对，还是很有效的，及时制止了帝国石油公司在争议海域实施作业活动，也免去了中国政府需要进一步采取执法行动。因为一旦日方的计划付诸实施，如果再想阻止帝国石油公司的钻探活动，中国政府就必须采取执法行动，那样无论是执法成本，还是执法难度都会更大。另外，根据作者目前所收集的资料，也未发现此事之后，帝国石油公司再在争议海域采取过任何实际行动。

2. 中国的应对措施

针对“中间线”以东海域，中国政府在采取应对措施时，可以从以下两个方面考虑。

第一，被动应对。首先，密切关注日本既有石油合同区块的最新动向。尽管帝国石油公司尚未在争议海域实施作业活动，但毕竟它与日本政府存在石油合同。一旦出现计划进行海上作业的迹象，中国政府就应在第一时间表示反对，争取让其无法履行石油合同，如果长期以往，那么石油公司或日本政府会可能会要求终止石油合同。即便双方有意让石油合同一直存续下去，由于中国政府的一贯的反对态度，该合同对于日本方面的大陆架主张，也没有任何的支撑作用。因此，只要既有石油合同停留在纸面，对中国而言就不会造成多少消极影响。

其次，如果日本方面将来执意推进在争议海域的石油作业，中

① 参见 Kung-Wing Au，The East China Sea Issue：Japan-China Talks for Oil and Gas，East Asia，Vol. 25，2008，p. 226。

② 参见 Julian Ryall，China，Japan in Oil Drilling Row，4 November 2005，http：//www. aljazeera. com/archive/2005/11/200841014215419 5723. html，visited on 7 January，2016。

国可以考虑对日本方面的石油活动采取执法行动。由于日本方面的石油活动，属于国际法所禁止的非临时性石油活，所以中国对其采取执法行动，于法有据，而且日方既有石油合同的区块距离中国海岸较近，也便于中国采取执法行动。为了避免日本方面炒作所谓的"中国军事威胁论"，建议不出动海军，而是由专门的海上执法机构负责。随着中国海警队伍的建设，特别是根据2013年《国务院机构改革和职能转变方案》的要求，重新组建国家海洋局，① 重点加强了海洋局下的中国海警队伍的建设，② 中国海警正逐步承担海上执法的重任。此外，近年来在东海海域，也能够经常看到中国海警执法的身影，③ 因此完全可以由其负责针对日方的非法石油活动进行执法。由中国海警负责执法行动，不仅可以避免被日方指责为《联合国宪章》中的"以武力相威胁或使用武力"，还可以尽量避免执法过程中"过度使用武力"的现象。因为中国政府对于海上执法过程中使用武力的问题，态度一直非常谨慎。例如，《中华人民共和国政府关于〈执行1982年12月10日《联合国海洋法公约》有关养护和管理跨界鱼类种群和高度洄游鱼类种群的规定的协定〉的有关规定的声明》就规定："只有当经核实被授权的检查人员的人身安全、以及他们正当的检查行为受到被检查渔船上的船员或渔民所实施的暴力危害和阻挠时，检查人员方可对实施暴力行为的船员或渔民，采取为阻止该暴力行为所需的、适当的强制措施。需要强调的是，检查人员采取的武力行为，只能针对实施暴力

---

① 参见《国务院机构改革和职能转变方案》，2013年3月15日，中央政府网，http://www.gov.cn/2013lh/content_2354443.htm，2016年1月7日访问。

② 参见《国家海洋局主要职责内设机构和人员编制规定》，2013年7月9日，国家海洋局网，http://www.soa.gov.cn/zwgk/bjgk/sdfa/201307/t20130709_26467.html，2016年1月7日访问。

③ 参见"海警司"定期发布的海警舰船编队巡航的公告，http://www.soa.gov.cn/bmzz/jgbmzz2/hjs/，2016年1月7日访问。

行为的船员或渔民，绝对不能针对整个渔船或其他船员或渔民。”① 尽管这项声明只是针对渔业活动，但仍可以从中看出，中国对于使用武力非常慎重，只有在必要的时候才会使用，而且只针对实施暴力行为的船员或渔民，不涉及无关人员，更不会针对船只本身。所以有了中国海警这支专业的海上执法队伍，再加上中国政府一贯谨慎对待执法中使用武力的态度，就能既有效地制止日方的不法石油活动，又能避免日方对中国执法方式的指责。

第二，主动出击。中国还可以尝试在“中间线”以东海域，与石油公司签订石油合同，进行石油资源开发。（1）就目前而言，中国政府授权石油公司实施的石油活动应当严格限制种类。虽然日方意欲授权本国石油公司实施非临时性石油活动，但是由于中国的强烈反对，帝国石油公司随后声称，在紧张关系缓和前，不会在争议海域实施任何勘探开发活动。② 事实上，截至目前，日方的石油公司尚未在“中间线”以东海域，实施被国际法所禁止的非临时性石油活动，中国政府自然也无法依据反措施实施此类石油活动。中国目前所能做的，主要是发布公告正式在“中间线”以东海域划定一个区块作为其授权的石油公司的作业区域，以及授权石油公司在区块内进行地震勘探这种临时性石油活动。③ 至于后续的钻探、试气、开采活动，目前而言时机尚不成熟，若过早实施此类活动，反而给了日方攻击中国的借口。如果今后日方石油公司实施了

① “中华人民共和国政府关于《执行 1982 年 12 月 10 日〈联合国海洋法公约〉有关养护和管理跨界鱼类种群和高度洄游鱼类种群的规定的协定》的有关规定的声明”，海南省南海政策与法律研究中心，http：//www.hainu.edu.cn/stm/nhlaw/2012629/10330935.shtml，2016 年 1 月 7 日访问。

② 参见 Kung-Wing Au，The East China Sea Issue：Japan-China Talks for Oil and Gas，East Asia，Vol. 25，2008，p. 226；参见 Julian Ryall，China，Japan in Oil Drilling Row，4 November 2005，http：//www.aljazeera.com/archive/2005/11/200841014215419 5723.html，visited on 26 July，2016。

③ 董世杰：《单方面利用争议海域油气资源的问题研究》，载《东北亚论坛》2015 年第 5 期，第 44 页。

此类活动，中国当然可以依据反措施，授权石油公司实施类似活动。（2）至于合同区块的位置，既可以选在日本单方面石油活动的区域，也可以选在“中间线”以东海域的其他地方，这两种选择各有优劣。如果选择在日方单方面石油活动的区域，优点在于距离已有的春晓油气田近，可以将二者连接起来，便于将争议海域的油气资源输入中国沿海地区；但是缺点就在于，中日双方的石油活动都集中在相同海域，双方的竞相石油活动更容引发摩擦，大家相互拆台，最终都无法开采石油资源。如果选在争议海域的其他地方，优点在于没有日本石油公司的阻挠，相较于前者，开采的阻力会小一点；缺点就在于比较分散，开发成本较高。（3）授权国有石油公司负责具体区块内的石油活动，比较符合实际。中国政府在“中间线”以东海域进行石油活动的首要目的并不是为了经济利益，而是服务于维护国家海洋权益的政治需要，这一海域的石油活动必须服从于国家的外交大局，因此以追求商业利益为首要目的的外国石油公司难以胜任。另外，按照以往的经验，除非中日双方达成共同开发协定或者完成划界，否则外国石油公司也不太愿意参与其中，2004年壳牌石油公司和优尼科石油公司宣布退出与中国的合作就是最好的说明，在无争议的“中间线”以西海域内，它们尚且如此，更何况是存在争议的“中间线”以东海域。

比较而言，主动出击的策略能够兼顾“中间线”东西两侧的海域。既考虑到“中间线”以东海域的实际情况：首先它是争议海域，其次日本方面已在该海域拥有既有石油合同，总体局势对中国不利；也回应了日本将“中间线”以西海域争议化的企图。但是这一策略非常有可能引发日本政府派遣海上保安厅（Japan Coast Guard）的船只实施所谓的“执法行动”。之所以说是所谓的“执法行动”，是因为中国在争议海域所实施的单方面石油活动，是依据国际法上的反措施规定，因此是符合国际法，既然是符合国际法的，那么日本政府当然无权进行执法，但是日本政府还是会依据其国内法，执意派遣船只，在本书看来，这种行为名为“执法”实为“干扰”。另外，如果日本海上保安厅真的派遣船只实施干扰行为，中国方面还应当注意保护海上作业人员和设备的安全。因为相较于中国政府谨慎对待执法中使用武力的问题，日本法律则明确授权海上保安厅，针对日本海域内不遵守其命令的船只，进行射击，甚至是予以击沉。在实践中也曾发生过日本海上保安厅船只过度使用武力的情况。例如，2001 年 12 月 22 日，日本海上保安厅的巡逻船在中国专属经济区内击沉了一艘不明国籍的船只，造成 15 名船员丧生，据报道是日本船只先开火的，进行 500 多轮的射击。①

（三）危机预防和管控机制

如上文所述，一旦日本方面执意在“中间线”以东海域进行石油作业，那么中国方面要么对其采取执法行动，要么依据反措施实施类似的石油活动。无论中国采取哪一种应对方法，都很有可能引发日本采取进一步措施。针对中国的执法行动，日本政府可能会派遣舰船保护其石油活动，进而引发双方的对峙；针对中国在争议海域的石油活动，日本政府可能会派遣船只实施干扰，这同样会促使中方采取类似保护措施，也会引发双方船只的对峙。鉴于日方这一单方面行为很可能会引发危机，因此中日之间有必要建立一套完整的危机预防和管控机制。需要指出的是，虽然“中间线”以西海域不属于争议海域，但是由于日本方面的干扰行为，② 中日双方的舰船曾沿着“中间线”出现过对峙，③ 所以下文的讨论难免会涉及“中间线”以西海域。

1. 危机预防机制

正如第三章第三节中“预防和管控海上对峙”所言，最好的方式就是，在危机发生前，通过事先沟通机制阻止危机的发生，尽

---

① 参见 Zou Keyuan, Law of the Sea in East Asia, Routledge, 2005, pp. 21-23。

② 参见《中日东海争端全景》，2005 年 7 月 25 日，新华网，http://news.xinhuanet.com/world/2005-07/25/content_3264046.htm，2016 年 1 月 8 日访问。

③ 参见 Reinhard Drifte, Territorial Conflicts in the East China Sea—From Missed Opportunities to Negotiation Stalemate, the Asia-Pacific Journal: Japan Focus, Vol. 7, No. 3, 2009, p. 6。

力避免启动事后的危机管控机制。对于中日双方而言，事先沟通机制也不是一个新鲜的事物。早在2000年，中日两国外长已原则同意，就各自在东海争议海域进行科考活动进行通报。2000年9月中日双方就通报机制的具体问题展开磋商，主要围绕适用的水域、事先通报的时间及内容等问题展开讨论。2001年2月，双方达成协议，通报机制自2001年3月份开始实施。① 遗憾的是，作者并未找到该协议的文本，只能根据其他学者的文章中所提及的内容，对该协议做一个简要的介绍。中日两国间的这项协议巧妙地回避了一个问题，即到底越过哪一条线时就需要事先通知另一方当事国，这也就回避了东海争议海域的具体位置这一问题。只是规定中国的勘探船在进入临近日本的海域，并且日本对该海域产生兴趣时，中国应当至少提前两个月通知日本；对于日本方面也是如此要求。事先通知的内容包括：（1）组织此次活动的机构的名称；（2）使用的船只的名称和类型；（3）负责人员；（4）研究的详细信息，如研究的目的、设备、时间以及区域。②

虽然东海争议海域科学研究的事先通报机制，已经初具事先沟通机制的基本特征，但是二者之间还是存在一定差距的。首先，内容上存在差别。根据《公约》第246条之规定，大陆架上的海洋科学研究，可以划分为"纯粹科学研究"和"其他科学研究"。其中，"纯粹科学研究"是指专为和平目的和为了增进关于海洋环境的科学知识以谋求全人类利益，而在大陆架上进行的海洋科学研究。"其他科学研究"主要是指与生物资源或非生物资源的勘探和开发有直接关系的科学研究，具有明显的商业性质。③ 虽说中日双

① 参见张良福：《中国政府对钓鱼岛主权争端和东海划界问题的基本立场和政策》，载《太平洋学报》2005年第8期，第67页。

② 参见 Zhiguo Gao and Jilu Wu, Key Issues in the East China Sea: A Status Report and Recommended Approaches, iin Selig S. Harrison (eds.), Seabed Petroleum in Northeast Asia: Conflict or Cooperation? Woodrow Wilson International Center for Scholars, 2005, pp. 36-37。

③ 参见 Sun Pyo Kim, Maritime Delimitation and Interim Arrangements in North East Asia, Martinus Nijhoff Publishers, 2004, p. 71。

方已有的事先通报机制的内容是海上科学研究，但并没有明确规定到底是哪一类的科学研究。不过根据本书的推测，应当包括“纯粹科学研究”和“其他科学研究”，因为这种区分在理论上是容易的，但在实践中是困难的，当事国完全可以在实施“纯粹科学研究”的过程中实施“其他科学研究”，因此不如不加区分地全部加以规定。即便现有的事先通报机制涵盖了为了商业开发石油资源所进行的科学研究，但终究没有包括商业开采活动。而本书先前所设想的事先沟通机制，不仅包括前期的勘探研究，还包括后期的商业开采，同时还要根据既有石油合同不同阶段的法律性质，细化沟通的具体内容。其次，程序上有所不同。现有的通报机制只是单向的告知对方。而本书所设想的事先沟通机制，不仅看重事先通知对方，更看重对方获得相关信息后，当事国之间的互动交流。因为如果只是单纯的提前通知对方，而双方并不能事先交流彼此的看法，那么得到通知的对方，依旧可能会采取加剧紧张局势的行动。

基于上述两点原因，本书认为有必要将东海争议海域科学研究的事先通报机制，升级为东海争议海域石油活动的事先沟通机制。具体建议如下：（1）如果计划实施的只是临时性石油活动，中国或日本只需要将活动的相关信息，通过官方渠道正式告知对方即可。对方在收到通知后，可以在规定期限内作出表态，但是无论作何表态，都不会影响发出通知一方在争议海域实施临时性石油活动，更不应该派遣公务船进行干扰。（2）如果计划实施的是非临时性石油活动，中国或日本除了要告知对方石油活动的具体信息外，还需要征求对方同意其实施此类活动。如果对方在规定时间内表示反对，那么发出通知的一方就不得实施非临时性石油活动，当然也可以选择与对方继续磋商，以期获得其同意或者进行共同开发。如果对方在规定时间内表示同意，那么发出通知的一方自然可以进行非临时性石油活动。如果在规定时间内，对方未作出回应，应当推定其同意。如果发出通知的一方，在未获得对方同意的情况下，执意单方面实施非临时性石油活动，那么就很有可能会引发对方的执法行动；对方当事国在采取执法行动前，同样需要将相关内容告知原先发出通知的一方，如果其能够立即停止不法行为，那么执法行动自然就可以取消，否则就不可避免。此外，中国政府还需要注意一点，即无论日本方面如何炒作“中间线”以西海域存在争议，中国政府在与日本政府协商事先沟通机制时，都应当坚持将“中间线”以西海域排除在该项机制之外。当然中国政府也可以承诺在该项机制之外，适时地以适当的方式公开“中间线”以西海域石油活动的相关信息。因为相较于通知是针对特定对象，公开所针对的对象则是不特定的，而且定期公开本国海域内石油活动的相关信息，也是许多国家常用的一种做法，因此无碍于中国对该海域的主权权利。

2. 危机管控机制

如果东海争议海域石油活动的事先沟通机制失灵，或者日本方面有意干扰“中间线”以西海域的合法石油活动，那么中日双方极有可能出现海上对峙。尽管起初的对峙通常是当事国的专业执法船只，但是随着局势的升级，双方的海军也很有可能加入其中，因此在危机出现后，必须进行及时有效的危机管控。由于中日双方均认识到危机管控的重要性，所以双方很早就开始着手建立危机管控机制，主要包括两个层面：一个是可以全面讨论中日海洋问题的综合性磋商机制；另一个则是两国防务、海上执法部门之间专门为了预防不测事态的联络机制。由于中日东海争端的首要问题仍是钓鱼岛问题，据学者的研究，2005 年之前的中日东海危机的导火索都是钓鱼岛，① 最近一次的局势恶化，也是由于日方进行钓鱼岛“国有化”所致，因此双方目前所商谈的危机管控机制的首要目标，仍是应对钓鱼岛问题可能引发的危机。不过由于该项机制极具综合性，同样可以应对因争议海域既有石油合同问题所引发的危机。

（1）磋商机制

从 1995 年起，中日两国开始就海洋法问题进行非正式磋商，1996 年 12 月双方同意将非正式磋商转入正式磋商，截至 2003 年

① 参见 Min Gyo Koo，Island Disputes and Maritime Regime Building in East Asia：between a Rock and a Hard Place，Springer，2010，pp. 104-134。

12月25日，中日之间共举行了14次海洋法问题磋商。① 到了2004年，中日双方将海洋法问题磋商升格为东海问题磋商，并于同年10月25日，在北京举行了第一轮磋商。② 在2012年1月，两国又将东海问题磋商升级为"海洋事务高级别磋商机制"，后来由于日本方面实施钓鱼岛"国有化"，而被迫中断，直至2014年9月24日，中日两国方才重启。③ 2015年1月22日，中日海洋事务高级别磋商第三轮磋商全体会议及工作组会议在日本横滨市举行，双方举行了磋商机制全体会议和机制下设的政治法律、海上防务、海上执法与安全及海洋经济四个工作组会议。④ 通过对磋商机制发展历程的梳理可知，中日双方一直很重视有关海洋问题的磋商，磋商的级别也越来越高，参与的部门也越来越多。现有的中日海洋事务高级别磋商中，中方参与部门主要包括：外交部、中央外办、国防部、公安部、国土资源部、交通运输部、国家海洋局、中国海警局、总参谋部。日方与会部门主要是：内阁官房、外务省、文部科学省、水产厅、资源能源厅、国土交通省、海上保安厅、环境省、防卫省。这么一个全面的磋商机制，足以管控东海争议海域石油活动所引发的危机，本书也无法提出更好的建议。

（2）联络机制

虽然"中日海洋事务高级别磋商"足以胜任危机管控的职责，但是磋商终究需要一个过程，而在双方拿出化解危机的方案

① 参见张良福：《中国政府对钓鱼岛主权争端和东海划界问题的基本立场和政策》，载《太平洋学报》2005年第8期，第66页。

② 参见《中日两国在东京举行第三轮东海问题磋商》，2005年10月1日，新华网，http：//news. xinhuanet. com/world/2005-10/01/content_3570694. htm，2016年1月6日访问。

③ 参见《中日恢复海洋事务高级别磋商》，2014年9月25日，联合早报网，http：//www. zaobao. com/special/report/politic/sino-jp/story20140925-392830，2016年1月6日访问。

④ 参见《中日举行第三轮海洋事务高级别磋商》，2015年1月22日，中国驻日本大使馆官网，http：//www. china-embassy. or. jp/chn/zrdt/t1230654. htm，2016年1月7日访问。

前，不能再出现任何激化矛盾的不测事态，因此需要在双方的防务、海上执法部门之间建立联络机制，防止在磋商过程中再出现意外事件。

中日之间探讨建立海上联络机制，起初是在两国防部门之间进行的。原因在于中国专业海上执法队伍的建设起步晚，而在此之前海上执法维权行动，主要由中国海军负责，中国海军与日本海上自卫队的舰船时常出现对峙，所以自然是由防务部门讨论这个问题。在2006年7月所举行的第六轮东海问题磋商中，中日两国就建立旨在应对东海不测事态的海上热线联络机制达成原则共识。① 2007年，安倍晋三第一次担任日本首相期间，为防止发生海上不测事态，中日双方曾就两国防务部门之间建立联络机制达成一致，同年中日双方确认设立海上联络机制的目标，随后双方先后在2008年、2010年和2012年分别进行了三轮专家组磋商。② 2012年6月，中日两国防务部门已就以下问题基本达成了一致：召开防务部门定期会晤；设置防务部门之间的热线电话；舰船和飞机在一线相互联络时，要统一无线电频率和语言。③ 遗憾的是，这些成果因为随后的钓鱼岛"国有化"，而未能付诸实施。在中断2年半后的2015年1月12日，中日双方就旨在避免海上自卫队和中国海军间不测事态的"海上联络机制"进行第四轮专家组磋商。④ 此次磋商中，经

① 参见《中日东海问题磋商就建立海上热线达成原则共识》，2006年7月9日，新华网，http://news.xinhuanet.com/world/2006-07/09/content_4810366.htm，2016年1月8日访问。

② 参见《中日有望今夏启动海上联络机制 领海领空被排除》，2015年6月15日，环球网，http://world.huanqiu.com/exclusive/2015-06/6687706.html，2016年1月8日访问。

③ 参见《境外媒体：中日讨论海上危机管理 力避钓鱼岛冲突》，2015年1月14日，参考消息网，http://www.cankaoxiaoxi.com/china/20150114/627971.shtml，2016年1月8日访问。

④ 参见《中日重启"海上联络机制"磋商》，载《参考消息》2015年1月12日第16版。

中国提议，双方将“海上联络机制”更改为“海空联络机制”。① 在2015年12月7日举行的第四轮中日“海洋事务高级别磋商”中，尽早启用防止偶发性军事冲突的“海上联络机制”仍是讨论重点。② 根据2015年12月31日国防部新闻发布会的信息，中方一直与日方就此保持沟通与协商，目前双方已就涉及机制的相关事宜达成大部分共识。③ 由于起步早，中日两国防务部门间的“海上联络机制”的谈判，已经取得很大进展，不仅要在部门之间建立热线，保持部门高层之间的联系，而且一线人员之间也要建立联系，对于避免海上对峙中不测事态的发生，具有重要意义。值得注意的是，在2015年1月所举行的“第三轮海洋事务高级别磋商”所达成的协议中，包括中国海警局和日本海上保安厅同意建立双方总部之间的对话窗口，并尽快讨论进一步合作的方式。这就意味着，在中日两国专门海上执法机构之间建立联络机制，正式提上日程。虽然目前仅限于总部之间的对话窗口，但是今后的发展，完全可以“海上联络机制”为蓝本，不仅要在总部之间建立热线，也要在一线执法人员之间架设联系渠道。

通过本节的分析可知，由于中日韩三方重叠区石油资源前景不明，对石油公司吸引力有限，因此该区域的既有石油合同问题将不是中国政府关注的重点。虽然“中间线”以西海域不属于中日争议海域，但是日本一直企图将其“争议化”，从而给中国合法的石油活动，贴上争议海域既有石油合同的标签，因此中国政府要抵制日方的这一企图。在“中间线”以东的争议海域，日本政府曾与帝国石油公司签订过石油合同，不过由于中国的反对，合同一直未

① 参见《日媒：中日将启动海空联络机制 避免在钓鱼岛冲突》，2015年6月1日，人民网，http：//military. people. com. cn/n/2015/0601/c1011-27084172. html，2016年1月6日访问。

② 参见《中日高官闭门磋商海上争端》，载《参考消息》2015年12月9日第16版。

③ 参见《2015年12月国防部例行记者会文字实录》，2015年12月31日，国防部官网，http：//www. mod. gov. cn/affair/2015-12/31/content_4634786_2. htm，2016年1月6日访问。

得到实施。不过由于该合同并未被取消，因此中国政府仍应密切关注既有石油合同区块的最新动向。如果日本方面将来执意推进在争议海域的石油作业，中国可以对日本方面的石油活动采取执法行动。除此之外，中国还可以依据反措施，在“中间线”以东海域，与石油公司签订石油合同，进行石油资源开发。为了预防中日之间出现海上对峙，有必要建立东海争议海域石油活动的事先沟通机制。对于未能阻止的危机，要通过磋商机制和联络机制来管控和处理。

第三节 南 海

与东海相比，南海争议海域的既有石油合同问题要复杂得多，不仅所涉及的国家数量多，而且其他声索国还在争议海域与外国石油公司签订众多既有石油合同，其中有许多早已进入商业开采阶段。由于南海问题的复杂性，在相当长的一段时间内是无法完成海上划界的，因此本节的主要目标是研究如何在完成划界前，妥善处理既有石油合同问题，维护中国的海洋权益以及南海的稳定。

实际上，中国政府对于南海问题的复杂性早有预判。习近平曾指出，要维护国家海洋权益，着力推动海洋维权向统筹兼顾型转变。要统筹“维稳”和“维权”两个大局，坚持维护国家主权、安全、发展利益相统一，维护海洋权益和提升综合国力相匹配。要坚持用和平方式、谈判方式解决争端，努力维护和平稳定。要做好应对各种复杂局面的准备，提高海洋维权能力，坚决维护我国海洋权益。要坚持“主权属我、搁置争议、共同开发”的方针，推进互利友好合作，寻求和扩大共同利益的汇合点。① 有学者认为，习近平在中共中央政治局第八次集体学习时重申了邓小平的十二字方

---

① 参见《习近平：进一步关心海洋认识海洋经略海洋 推动海洋强国战略建设不断取得新成就》，新华网，2013 年 7 月 31 日，http://news.xinhuanet.com/politics/2013-07/31/c_116762285.htm，2016 年 1 月 11 日访问。

针“主权属我、搁置争议、共同开发”，表明中国仍将耐心地采取临时措施缓解紧张局势。这也削弱了海外关于中国对海洋问题逐渐失去耐心的说法。① 但是中国必须在“维稳”和“维权”两个大局之间保持平衡，既要维护海洋权益，又不能因此加剧紧张局势，有损区域稳定。②

自20世纪六七十年代在南海发现石油资源，竞相开采石油资源是中国与其他南海声索国关系紧张的重要原因之一。③ 虽然南海争议海域涉及的当事国数量较多，但根据目前所收集到的资料，因石油活动与中国关系紧张的国家主要是越南和菲律宾，而有关文莱、马来西亚和印度尼西亚在南海争议海域的单方面石油活动的资料有限。④ 另外，文莱、马来西亚和印度尼西亚也有意避免在油气

① 在西方国家看来，从2010年起，中国展现出日益积极的姿态来维护自己的海洋权益。参见 Joseph Y. S. Cheng, Stephanie Paladini, China's Ocean Development Strategy and Its Handling of the Territorial Conflicts in the South China Sea, Philippine Political Science Journal, Vol. 35, No. 2, 2014, p. 185。

② 参见 M. Taylor Fravel, Xi Jinping's Overlooked Revelation on China's Maritime Disputes, the Diplomat, August 15, 2013, http://thediplomat.com/2013/08/xi-jinpings-overlooked-revelation-on-chinas-maritime-disputes/? allpages = yes, visited on 11 January, 2016。

③ 参见 Jian Zhang, China's South China Sea Policy: Evolution, Claims and Challenges, in Leszek Buszynski, Christopher B. Robert (ed.) the South China Sea Maritime Dispute: Political, Legal and Regional Perspectives, Routledge, 2015, p. 63。

④ 根据现有的资料，我们只能对文莱、马来西亚、印度尼西亚在南海争议区域的单方面石油活动，有一个概括的了解。其中文莱于2001年1月29日，宣布对外开放婆罗洲沿海两个深水区块J和K（现在称之为CA1和CA2区块），每个区块面积均为5000平方千米，这两个区块深入中国南沙群岛的南通礁。马来西亚的重点开采区域是沙捞越和沙巴周边海域，大体集中于南通礁至曾母暗沙之间的海域。印度尼西亚油气产量大约20%来自南海海域，其开发的纳土纳海域是世界上最大的油气田之一，该气田大部分位于九段线以内。详见白益民：《双面文莱——南海争端系列报道之八》，载《中国石油石化》2013年第2期，第48~49页；李国强：《南海油气资源勘探开发的政策适调》，载《国际问题研究》2014年第6期，第107页；郭杰、张惠：《“五国”加紧掠夺南海油气资源》，载《中国石化》2012年第8期，第69页。

资源问题上与中国发生正面冲突。例如，“2012年12月，文莱连同马来西亚的退出，使得由菲律宾组织的菲律宾、越南、文莱、马来西亚四个声索国会议不得不宣布取消。对此，日本《共同社》发文表示，尽管文莱在南海问题上也主张拥有‘主权’，但该国重视对华关系，对讨论南海问题态度消极，此次作出取消会议的决定很可能是出于对中国的顾虑”。① 尽管马来西亚在中国所主张的南海海域开发石油资源的历史由来已久，② 2003年4月，马来西亚还先后四次共派遣11艘勘探船前往南通礁附近海域进行油气资源的勘探活动，③ 但是并未因此与中国发生过多摩擦，马来西亚一直奉行的策略就是“少谈主权、多采石油”④。2012年10月19日，中国巡逻船在中国主张的海域，遭遇一艘马来西亚的地震勘探船，中国巡逻船命令其停止作业并离开，地震勘探船照做，但在其与中国巡逻船保持一定距离后，又恢复作业。事后马来西亚并没有公开抗议此事，不希望南海争端影响两国的经济关系。⑤ 通常来说，缓和紧张局势有两种方法：（1）双方维持现状，禁止采取可能导致另一方抗议的行动，因而实际上不会出现紧张局势；（2）虽然采取了可能引发紧张局势的行动，但是双方不通过公开抗议或批评另

---

① 白益民：《双面文莱——南海争端系列报道之八》，载《中国石油石化》2013年第2期，第49页。

② 参见白益民：《马来西亚祭出“东洋刀”——南海争端系列报道之六》，载《中国石油石化》2012年第24期，第39~41页。

③ 参见 Zou Keyuan, Joint Development in the South China Sea: A New Approach, the International Journal of Marine and Coastal Law, Vol. 21, No. 1, 2006, p. 87。

④ 参见 Theresa Fallon, Jockeying for Position in the South China Sea: Cooperative Strategy or Managed Conflict? in Yann-Huei Song, Keyuan Zou (ed.) Major Law and Policy Issues in the South China Sea: European and American Perspective, Ashgate, 2014, p. 201。

⑤ 参见 Mark J. Valencia, the South China Sea Disputes, in Wu Shicun and Hong Nong (ed.) Recent Developments in the South China Sea Dispute: the Prospect of Joint Development Regime, Routledge, 2014, p. 7。

一方的方式来处理事件。① 不难发现，马来西亚采取了后一种做法。此外，对于南海问题，马来西亚的整体态度也不像越南、菲律宾那样极端，虽然直到20世纪90年代初，马来西亚都是在批评中国在南海的行动，但马来西亚关于南海的外交立场在后来逐渐改变，马来西亚拒绝处理主权问题，更愿意与中国进行双边谈判，避免有拘束力的区域行为准则。在2003年第35届东盟外长会上，马来西亚提出一个关于南沙群岛宣言的非拘束力文件，而越南则坚持有拘束力的文件。② 此外，印度尼西亚一直以来都在扮演南海争端"调停人"的角色，曾连续主办多届"处理南海潜在冲突研讨会"，希望通过和平方式妥善解决南海问题。2011年，印度尼西亚担任东盟轮值主席国时，对于南海问题，呼吁各方相互保持冷静克制，希望通过双边谈判而非多边谈判的方式解决问题。③ 因此，本节将以越南、菲律宾为代表，进行具体分析。如果中国政府能够将棘手的中越、中菲海上问题处理好，那么对于处理中国与马来西亚、文莱、印度尼西亚的海上问题同样也是有借鉴意义的。

一、越南

中越之间的海上问题涉及三个方面，目前中越只就南沙群岛存在争议达成一致。越南方面想将西沙群岛纳入双方的会谈的内容，但是中国方面认为西沙群岛不存在争议，拒绝了越南方面的这一建议；同样对于中国要将南沙群岛附近水域和大陆架，作为南沙群岛

---

① 参见 Ramses Amer, Assessing Sino-Vietnamese Relations Through the Management of Contentious Issues, Contemporary Southeast Asia, Vol. 26, No. 2, 2004, p. 334。

② 参见 Ralf Emmers, the De-escalation of the Spratly Dispute in Sino-Southeast Asian Relations, in Sam Bateman, Ralf Emmers (ed.) Security and International Politics in the South China Sea, Routledge, 2009, p. 132。

③ 参见郭杰、张惠：《"五国"加紧掠夺南海油气资源》，载《中国石化》2012年第8期，第69页。

争端的一部分加入会谈内容的观点，越南方面也予以拒绝。① 实际上，越南最初也主张西沙群岛和南沙群岛拥有专属经济区和大陆架，后来放弃这一主张，只主张 12 海里领海。有观点认为，越南改变其最初立场，可能受到中国意图在万安滩勘探油气资源的促使，中国似乎也主张西沙群岛、南沙群岛拥有专属经济区和大陆架。中国之所以主张万安滩归属中国，是因为万安滩位于广雅滩与越南最近岛屿中间线中国的一侧。因此，越南转而认为西沙群岛、南沙群岛不能产生专属经济区和大陆架，只依据其大陆海岸主张专属经济区和大陆架，企图利用《公约》打击中国的主张。② 恰恰是中越未能达成一致的两个问题，成为引发两国关系紧张的主要因素。分析评判中越双方的海洋主张是一个非常复杂的过程，有待进一步研究。本书仅从中国的立场出发，分析在双方就这两个问题达成一致前，如何实现“维权”和“维稳”的统一。

（一）西沙群岛相关海域

中国政府对于西沙群岛拥有无可争议的主权。1974 年以前，越南历届政府从未对中国西沙群岛的主权提出过任何异议，无论在其政府的声明、照会里，还是在报刊、地图和教科书中，都正式承认西沙群岛自古以来就是中国的领土。③ 但是近些年来，越南一直试图将西沙群岛“争议化”，正如日本企图将“中间线”以西海域“争议化”一样，但是越南付诸的行动远多于日本，既干扰中国在西沙群岛相关海域的正常石油活动，又在西沙群岛相关海域与外国石油公司订立石油合同，进行非法石油活动。

---

① 参见 Ramses Amer, the Sino-Vietnamese Approach to Managing Boundary Disputes, Maritime Briefing, Vol. 3, No. 5, 2002, p. 37。

② 参见 Do Thanh Hai, Vietnam's Evolving Claims, in Leszek Buszynski, Christopher B. Robert (ed.) the South China Sea Maritime Dispute: Political, Legal and Regional Perspectives, Routledge, 2015, p. 95.

③ 参见《“981”钻井平台作业：越南的挑衅和中国的立场》附件 2-5，外交部官网，2014 年 6 月 8 日，http://www.fmprc.gov.cn/web/ziliao_674904/1179_674909/t1163255.shtml，2016 年 1 月 13 日访问。

1997 年 3 月中国勘探 3 号石油钻井平台和两艘牵引船在西沙群岛相关海域（17°13′45″N，108°39′30″E）实施钻探活动，遭到越南方面的抗议；同年 4 月开始撤出该海域。① 2010 年 5 月，中国派遣的地震勘探船在西沙群岛中的中建岛附近水域进行勘探活动，该区域与越南所主张的 141、142、143 石油开发区块重叠，越南方面于同年 8 月 5 日提出抗议。② 埃克森美孚公司（Exxon Mobil）从越南政府获得开发靠近岘港海岸的 117、118、119 三个区块的开发许可（与中国主张的海域相重叠）。为了减少中国的过度反应，埃克森美孚公司与越南国家石油公司秘密签署了产品分成合同。后来埃克森美孚公司在其所发布的声明中宣称，其中第 118 号区块，在 2011 年 8 月实施的第二次钻探中发现了碳氢化合物。③ 2014 年 5 月 2 日，中国企业所属“981”钻井平台在中国西沙群岛毗连区内开展钻探活动，前后作业海域距离中国西沙群岛中建岛和西沙群岛领海基线均 17 海里，距离越南大陆海岸约 133～156 海里。中方作业开始后，越南方面即出动包括武装船只在内的大批船只，非法强力干扰中方作业，冲撞在现场执行护航安全保卫任务的中国政府公务船，还向该海域派出“蛙人”等水下特工，大量布放渔网、漂浮物等障碍物。在海上对中方企业正常作业进行非法强力干扰的同时，越方还纵容其国内反华游行示威。5 月中旬，数千越南不法分子对包括中国在内的多国在越企业进行打砸抢烧，残酷杀害 4 名并

---

① 参见 Ramses Amer, the Sino-Vietnamese Approach to Managing Boundary Disputes, Maritime Briefing, Vol. 3, No. 5, 2002, pp. 19-21。

② 参见 Tran Truong Thuy, Recent Developments iin the South China Sea: Unconstrained Waves of Tensions, in Fermin R De Leon Jr, MNSA, Laura Q. Del Rosario, Dang Dinh Quy (ed.) the South China Sea Reader, Papers and Proceedings of Manila Coference on the South China Sea: Toward a Region of Peace, Cooperation and Progress, July 5-6, 2011, p. 47。

③ 参见 US Gas find off Vietnam Adds to China Tension, the Financial Times, October 26, 2011, http://www.ft.com/intl/cms/s/0/e5674186-ffe5-11e0-ba79-00144feabdc0.html#axzz1biB4PmQH, visited on 13 January, 2016。

打伤300多名中国在越公民，并造成重大财产损失。①

（二）南沙群岛相关海域

对于西沙群岛，越南当前的目标主要是使其“争议化”；对于南沙群岛，越南当前的首要目标，则是在其相关海域大量开采石油资源。越南很早就重视发展海洋经济。1993年越共政治局就通过决议，其中关键任务就是发展海洋经济。2007年海洋经济在越南GDP中占49%，而其海洋收入中占比最大的就是石油收入，2009年海洋经济的64%来源于石油。② 这也刚好解释了，越南为何与众多外国石油公司在南海争议海域订立石油合同。为了吸引更多外国石油公司参与掠夺南海争议海域的石油资源，越南一直以来都对外国石油公司提供优惠的条件。2000年越南修订后的《石油法》，对于外国石油公司提供了更加优惠的条件。例如，合营公司中外国投资者所占份额可高达80%。③ 很明显越南与外国石油公司，在石油合同中处于不对等的地位，外国石油公司占据更大优势，所以今后无论中越之间，就争议海域开展划界或共同开发谈判，要想说服外国石油公司作出让步，也会面临很大阻力。越南所采取的措施，确实也吸引了许多外国石油公司。目前越南在南沙群岛相关海域与外国石油公司签订的石油合同有（详见图3）：1994年4月与美孚公司（Mobil——埃克森美孚公司的前身）签订开发蓝龙油田（Blue Dragon Field）的合同；1996年4月越南与美国康诺克公

① 参见《“981”钻井平台作业：越南的挑衅和中国的立场》，外交部官网，2014年6月8日，http://www.fmprc.gov.cn/web/ziliao_674904/1179_674909/t1163255.shtml，2016年1月12日访问。

② 参见 Do Thanh Hai, Vietnam's Evolving Claims, in Leszek Buszynski, Christopher B. Robert (ed.) the South China Sea Maritime Dispute: Political, Legal and Regional Perspectives, Routledge, 2015, pp. 89-92。

③ 参见 Theresa Fallon, Jockeying for Position in the South China Sea: Cooperative Strategy or Managed Conflict? in Yann-Huei Song, Keyuan Zou (ed.) Major Law and Policy Issues in the South China Sea: European and American Perspective, Ashgate, 2014, p. 200。

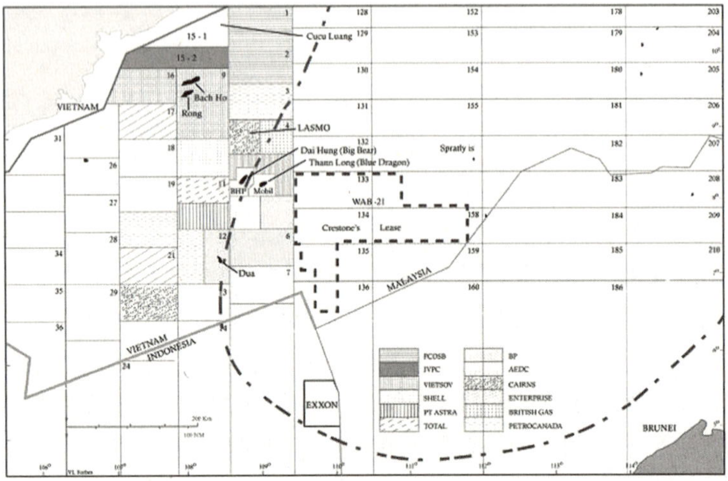

图 3　越南石油区块分布图①

司（Conoco——康菲石油公司前身）就南海 133 和 134 区块的勘探开发订立石油合同;② 2007 年英国石油公司联合美国康菲石油公司，参与开发南昆山盆地;③ 2008 年印度石油天然气公司（Indian Oil and Natural Gas Corporation）与越南就南沙群岛相关海域开发石

① 参见 Leszek Buszynski，Iskandar Sazlan，Maritime Claims and Energy Cooperation in the South China Sea，Contemporary Southeast Asia，Vol. 29，No. 1，2007，p. 159。

② Leszek Buszynski，the Origins and Development of the South China Sea Maritime Dispute，in Leszek Buszynski，Christopher B. Robert（ed.）the South China Sea Maritime Dispute：Political，Legal and Regional Perspectives，Routledge，2015，pp. 11-12。

③ 参见 Andrew Symon，China，Vietnam spar over gas，Asian Times Online，1 May 2007，http：//www. atimes. com/atimes/Southeast _ Asia/IE01Ae01. html，visited on 13 August，2015。

油资源签订产品分成合同;① 2012 年英国索科国际（SOCO International）公开宣称其也参与了中国所主张的海域的石油资源开发。②

相较而言，中国仅在 1992 年 5 月，与美国克里斯通石油公司（Crestone）就万安滩的石油资源开发签订了石油合同，1993 年 12 月越南要求克里斯通公司取消该项合同，1994 年克里斯通公司开始在万安北 21 号区块进行勘探活动，1994 年 8 月越南炮艇迫使中国勘探船离开该区域。1997 年 12 月，中国勘探船 8 号和两艘补给船进入万安北 21 号区块时，遭到越南方面抗议，并被越南海军驱离。③ 由于越南方面的阻挠，该项石油合同终究未能履行，截至 2013 年 5 月 31 日期限届满。④ 针对越南方面在南沙群岛相关海域的单方面石油活动，中国政府通常采用两种应对方法：

（1）对于刚订立的石油合同，通常会对越南政府提出抗议，同时也会对参与其中的外国石油公司发出警告。例如，在越南与美孚石油公司，就蓝龙油田的开发签订石油合同后，中国外交部于 1994 年 5 月 10 日表示抗议，认为蓝龙油田位于南沙群岛相关海域。⑤ 1996 年 4 月越南与美国康诺克公司就南海 133 和 134 区块的勘探开发订立石油合同，也引发了中国政府抗议，中国政府认为整

① 参见 Brian McCartan, Roiling the Waters in the Spratlys, Asia Sentinel, 4 February 2008, http://www.asiasentinel.com/politics/roiling-the-waters-in-the-spratlys/, visited on 13 August, 2015。

② 参见 Mark J. Valencia, the South China Sea Disputes, in Wu Shicun and Hong Nong (ed.) Recent Developments in the South China Sea Dispute: the Prospect of Joint Development Regime, Routledge, 2014, p. 7。

③ 参见 Zou Keyuan, Joint Development in the South China Sea: A New Approach, the International Journal of Marine and Coastal Law, Vol. 21, No. 1, 2006, p. 88。

④ 参见 Zou Keyuan, China's U-Shaped Line in the South China Sea Revisited, Ocean Development and International Law, Vol. 43, No. 1, 2012, p. 22。

⑤ 参见 Nguyen Hong Thao, Vietnam and the Code of Conduct for the South China Sea, Ocean Development and International Law, Vol. 32, 2001, p. 106。

个合同区域全部位于万安北 21 号区块。① 从 2007 年到 2010 年，中国频繁抗议外国石油公司与越南合作开发该海域的石油资源，其中包括：英国石油公司、雪佛龙石油公司（Chevron）、印度石油天然气公司、出光兴产株式会社（Indemisu）、韩国国家石油公司（Korean National Oil Company）等。②

此种方法会产生一定的效果。例如，2007 年 6 月，在中国表示英国石油公司的行为侵犯中国主权后，英国石油公司将其在南昆山盆地油气田的股份转让给印度石油天然气公司。③ 2017 年 6 月，越南曾秘密许可“深海都会 1 号（Deepsea Metro I）”钻井船在万安北 21 号区块进行作业，④ 由于中国的强烈反对，该钻探船于 8 月份撤出该海域。⑤ 然而，有时中国对外国石油公司的这种警告，往往成为域外国家指责中国的借口。例如，美国国务院东亚及太平洋事务副助理国务卿斯科特（Scot Marciel），在美国参议院外交关系委员会下属的东亚及太平洋委员会所作的陈述中声称：“2007 年夏，中国告知一些美国和其他外国石油公司，停止与越南在南海的合作，否则将在其与中国的合作中遭受不明确的后果。我们反对对

---

① 参见 Ramses Amer, the Sino-Vietnamese Approach to Managing Boundary Disputes, Maritime Briefing, Vol. 3, No. 5, 2002, p. 17。

② 参见 Tran Truong Thuy, Recent Developments iin the South China Sea: Unconstrained Waves of Tensions, in Fermin R De Leon Jr, MNSA, Laura Q. Del Rosario, Dang Dinh Quy (ed.) the South China Sea Reader, Papers and Proceedings of Manila Coference on the South China Sea: Toward a Region of Peace, Cooperation and Progress, July 5-6, 2011, p. 46。

③ 参见 Yann-Huei Song, Stein TØnnesson, the Impact of the Law of the Sea Convention on Conflict and Conflict Management in the South China Sea, Ocean Development and International Law, Vol. 44, No, 3, 2013, p. 251。

④ 参见 Bill Hayton, Vietnam drills for oil in South China Sea, BBC News, 5 July 2017, http://www.bbc.com/news/world-asia-40493277, visited on 11 October 2017。

⑤ 参见 Matthew Tostevin, Drilling ship leaves Vietnam oil block after China row, Reuters, 14 August 2017, https://af.reuters.com/article/worldNews/idAFKCN1AU0AC, visited on visited on 11 October 2017。

于美国公司的威胁，已直接向中国方面表达了我们的关切。”①

（2）如果抗议或警告未能奏效，那么中国就会考虑派遣执法船只，阻止这些单方面的石油活动。例如，1994 年 7 月中国派遣海军舰船，阻止越南方面的石油钻井平台，在万安北 21 号区块进行作业。② 但是中国的执法行动，可能会受到越南方面的指责和阻挠。例如，根据《越南青年报》报道，2011 年 5 月 26 日中国海监船割断越南国家石油天然气公司的“平明 2 号（Binh Minh 2）”勘探船的勘探缆绳。越南外交部发言人声称：越南海军将采取一切必要措施坚决维护越南的和平、独立、主权和领土完整。③ 对此，中国回应称：“2011 年 5 月，越方在中国管辖海域开展油气作业活动，损害了中国在南海的权益和管辖权，违背了两国在南海问题上达成的共识，中方对此表示反对。中方主管部门采取的行动，完全是在中方管辖海域进行的正常海洋执法监察活动。”④ 2011 年 6 月 10 日，越南外交部发言人声称，一艘中国渔船在两艘中国海监船的陪护下，有意割断“维京 2 号（Viking 2）”的勘探电缆，最终迫使该船熄火停止作业。⑤ 中国外交部发言人回应道：“2011 年 6 月 9 日上午，中国渔船在上述海域正常作业时，遭到越南武装舰船

---

① Maritime Issues and Sovereignty Disputes in East Asia, July 15, 2009, http://www.state.gov/p/eap/rls/rm/2009/07/126076.htm, visited on 14 January, 2016。

② Leszek Buszynski, Iskandar Sazlan, Maritime Claims and Energy Cooperation in the South China Sea, Contemporary Southeast Asia, Vol. 29, No. 1, 2007, p. 158。

③ Vietnam Demands China stop Sovereignty Violations, TN News, May 29, 2011, http://www.thanhniennews.com/politics/vietnam-demands-china-stop-sovereignty-violations-12123.html, visited on 13 January 2016.

④《外交部发言人姜瑜就我在南海进行海洋执法监察事答记者问》，中华人民共和国外交部驻澳门特别行政区特派员公署官网，http://www.fmcoprc.gov.mo/chn/gsxwfb/lxjzzdh/t826094.htm，2016 年 1 月 12 日访问。

⑤ Vietnam Alleges High-seas Interference, United Press International, June 10, 2011, http://www.upi.com/Top_News/Special/2011/06/10/Vietnam-alleges-high-seas-interference/58011307739896/, visited on 13 January 2016.

的非法驱赶，并导致其中一艘渔船的渔网与在现场非法作业的越南油气勘探船的电缆缠绕在一起，越方船只不顾中国渔民的生命安全，拖曳中国渔船倒行长达一个多小时。在中国渔船主动剪断渔网后，双方才脱离接触。越方船只的做法严重威胁了中国渔民的生命安全。"① 两次"割缆事件"后，越南国内还爆发了反华游行示威。② 同样，"割缆事件"又成为美国插手南海事务的借口，2011 年 6 月 27 日，美国参议院通过一项名为"和平及多边解决东南亚海上领土争端"的决议，无端指责中国在南海的正常执法行动。③

（三）危机管控机制

通过上述介绍可知，中国在西沙群岛相关海域的正常石油活动，即便有中国公务船只的保护，仍会受到越南方面的干扰；中国在南沙群岛相关海域的执法活动，不仅受到越南方面的指责，还会遭到越南方面的阻拦。每当发生此类事件时，不仅会加剧两国间的紧张关系，也会激发国内的民族主义情绪，还为域外大国插手南海问题提供了机会，因此必须有效管控海上问题所引发的危机。此处之所以仅探讨危机管控机制，是由于中越之间尚不具备建立事先沟通机制的条件。因为中越之间仅就南沙群岛存在争议达成一致，其余的大面积海域到底是否存在争议，目前尚未达成一致。由于事先

---

① 《外交部发言人洪磊就越南在南沙海域驱赶中国渔船答记者问》，中华人民共和国外交部驻澳门特别行政区特派员公署官网，http://www.fmcoprc.gov.mo/chn/gsxwfb/lxjzzdh/t829297.htm，2016 年 1 月 12 日访问。

② 参见 Caryle A. Thayer, China-ASEAN and the South China Sea: Chinese Assertiveness and Southeast Asian Response, in Yann-Huei Song, Keyuan Zou (ed.) Major Law and Policy Issues in the South China Sea: European and American Perspective, Ashgate, 2014, p. 42。

③ 参见 Peaceful and Multilateral Resolution to Maritime Territorial Disputes in Southeast Asia, June 27, 2011, S. Res. 217, https://www.congress.gov/congressional-record/2011/06/27/senate-section/article/S4133-1, visited on 13 January, 2016。

沟通机制本身就是以存在争议海域为前提，因此在中越两国未就主要争议海域的范围达成一致前，要求其中一方在自己认为无争议的海域实施石油活动前履行事先沟通义务，无异于让其承认该海域存在争议，必然会遭到拒绝。前文所述的中日双方之所以能够建立事先沟通机制，就是因为两国关于东海争议海域范围的大部分区域是有共识的，症结主要是钓鱼岛附近海域，但是海域面积有限。而中越两国的情形恰恰相反，达成一致的争议海域范围是很小的区域，绝大部分区域尚未明确。危机管控机制则有别于事先沟通机制，其主要目的是控制双方在对峙过程中的具体行为，以及如何化解每一场具体的危机，可以不触及事发海域的法律地位问题。例如，通过联络机制使得双方在事发海域内保持克制，最终通过磋商机制，双方同意各自的船只撤出事发海域，整个过程都可以避开争议海域的范围问题。

目前中越两国间已经建立了比较完备的危机管控机制，其中就包括四个层级的会谈机制：高层会谈（两国主席、总理以及两党总书记）、外交部长级会谈、政府级会谈（副部长）、专家级会谈。① 正是由于会谈机制的存在，每当中越两国出现海上危机时，双方总会启动会谈机制，及时化解危机。例如，在“割缆事件”发生后的2011年10月11日，中越两国政府代表团举行会谈，并达成《关于指导解决中华人民共和国和越南社会主义共和国海上问题基本原则协议》，文件规定：“双方每年举行两次政府边界谈判代表团团长定期会晤，轮流主办，必要时可举行特别会晤。”该文件被有的学者视为两国间事实上的双边行为准则。② 同年10月

① 参见 Ramses Amer, China, Vietnam, and the South China Sea: Disputes and Disputes Management, Ocean Development and International Law, Vol. 45, No. 1, 2014, p. 18。

② 参见 Rames Amer and Li Jianwei, Recent Developments in the South China Sea, in Wu Shicun and Hong Nong (ed.) Recent Developments in the South China Sea Dispute: the Prospect of Joint Development Regime, Routledge, 2014, p. 42。

11日至15日，越共总书记阮富仲访华，中越两国发表《联合声明》。① 正是由于双方的共同努力，海上局势得到有效的控制，而且双方还就海上问题取得一定进展。例如，中越双方于2012年5月21日至22日，在河内举行了北部湾湾口外海域工作组第一轮磋商。双方就湾口外海域划界与共同开发问题交换了意见。② 同样，在“981钻井平台事件”发生后的2014年8月，越共中央总书记的特使——黎鸿英访华，为紧张局势降温。③ 中国国务委员杨洁篪在2014年6月18日、10月27日两次访问越南，缓解紧张局势。④ 2015年4月7日至10日，越共总书记阮富仲访华，双方发表了《中越联合公报》，中越两国强调共同管控海上分歧，修复因981钻进平台以及随后的大规模反华暴力事件而受损的两国关系。⑤ 同年11月，习近平访问越南，双方发表的《中越联合声明》也强调了“共同管控好海上分歧”。⑥ 2017年5月，越南国家主席陈大光访问中国时所发表的《中越联合公报》再次重申“管控好海上分歧”。⑦

---

① 参见《中越联合声明》，新华网，2011年10月15日，http://news.xinhuanet.com/world/2011-10/15/c_122161349.htm，2016年1月10日访问。

② 参见《中越举行北部湾湾口外海域工作组第一轮磋商》，新华网，2012年5月23日，http://news.xinhuanet.com/world/2012-05/23/c_112019280.htm，2016年1月12日访问。

③ 参见苏晓辉:《中国与南海争议方有能力管控分歧》，载《人民日报海外版》2015年4月10日，第1版。

④ 参见《中越欲通过外交缓和关系》，载《参考消息》2014年10月28日，第16版。

⑤ 参见《中越强调共同管控海上分歧》，载《参考消息》2015年4月9日，第1版。

⑥ 参见《中越联合声明》，外交部官网，2015年11月6日，http://www.fmprc.gov.cn/web/gjhdq_676201/gj_676203/yz_676205/1206_677292/1207_677304/t1312772.shtml，2017年10月8日访问。

⑦ 参见《中越联合公报》，外交部官网，2017年5月15日，http://www.fmprc.gov.cn/web/gjhdq_676201/gj_676203/yz_676205/1206_677292/1207_677304/t1461612.shtml，2017年10月8日访问。

除了会谈机制，中越之间还建立了热线联系机制。根据2011年11月所达成的《关于指导解决中华人民共和国和越南社会主义共和国海上问题基本原则协议》之规定："双方同意在政府代表团框架下设立热线联系机制，以便就海上问题及时沟通，妥善处理。"① 2011年11月的中越《联合声明》规定："双方正式开通中越领导人热线；深化两军合作，加强两军高层接触，继续举行好国防部副部长级战略对话，推动建立两国国防部直通电话。"② 两国防务部门的热线直到2015年12月31日方才正式开通。③ 2012年3月2日，中越两国外交部之间也设立了热线。④ 此外，根据2013年6月21日《中越联合声明》之规定：中国农业部与越南农业与农村发展部，建立了海上渔业活动突发事件联系热线。⑤ 总体来说，中越之间的热线机制还是比较完备的，不过仍有进一步提升的空间：（1）由于中国海上执法行动的日益专业化，中国海警已成为执法的中坚力量，因此需要在中国海警与越南海岸警卫之间建立热线联系。本书认为实现这一目标的难度不大，因为中越两国均有与其他国家建立类似机制的先例。前文已经提及了中国海警局和日本海上保安厅同意建立双方总部之间的对话窗口，而越南则已与菲

① 《关于指导解决中华人民共和国和越南社会主义共和国海上问题基本原则协议》，中央政府网，2011年10月12日，http://www.gov.cn/jrzg/2011-10/12/content_1966682.htm，2016年1月11日访问。

② 《中华人民共和国与越南社会主义共和国联合声明》，中央政府网，2011年10月15日，http://www.gov.cn/jrzg/2011-10/15/content_1970444.htm，2016年1月11日访问。

③ 参见《中越首度开通防长热线》，载《参考消息》2016年1月1日，第16版。

④ 参见 Rames Amer and Li Jianwei, Recent Developments in the South China Sea, in Wu Shicun and Hong Nong (ed.) Recent Developments in the South China Sea Dispute: the Prospect of Joint Development Regime, Routledge, 2014, p. 33。

⑤ 参见《中越联合声明》，新华网，2013年6月21日，http://news.xinhuanet.com/world/2013-06/21/c_116238537.htm，2016年1月15日访问。

律宾建立了热线联系，2011 年越南国家主席张晋创访问菲律宾时，双方同意在两国海岸警卫队之间建立热线，① 2012 年 3 月，菲律宾与越南的海军之间签署了一项备忘录，其中包含一项条款，即在两国海岸警卫队总部之间正式建立热线，以管控海上事件。② 事实上，中越双方的海警已经开始加强沟通和联系，2016 年 6 月双方签署了《中国海警局与越南海警司令部合作备忘录》，同年 8 月 26 日，中越海警举行了第一次工作会晤。③ （2）不仅要在海上执法机构总部之间建立热线，还要在一线执法人员之间架设联系渠道。例如，舰船和飞机在一线相互联络时，要统一无线电频率和语言。

此外，在探讨中越海上危机管控时，我们不应该忽视东盟的作用。在 2014 年 11 月 13 日举行的第九届东亚峰会上，李克强总理指出维护南海形势稳定的新途径："我们明确了处理南海问题'双轨思路'，即有关具体争议由直接当事国在尊重历史事实和国际法基础上，通过谈判协商和平解决，南海和平稳定由中国和东盟国家共同加以维护。'双轨思路'的提出，意味着中方处理南海争议的手法发生了微调，从拒绝通过任何多边渠道解决南海问题，转向承认可以在有限多边场合、寻求部分涉及多边利益的问题的解决之道。"④ 因此，可以将中国对待东盟的态度概括为两点：一方面拒绝东盟参与南海争端的解决；另一方面又将东盟视为管控南海紧张

① 参见 Car Thayer, The Philippines and Vietnam Forge a Strategic Partnership, the Diplomat, March 10, 2015, http://thediplomat.com/2015/03/the-philippines-and-vietnam-forge-a-strategic-partnership/, visited on 11 January, 2016。

② 参见 Car Thayer, Is a Philippine-Vietnam Alliance in the Making? the Diplomat, March 28, 2014, http://thediplomat.com/2014/03/is-a-philippine-vietnam-alliance-in-the-making/, visited on 11 January, 2016。

③ 参见《中越海警第一次工作会晤在京举行》，中华人民共和国公安部官网，2016 年 8 月 27 日，http://www.mps.gov.cn/n2253534/n2253535/n2253536/c5479550/content.html，2017 年 10 月 10 日访问。

④ 徐方清、闵杰、郭金超：《双轨思路：处理南海问题"新强音"》，《中国新闻周刊》，2014 年 11 月 25 日，http://news.inewsweek.cn/detail-1168.html，2016 年 1 月 11 日访问。

局势的有效参与者。①

为了更好地管控南海局势，2013年9月14日至15日，中国和东盟国家在落实《南海各方行为宣言》第六次高官会上，首次就“南海行为准则”举行磋商。② 对于“南海行为准则”我们应有一个明确的定位，即“‘行为准则’的本意是为解决南海领土主权争议营造良好的环境，不能用主权争端绑架准则谈判，在直接当事方之间谈判才是解决问题的正确途径”。③ 在2015年10月22日落实《南海各方行为宣言》第十次高官会上，初步讨论并形成了“重要和复杂问题清单”和“‘准则’框架草案要素清单”两份开放性文件。④ 虽然目前关于“南海行为准则”的磋商已经取得一定成果，但是我们不应对最终的达成设定明确期限，因为有关“南海行为准则”的磋商必然要涉及《南海各方行为宣言》有意回避的难点，如适用范围。⑤

正是由于“南海行为准则”的磋商将耗时很长，而南海的紧张局势又时常出现，因此在2015年7月29日举行的第九次高官会上，正式讨论设置“热线”的问题。“热线”的提出和设置最主要的目的是为了在“南海行为准则”最终达成前，能建立一个妥善

---

① Jian Zhang, China's South China Sea Policy: Evolution, Claims and Challenges, in Leszek Buszynski, Christopher B. Robert (ed.) the South China Sea Maritime Dispute: Political, Legal and Regional Perspectives, Routledge, 2015, p. 74

② 参见《落实〈南海各方行为宣言〉第六次高官会在苏州举行》，新华网，2013年9月16日，http://sz.xinhuanet.com/2013-09/16/c_117385800.htm，2016年1月14日访问。

③ 王羽：《别想借“准则”算计中国》，载《人民日报海外版》，2013年9月16日，第1版。

④ 参见《落实〈南海各方行为宣言〉第十次高官会在成都举行》，中央政府网，2015年10月22日，http://www.gov.cn/xinwen/2015-10/22/content_2951612.htm，2016年1月14日访问。

⑤ 参见 Nguyen Hong Thao, the 2002 Declaration on the Conduct of Parties in the South China Sea: A Note, Ocean Development and International Law, Vo. 34, No. 1-2, 2003, p. 280。

处理争议、有效管控海上局势的方式，从而防止不可测事件的发生。①而在 2016 年 8 月 15 日至 16 日举行的落实《南海各方行为宣言》第 13 次高官会和第 18 次联合工作组会中，就通过了“中国与东盟国家应对海上紧急事态外交高官热线平台指导方针”和“中国与东盟国家关于在南海适用《海上意外相遇规则》的联合声明”两份成果文件，② 这无疑有助于更好地管控南海局势。

尽管东盟在危机管控上的积极作用不容否认，但是中国政府必须对于东盟所扮演的角色有着明确的定位：（1）即便日后达成“南海行为准则”，其在危机管控中仍是处于补充地位。因为将来的“南海行为准则”是一项多边性文件，必然不可能专门针对某两个当事国之间的海上问题，其相关规定不可能特别具体。因此，中越之间若出现海上危机，首先仍是启动双边的危机管控机制，只有双边机制失灵的情况下，可能诉诸多边的危机管控机制。（2）即便启动多边机制，东盟应当作为各国平等磋商的平台，而非其他国家联合向中国施压的场所。

综上所述，虽然中越之间的海上问题复杂，但是中越之间目前已经建立的比较完善的危机管控机制。遗憾的是，由于双方关于争议海域的范围未能达成一致，所以目前仍无法建立危机预防机制，只能通过危机管控机制进行事后补救。此外，中越两国还应当发挥东盟在危机管控中的积极作用。

二、菲律宾

中国与菲律宾之间因为石油活动所产生的争端集中在礼乐滩附近，而且皆由菲律宾方面的单方面行为所引发。1976 年 6 月 14 日，中国外交部就菲律宾宣布在我南沙群岛地区钻探石油发表声明

① 参见《中国东盟首次同意尽早设立外交高官热线，应对南海紧急事态》，澎湃新闻，2015 年 8 月 4 日，http://www.thepaper.cn/newsDetail_forward_1360204，2016 年 1 月 11 日访问。

② 参见《落实〈南海各方行为宣言〉第 13 次高官会在中国满洲里举行》，外交部官网，http://www.fmprc.gov.cn/web/gjhdq_676201/gjhdqzz_681964/lhg_682518/xgxw_682524/t1389417.shtml，2017 年 10 月 11 日访问。

指出，中国对南沙群岛及其附近海域“拥有无可争辩的主权，这些地区的资源为中国所有。任何外国派兵侵占南沙群岛的岛屿或在南沙群岛地区勘探、开采石油和其他资源，都是对中国领土主权的侵犯，都是不能允许的”。① 2004 年菲律宾宣布在靠近其马兰帕亚油气田（Malampaya Field）的南海区域进行石油开发的国际招标，中国政府对这一单方面举动表达了关切。② 2011 年初，菲律宾政府授予英国福勒姆能源公司，为期两年在礼乐滩海域勘探油气资源的许可，对此中国政府向菲方提出严正抗议和交涉。2011 年 3 月菲律宾石油勘探船在礼乐滩附近海域进行调查作业，中国政府派出巡逻船予以驱逐，迫使其停止作业。③ 根据 2015 年 3 月 2 日，英国福勒姆能源公司发表的声明，菲律宾已经无限期中止了在礼乐滩海域的所有海上石油和天然气钻探活动。该声明称：“根据不可抗力条款，72 号服务合同的所有勘探工作立刻中止（2014 年 12 月 15 日起生效），直到菲律宾能源部通知公司可以开始钻探为止。”④

虽然说菲律宾在礼乐滩的单方面石油活动，由于中国方面坚决的态度和果断的执法，均未得以继续，但是中国的执法行动却受到

① 郭冉：《论中国在南海 U 形线内海域的历史性权利》，载《太平洋学报》2013 年第 12 期，第 44 页。

② 参见 Zou Keyuan, Joint Development in the South China Sea: A New Approach, the International Journal of Marine and Coastal Law, Vo. 21, No. 1, 2006, p. 87。

③ 参见 Ramses Amer, Li Jianwei, Recent Development in the South China Sea: Assessing the China-Vietnam and China-Philippines Relationships, in Wu Shicun, Hong Nong (ed.), Recent Development in the South China Sea Dispute (Oxon: Routledge, 2014), p. 37。

④ 参见 Philippines Suspends Oil, Gas Exploration in Disputed Waters, the Philippine Star, March 4, 2015, http: //www. philstar. com/world/2015/03/04/1429926/philippines-suspends-oil-gas-exploration-disputed-waters; Forum Energy to stop Exploration Work at SC 72 Due to Philippine-China Spat, Rigzone, March 3, 2015, http: //www. rigzone. com/news/oil_gas/a/137493/Forum_Energy_to_Stop_Exploration_Work_at_SC_72_Due_to_PhilippineChina_Spat, visited on January 16, 2016。

菲律宾方面的无端指责。在2013年未经中国同意的情况下，菲律宾单方面启动南海仲裁程序，以致两国关系急剧恶化。在菲律宾所提诉求中就包括“中国非法地妨碍菲律宾对其专属经济区和大陆架非生物资源享有和行使的主权权利”①。对此仲裁庭错误裁定“中国海监船在2011年3月1日和2日针对‘真理旅行者’（M/V Veritas Voyager）号船的活动，违反了《公约》第77条的规定，侵犯了菲律宾对礼乐滩地区大陆架上非生物资源所享有的主权权利”。②

在导致两国关系恶化的多种因素中，当然也包括双方缺乏海上危机管控机制。虽然早在1995年中菲之间就确立了海上的行为准则，③ 在1996年的中菲联合新闻发布会上，双方同意建立双边磋商机制，其中包括：渔业、海洋环境保护和建立信任措施三个工作组。④ 遗憾的是，这一计划在2016年之前未得到落实。这就导致中菲两国间一旦出现海上危机，由于缺乏固定的磋商机制，只能在事发后通过临时的外交谈判解决问题，明显有些仓促，而且参与谈判的人员，很有可能是临时抽调的，对具体的问题缺乏专门研究。

随着2016年10月菲律宾新任总统杜特尔特访华，问题迎来转机。在双方发表的《中华人民共和国与菲律宾共和国联合声明》中规定：加强两国海警部门间合作；同意继续商谈建立信任措施；建立一个双边磋商机制是有益的，双方可就涉及南海的各自当前及

---

① The South China Sea Arbitration, Award of 12 July 2016, para. 649.

② The South China Sea Arbitration, Award of 12 July 2016, para. 716.

③ 参见 Zou Keyuan, Implementing the United Nations Convention on the Law of the Sea in East Asia: Issues and Trends, Singapore Year Book of International Law and Contributors, Vol. 9, 2005, p. 51。

④ 参见 Rames Amer and Li Jianwei, Recent Developments in the South China Sea, in Wu Shicun and Hong Nong (ed.) Recent Developments in the South China Sea Dispute: the Prospect of Joint Development Regime, Routledge, 2014, p. 35。

其他关切进行定期磋商。①

在落实上述联合声明的内容方面，目前已取得两个重要成果：(1) 建立“中菲南海问题双边磋商机制”。2017 年 1 月 18 日，在第 20 次中菲外交磋商中，双方同意建立中菲南海问题双边磋商机制，由两国外交部牵头，就双方关切的问题及促进海上合作和海上安全进行商讨。② 中菲南海问题双边磋商机制第一次会议 2017 年 5 月 19 日在贵州省贵阳市举行。会上，双方代表团团长在该机制《职责范围》文件上签字。双方同意该机制将作为双方建立信任措施和促进海上合作与海上安全的平台；该机制由来自中菲两国外交部和海上事务负责机构的相同数量官员组成；机制每 6 个月在两国交替举行会议。③ (2) 2017 年 2 月 20 日至 22 日，中菲两国海警在菲律宾苏比克举行联委会首次会议，期间两国海警建立了热线机制。④

由此可见，2016 年 10 月以来，中菲两国在危机管控机制方面已经取得了很大的进展。虽然目前尚不能与中越之间的危机管控机制相比拟，但能在所谓“南海仲裁案”的临时仲裁庭公布仲裁裁决后不到一年的时间里，取得如此成果，实属不易。此外，中菲之间的危机管控，同样不应忽视东盟这个区域组织在维护南海和平与

① 参见《中华人民共和国与菲律宾共和国联合声明》，外交部网站，2016 年 10 月 21 日，http://www.fmprc.gov.cn/web/gjhdq_676201/gj_676203/yz_676205/1206_676452/1207_676464/t1407676.shtml，2017 年 10 月 13 日访问。

② 参见《中菲举行第 20 次外交磋商》，外交部官网，http://www.fmprc.gov.cn/web/gjhdq_676201/gj_676203/yz_676205/1206_676452/xgxw_676458/t1431646.shtml，2017 年 10 月 13 日访问。

③ 参见《中国—菲律宾南海问题双边磋商机制第一次会议联合新闻稿》，外交部官网，http://www.fmprc.gov.cn/web/gjhdq_676201/gj_676203/yz_676205/1206_676452/xgxw_676458/t1463536.shtml，2017 年 10 月 13 日访问。

④ 参见《2017 年 2 月 24 日外交部发言人耿爽主持例行记者会》，外交部官网，http://www.fmprc.gov.cn/web/wjdt_674879/fyrbt_674889/t1441374.shtml，2017 年 10 月 13 日访问。

稳定方面的积极作用，至于东盟的角色定位，已在前文论述过。

综合本节所述，由于南海问题的复杂性，在相当长的一段时间内是无法完成海上划界的，共同开发的前景也不乐观。在此期间，一方面中国的合法石油活动可能会遭到其他声索国的干扰；另一方面中国也需要抵制其他声索国的非法石油活动，必要时还需要采取执法行动。这也就意味着南海地区会时常出现紧张局势，为了不使局势失控，中国有必要与其他声索国直接建立危机管控机制，具体包括会谈、磋商机制和热线机制。此外，中国也需要积极引导东盟，在维护南海和平与稳定方面发挥建设性作用。

本章小结

通过本章对中国周边争议海域的既有石油合同情况的梳理分析可知：首先，尽管目前中国与朝鲜、韩国在黄海存在争议区域，但由于不存在既有石油合同，因此无论是进行划界谈判，还是尝试共同开发，当事国之间所遇到的阻力必然会大大减少。其次，由于东海区域的中日韩三方重叠区内的石油资源前景不明，对石油公司吸引力有限，因此该区域的既有石油合同问题将不是中国政府关注的重点。对于“中间线”以西海域，中国政府要抵制日方将其“争议化”的企图。在“中间线”以东的争议海域，中国政府应密切关注日方既有石油合同区块的最新动向。如果日本方面将来执意推进在争议海域的石油作业，中国可以对日本方面的石油活动采取执法行动。除此之外，中国还可以依据反措施，在“中间线”以东海域，与石油公司签订石油合同，进行石油资源开发。为了预防中日之间出现海上对峙，有必要建立东海争议海域石油活动的事先沟通机制。对于未能阻止的危机，要通过磋商机制和联络机制来管控和处理。最后，由于南海问题的复杂性，在相当长的一段时间内是无法完成海上划界的，共同开发的前景也不乐观。在此期间，一方面中国的合法石油活动可能会遭到其他声索国的干扰；另一方面中国也需要抵制其他声索国的非法石油活动，必要时还需要采取执法行动。这也就意味着南海地区会时常出现紧张局势，为了不使局势失控，中国有必要与其他声索国直接建立危机管控机制，具体包括会谈、磋商机制和热线机制。此外，中国也需要积极引导东盟，在维护南海和平与稳定方面发挥建设性作用。

结　　论

争议海域既有石油合同则是指由争端任一当事国在达成共同开发或划界协定之前，就争议海域的石油资源开发与石油公司（主要是外国石油公司）所单方面缔结的石油合同。争议海域既有石油合同并不是绝对的有效或无效，要想获得法律效力必须满足两个条件：(1) 争端当事国的海洋主张必须在国际法上具备初步基础，这样才能在最终划界前推定其主张有效，从而为争议海域内的既有石油合同提供了法律基础。(2) 不得违反“不危害或阻碍最后协议的达成”之义务，具体而言就是禁止所有会对海洋环境造成无法弥补损害的非临时性的单方面行为，除非一方当事国实施此类行为获得其他当事国的同意，或者主张反措施。

根据这两个标准我们可以判定，单纯的订立石油合同的行为以及石油公司在争议海域所实施的临时性的勘探活动（以地震勘探为代表）不违反国际法；而在没有依据反措施或取得其他当事国同意的情况下，实施的非临时性的勘探活动（以钻探为代表）以及开采活动，明显违反国际法。

如果既有石油合同的相关行为违反国际法则需要承担以下法律责任：(1) 需要承担停止不法行为以及承诺和保证不重复的国际法律责任。(2) 对于其不法行为所造成损害，其他当事国可以要求其进行补偿，如果其他当事国认为要求补偿会加剧矛盾，还可以选择抵偿的行为，要求不法行为国承认自己行为的不法性并作出道歉，或者请求国际法庭宣告其行为具有违法性。

虽然争议海域的未来存在三种可能：完成划界、进行共同开发、维持争议现状，但是无论哪一种情形，既有石油合同都是一个无法回避的问题。根据这三种情形，本书提出了以下三种具体的处理方法：

1. 在划界谈判中，如果合同当事国能够在划界谈判中争取将合同区域划归自己所有，那么既有石油合同当然得以保留。如果合同当事国无法争取将整个合同区域划归自己，那么就必须采取一些措施来避免或减少外国石油公司所遭受的损失：（1）合同当事国若完全丧失合同所在海域，那么应当首先争取获得该海域的其他当事国，同意与外国石油公司重新订立石油合同；当这一做法未能成功时，合同当事国还可以尝试与外国石油公司就开发其他海域的石油资源重新订立石油合同；当上述方法均未奏效时，合同当事国只能与外国石油公司协商具体补偿事宜。（2）合同当事国若只失去部分的合同所在海域，并且发现单一石油资源跨界分布，在其他当事国尚未进行商业开发的情况下，应当积极争取由原合同中的外国石油公司完全负责跨界石油资源的开发；若是其他当事国已确定开发己方海域的石油公司，那么只能由原合同中的外国石油公司与其他当事国所确定的石油公司签署联合经营协议，合作开发整个石油资源。

2. 在共同开发谈判中，有数种处理既有石油合同的方法，其中“不受共同开发影响”未能顾及其他当事国的诉求，除非得到其他当事国的同意，否则无法实现；而“单方面取消既有石油合同”则忽略了外国石油公司的诉求，均不可取。“依据合同条款终止合同”完全基于合同当事国与外国石油公司的事先约定，在不违背石油公司意志的情况下终止了既有石油合同，为当事国双方的共同开发扫清了障碍；而“将既有石油合同纳入共同开发”则比较全面地顾及了各方的利益，因此这两种方法比较具有可行性。

3. 在维持争议现状中，既有石油合同会引发了两个主要问题：海洋环境污染和海上执法。（1）争端当事国位于争议海域内的石油活动，仍要受《公约》中所规定的环境保护义务的约束，而且针对合同当事国在争议海域内的石油作业所产生的环境污染，其他当事国完全可以主张适用《公约》所规定的强制解决程序。（2）针对合同当事国单方面授权的非临时性石油活动，其他当事国可以派遣公务船只实施执法。在执法过程中，要严格控制使用武力，即便诉诸武力，也应严格遵循程序性要求，防止“过度使用武力”。由于海军地位的特殊性，其执法过程中若使用武力，就很有可能被指控为《联合国宪章》中的“使用武力”，加之目前尚无法对“过度使用武力”与“使用武力”做一个准确的区分，因此本书建议，海军尽量不参与执法行动。对于海上执法可能引发的对峙问题，应从源头进行预防，合同当事国在实施单方面石油活动前，应当事项通知其他当事国，并就存在的异议及时沟通；如果对峙未能避免，当事国之间应当立即协商解决办法，在此期间当事国高层之间，以及执法船只之间，均应建立有效沟通，防范危机的进一步恶化，为问题的解决争取时间。

具体到中国周边争议海域的既有石油合同问题，我们需要根据不同海域的具体情况提出对策：（1）尽管目前中国与朝鲜、韩国在黄海存在争议区域，但由于不存在既有石油合同的，因此无论是进行划界谈判，还是尝试共同开发，当事国之间所遇到的阻力必然会大大减少。（2）由于东海区域的中日韩三方重叠区内的石油资源前景不明，对石油公司吸引力有限，因此该区域的既有石油合同问题将不是中国政府关注的重点。对于“中间线”以西海域，中国政府要抵制日方将其“争议化”的企图。在“中间线”以东的争议海域，中国政府应密切关注日方既有石油合同区块的最新动向。如果日本方面将来执意推进在争议海域的石油作业，中国可以对日本方面的石油活动采取执法行动；除此之外，中国还可以依据反措施，在“中间线”以东海域，与石油公司签订石油合同，进行石油资源开发。为了预防中日之间出现海上对峙，有必要建立东海争议海域石油活动的事先沟通机制。对于未能阻止的危机，要通过磋商机制和联络机制来管控和处理。（3）至于南海区域，由于问题的复杂性，在相当长的一段时间内是无法完成海上划界的，共同开发的前景也不乐观。在此期间中国会经常面临一种局面：一方面中国的合法石油活动可能会遭到其他声索国的干扰；另一方面中国也需要抵制其他声索国的非法石油活动，必要时还需要采取执法行动。这也就意味着南海地区会时常出现紧张局势，为了不使局势失控，中国有必要与其他声索国直接建立危机管控机制，具体包括会谈、磋商机制和热线机制。此外，中国也需要积极引导东盟，在维护南海和平与稳定方面发挥建设性作用。

最后，本书认为，虽然中国政府处理海上争端的基本策略是统筹“维稳”和“维权”，表明中国政府依旧保持耐心，但这并不意味着中国政府需要被动应对，中国政府实际上可以选择其中一些领域作为突破口，主动出击。本书所探讨的争议海域既有石油合同问题，就是一个很好的突破口。由于周边国家的单方面石油活动在国际法上存在明显的漏洞，中国政府可以运用国际法中的具体规则批驳其他国家的单方面行为，为自己的执法活动，甚至是为适时的“自主开发”① 正名。这样既能直击其他当事国单方面行为在国际法上的要害，又能为中国树立遵守现行国际法的国际形象。此外，中国政府在运用国际法维护自身海洋权益的同时，还应该主动地将自身的合法诉求与世界人民的关切联系起来。例如，中国政府在批判南海其他声索国单方面石油活动违反“不危害或阻碍最后协议的达成”之义务的同时，也应该强调这些石油活动对整个南海生态环境，乃至全球海洋生态系统的破坏，所以中国政府反对这些行为不仅仅是为了自身的海洋权益，也是为了保护整个海洋生态系统。正如抗战胜利70周年的官方说法是“中国人民抗日战争暨世界反法西斯战争胜利70周年”一样，让全世界认识到中国人民抗日战争不仅仅是中国人的事，而且也是世界反法西斯战争的东方主战场。因此，今后中国政府在维护自身海洋权益时，应努力将自身的诉求与国际社会的共同利益结合起来，以展现中国负责任大国的形象。

---

① 参见李国强：《南海油气资源勘探开发的政策适调》，载《国际问题研究》2014年第6期，第111~113页。

参考文献

（一）专著

[1] 余民才．海洋石油勘探与开发的法律问题［M］．北京：中国人民大学出版社，2001.

[2] 李浩培．条约法概论［M］．北京：法律出版社，2003.

[3] 肖建国．国际海洋边界石油的共同开发［M］．北京：海洋出版社，2006.

[4] 梁西．国际法：第三版［M］．武汉：武汉大学出版社，2011.

[5] 高健军．《联合国海洋法公约》争端解决机制研究［M］．北京：中国政法大学出版社，2011.

[6] 杨泽伟．国际法：第三版［M］．北京：高等教育出版社，2017.

[7] 张海文，李云红．世界各国海洋立法汇编：非洲国家、拉美和加勒比国家卷［M］．北京：法律出版社，2012.

[8] 张海文，李云红：世界各国海洋立法汇编：亚洲和大洋洲国家卷［M］．北京：法律出版社，2012.

[9] 余劲松．国际投资法［M］．北京：法律出版社，2014.

[10] 杨泽伟．海上共同开发国际法问题研究［M］．北京：社会科学文献出版社，2016.

[11] 杨泽伟．海上共同开发国际法理论与实践研究［M］．武汉：武汉大学出版社，2018.

[12] Kamal Hossain. Law and Policy Petroleum Development: Changing Relations between Transnationals and Governments［M］. London: Frances Pinter Ltd, 1979.

[13] Mark J. Valencia. The South China Sea: Hydrocarbon Potential and Possible of Joint Development [M]. Oxford: Pergamon Press, 1981.

[14] Raymond F. Mikesell. Petroleum Company Operations and Agreements in the Developing Countries [M]. Washington, D. C: Resources for the Future, 1984.

[15] Keith W. Blinn, Claude Duval. International Petroleum Exploration and Exploitation Agreements: Legal, Economic and Policy Aspects [M]. London: Euromoney Publications, 1986.

[16] Hazel Fox. Joint Development of Offshore Oil and Gas: Vol. I [M]. London: British Institute of International and Comparative Law, 1989.

[17] Hazel Fox. Joint Development of Offshore Oil and Gas: Vol. II [M]. London: British Institute of International and Comparative Law, 1990.

[18] Elisabeth Mann Borgese, Jose R. Morgan. Ocean Yearbook 9 [M]. Chicago: University of Chicago Press, 1991.

[19] J. F. O'Connor. Good Faith in International Law [M]. Dartmouth: Dartmouth Publishing Company Limited, 1991.

[20] Zhiguo Gao. International Petroleum Contracts: Current Trends and New Directions [M]. London: Graham & Trotman/Martinus Nijhoff, 1994.

[21] Gerald H Blake. The Peaceful Management of Transboundary Resources [M]. London: Graham and Trotman/Martinus Nijhoff, 1995.

[22] R. R. Churchill, A. V. Lowe. The Law of the Sea [M]. Manchester: Juris Publishing, 1999.

[23] Michael Byers. Custom, Power and the Power of Rules: International Relations and Customary International Law [M]. Cambridge: Cambridge University Press, 1999.

[24] Antonio Cassese, International Law [M]. Oxford: Oxford

University Press, 2001.

[25] Nicholas M. Poulantzas. The Right of Hot Pursuit in International Law [M]. New York: Martinus Nijhoff, 2002.

[26] Shigeru Oda. Fifty Years of the Law of the Sea: with a special section on the International Court of Justice [M]. Hague: Kluwer Law International, 2003.

[27] Sun Pyo Kim. Maritime Delimitation and Interim Arrangements in North East Asia [M]. New York: Martinus Nijhoff, 2004.

[28] Selig S. Harrison. Seabed Petroleum in Northeast Asia: Conflict or Cooperation? [M]. Washington, D. C: Woodrow Wilson International Center for Scholars, 2005.

[29] Zou Keyuan. Law of the Sea in East Asia [M]. London: Routledge, 2005.

[30] Rainer Lagoni, Daniel Vignes. Maritime Delimitation [M]. Boston: Martinus Nijhoff, 2006.

[31] Malcolm N. Shaw. International Law: Sixth Edition [M]. Cambridge: Cambridge University Press, 2008.

[32] Sam Bateman, Ralf Emmers. Security and International Politics in the South China Sea: Towards a co-operative management regime [M]. London: Routledge, 2009.

[33] Min Gyo Koo. Island Disputes and MaritimeRegime Building in East Asia: Between a Rock and a Hard Place [M]. New York: Springer, 2010

[34] Ramses Amer, Zou Keyuan. Conflict Management and Dispute Settlement in East Asia [M]. Surrey: Ashgate Publishing Limited, 2011.

[35] Deen K. Chatterjee. Encyclopedia of Global Justice [M]. New York: Springer, 2011.

[36] Robert Beckman. Beyond territorial disputes in the South China Sea [M]. Cheltenham: Edward Elgar Publishing Limited, 2013.

[37] Martin Dixon. Textbook on International Law: seventh edition

[M]. Oxford: Oxford University Press, 2013.

[38] Nerina Boschiero, Tullio Scovazzi, Cesare Pitea and Chiara Ragni. International Courts and the Development of International Law [M]. Hague: T. M. C Asser Press, 2013.

[39] S. Jayakumar, Tommy Koh, Robert Beckman. The South China Sea Disputes and Law of the Sea [M]. Cheltenham: Edward Elgar Publishing Limited, 2014.

[40] Vasco Becker-Weinberg. Joint development of Hydrocarbon Deposits in the Law of the Sea [M]. Heidelberg: Springer-Verlag Berlin Heidelberg, 2014.

[41] Wu Shicun and Hong Nong. Recent Developments in the South China Sea Dispute: the Prospect of Joint Development Regime [M]. London: Routledge, 2014.

[42] Yann-Huei Song, Keyuan Zou. Major Law and Policy Issues in the South China Sea: European and American Perspective [M]. Aldershot: Ashgate, 2014.

[43] Leszek Buszynski, Christopher B. Robert. The South China Sea Maritime Dispute: Political, Legal and Regional Perspectives [M]. London: Routledge, 2015.

(二) 论文

[1] 张良福. 中国政府对钓鱼岛主权争端和东海划界问题的基本立场和政策 [J]. 太平洋学报, 2005, (8): 61-70.

[2] 何力. 东海油气资源开发的法律问题——日本的动向与我国的对策 [J]. 上海财经大学学报, 2007, (3): 26-33.

[3] 张新军. 法律适用中的时间要素——中日东海争端关键日期和时际法问题考察 [J]. 法学研究, 2009, (4): 157-173.

[4] 黄伟. 2012 年中海油发布南海油气对外招标公告的法律问题研究 [J]. 法学杂志, 2012, (10): 17-22.

[5] 郭冉. 论中国在南海 U 形线内海域的历史性权利 [J]. 太平洋学报, 2013, (12): 40-49.

[6] 杨泽伟．论海上共同开发的发展趋势［J］．东方法学，2014，(3)：71-79.

[7] 杨泽伟．论海上共同开发“区块”的选择问题［J］．时代法学，2014，(3)：3-10.

[8] 李国强．南海油气资源勘探开发的政策适调［J］．国际问题研究，2014（6）：104-115.

[9] 董世杰．海上共同开发的法律适用［J］．武大国际法评论，2015，17（2）：69-87.

[10] 杨泽伟．论海上共同开发区的法律适用问题［J］．广西大学学报（哲学社会科学版），2015，(4)：71-78.

[11] 董世杰．单方面利用争议海域油气资源的问题研究［J］．东北亚论坛，2015，(5)：36-46.

[12] 孔祥永，李莉文．世界能源新格局与中国之对策选择［J］．东北亚论坛，2015，(5).

[13] D. H. N. Johnson. Acquisitive Prescription in International Law [J]. The British Year Book of International Law, 1950, 27: 332-354.

[14] I. C. MacGibbon. Some Observations on the Part of Protest in International Law [J]. The British Year Book of International Law, 1953, 30: 293-319 .

[15] I. C. MacGibbon. The Scope of Acquiescence in International Law [J]. The British Year Book of International Law, 1954, 31: 143-186.

[16] D. W. Bowett. Estoppel before International Tribunals and its Relation to Acquiescence [J]. The British Year Book of International Law, 1957, 33: 176-202.

[17] L. F. E. Goldie. The Critical Date [J]. The International and Comparative Law Quarterly, 1963, 12 (4): 1251-1284.

[18] Donala R. Allen, Patrick H. Mitchell. The Legal Status of the Continental Shelf of the East China Sea [J]. Oregon Law Review, 1972, 51 (4): 789-812.

[19] Hasan S. Zakariya. New Directions in the Search for and Developmentof Petroleum Resources in the Developing Countries [J]. Vanderbilt Journal of Transnational Law, 1976, 9: 545-578.

[20] Willam T. Onorato. Apportion of an International Common Petroleum Deposit [J]. International and Comparative Law Quarterly, 1977, 26 (2): 324-337.

[21] J. C. Woodlittle. International Unitisation of an Offshore Gas Field [J]. The International and Comparative Law Quarterly, 1977, 26 (2): 338-353.

[22] Ian Brownlie. Recognition in Theory and Practice, British Year Book of International Law [J]. 1982, 53 (1): 197-211.

[23] Kaiyan Homi Kaikobad. Some Observations on the Doctrine of Continuity and Finality of Boundaries [J]. British Year Book of International Law, 1983, 54 (1): 119-141.

[24] Rainer Lagoni. Interim Measures Pending MaritimeDelimitation Agreements [J]. The American Journal of International Law, 1984, 78 (2): 345-368.

[25] I. A. Shearer. Problems of Jurisdiction and Law Enforcement against Delinquent Vessels [J]. The International and Comparative Law Quarterly, 1986, 35 (2): 320-343.

[26] Mark J. Valencia, Masahiro Miyoshi. Southeast Asian Seas: Joint Development of Hydrocarbons in Overlapping Claim Areas? [J]. Ocean Development and International Law, 1986, 16 (3): 211-254.

[27] Tomislavo E. J. P. Dabinovic. Petroleum Service Contracts in Argentina, Brazil and Colombia: Issues Arising from Their Legal Nature [J]. Journal of Energy and Natural Resources Law, 1987, 5 (1): 15-30.

[28] Elliot Richardson. Jan Mayen in Perspective [J]. The American Journal of International Law [J]. 1988, 82 (3): 443-458.

[29] Ernst Willheim. Australia-Indonesia Sea-Bed Boundary Negotiations:

Proposals for a Joint Development Zone in The "Timor Gap" [J]. Natural Resources Journal, 1989, 29 (3): 821-842.

[30] Garrie J. Moloney. Australian-Indonesian Timor Gap Zone of Cooperation Treaty: A New Offshore Petroleum Regime [J]. Journal of Energy and Natural Resources Law, 1990, 8 (2): 128-141.

[31] Ivan Shearer. The Development of International Law with Respect to the Law Enforcement Roles of Navies and Coast Guards in Peacetime [J]. International Law Studies, 1998, 71: 429-453.

[32] David M. Ong. Joint Development of Common Offshore Oil and Gas Deposits: "Mere" State Practice or Customary International Law? [J]. The American Journal of International Law, 1999, 93 (4): 771-804.

[33] David M. Ong. The 1979 and 1990 Malaysia-Thailand Joint Development Agreements: A Model for International Legal Co-operation in Common Offshore Petroleum Deposits? [J]. The International Journal of Marine and Coastal Law, 1999, 14 (2): 207-246.

[34] Nguyen Hong Thao. Joint Development in the Gulf of Thailand, International Boundaries Research Unit Boundary and Security Bulletin [J]. 1999, 7 (3): 79-88.

[35] Nguyen Hong Thao. Vietnam and the Code of Conduct for the South China Sea [J]. Ocean Development and International Law, 2001, 32 (2): 105-130.

[36] W. Michael Reisman. Unratified Treaties and Other Unperfected Acts in International Law: Constitutional Functions [J]. Vanderbilt Journal of Transnational Law, 2002, 35 (3): 729-747.

[37] David M. Ong. The New Timor Sea Arrangement 2001: Is Joint Development of Common Offshore Oil and Gas Deposits Mandated under International Law? [J]. The International Journal of Marine

and Coastal Law, 2002, 17 (1): 79-122.

[38] Nguyen Hong Thao. The 2002 Declaration on the Conduct of Parties in the South China Sea: A Note [J]. Ocean Development and International Law, 2003, 34 (3-4): 279-285.

[39] Ramses Amer. Assessing Sino-Vietnamese Relations through the Management of Contentious Issues [J]. Contemporary Southeast Asia, 2004, 26 (2): 320-345.

[40] Phil C. W. Chan. Acquiescence/Estoppel in International Boundary: Temple of Preab Vibear Revisited [J]. Chinese Journal of International Law, 2004, 3 (2): 421-439.

[41] James C. Hsiung. Sea Power, the Law of the Sea, and the Sino-Japanese East China Sea "Resource War" [J]. American Foreign Policy Interest, 2005, 27 (6): 513-529.

[42] Zou Keyuan. Implementing the United Nations Convention on the Law of the Sea in East Asia: Issues and Trends [J]. Singapore Year Book of International Law and Contributors, 2005, 9: 37-53.

[43] Zou Keyuan. Joint Development in the South China Sea: A New Approach [J]. The International Journal of Marine and Coastal Law, 2006, 21 (1): 83-109.

[44] Ramses Amer, Nguyen Hong Thao. Vietnam's Border Disputes: Legal and Conflict Management Dimensions [J]. Asian Yearbook of International Law, 2005-2006, 12 (1): 111-130.

[45] Leszek Buszynski, Iskandar Sazlan. Maritime Claims and Energy Cooperation in the South China Sea [J]. Contemporary Southeast Asia, 2007, 29 (1): 143-171.

[46] Clive H. Schofield. Unlocking the Seabed Resources of the Gulf of Thailand [J]. Contemporary Southeast Asia, 2007, 29 (2): 286-308.

[47] Ana E. Bastida, Adaeze Ifesi-Okoye. Cross-Border Unitization and Joint Development Agreements: An International Law

Perspective [J]. Houston Journal of International Law, 2007, 29 (2): 355-422.

[48] Mark J. Valencia. The East China Sea Dispute: Context, Claims, Issues, and Possible Solutions [J]. Asian Perspective, 2007, 31 (1): 127-167.

[49] Patricia Jimenez Kwast. Maritime Law Enforcement and the Use of Force: Reflection on the Categorisation of Forcible Action at Sea in the Light of the Guyana/Suriname Award, Journal of Conflict and Security Law, 2008, 13 (1): 49-91.

[50] Gao Jianjun. Joint Development in the East China Sea: Not an Easier Challenge than Delimitation [J]. The International Journal of Marine and Coastal Law, 2008, 23 (1): 39-75.

[51] Reinhard Drifte. From "Sea of Confrontation" to "Sea of Peace, Cooperation and Friendship"? ——Japan FacingChina in the East China Sea, Japan Aktuell, 2008, 3: 27-51.

[52] Suk Kyoon Kim. Understanding Maritime Disputes in Northeast Asia: Issues and Nature [J]. The International Journal of Maritime and Coast Law, 2008, 23: 213-247.

[53] Kung-Wing Au. The East China Sea Issue: Japan-China Talks for Oil and Gas [J]. East Asia, 2008, 25: 223-241.

[54] Coalter G. Lathrop. Sovereignty over Pedra Branca/Pulau Batu Puteh, Middle Rocks and South Ledge (Malaysia/Singapore) [J]. The American Journal of International Law, 2008, 102: 828-834.

[55] Nguyen Hong Thao, Ramses Amer. A New Legal Arrangement for the South China Sea? [J]. Ocean Development & International Law, 2009, 40 (4): 333-349.

[56] Asri Salleh, Che Hamdan Che Mohd Razali and Kamaruzaman Jusoff. Malaysia's Policy towards Its 1963-2008 Territorial Disputes [J]. Journal of Law and Conflict Resolution, 2009, 1 (5): 107-116.

[57] Gao Jianjun. A Note on the 2008 Cooperation Consensus between China and Japan in the East China Sea [J]. Ocean Development and InternationalLaw, 2009, 40 (3): 291-303.

[58] Reinhard Drifte. Territorial Conflicts in the East China Sea—From Missed Opportunities to Negotiation Stalemate [J/OL]. http://www.japanfocus.org/-Reinhard-Drifte/3156/article.html, 2009-05-25.

[59] Sam Bateman, Clive Schofield. Outer Shelf Claims in The South China Sea: New Dimension to Old Disputes [J/OL]. http://www.rsis.edu.sg/wp-content/uploads/2014/07/CO09065.pdf, 2009-07-01.

[60] Clive H. Schofield. Blurring the Lines: Maritime Joint Development and the Cooperative Management of Ocean Resources, Issues in Legal Scholarship, 2009, 8 (1): 1-27.

[61] Ted L. Mc Dorman. The South China Sea after 2009: Clarity of Claims and Enhanced Prospects for Regional Cooperation? [J]. Ocean Year Book, 2010, 24 (1): 507-535.

[62] M. Shah Alam, Abdullah Al Faruque. The Problem of Delimitation of Bangladesh's Maritime Boundaries with India and Myanmar Prospect for a Solution [J]. The International Journal of Marine and Coastal Law, 2010, 25 (3): 405-423.

[63] Wojciech Burek. Modus Vivendi [J/OL]. http://iras.lib.whu.edu.cn: 8080/rwt/MPEPIL/http/N7ZGT5BPN74YA5DBP6YGG55N/view/10.1093/law: epil/9780199231690/law-9780199231690-e964? rskey = GWQvhr&result = 1&prd = EPIL, 2011-04.

[64] Sir Michael Wood, Omri Sender. State Practice [J/OL]. http://iras.lib.whu.edu.cn: 8080/rwt/MPEPIL/http/N7ZGT5BPN74YA5DBP6YGG55N/view/10.1093/law: epil/9780199231690/law-9780199231690-e1107? rskey = LzNcm8&result = 1&prd = EPIL, 2017-01.

[65] Alice Ruzza. The Falkland Islands and the UK v. Argentina Oil Dispute: Which Legal Regime? [J]. Goettingen Journal of International Law, 2011, 3 (1): 71-99.

[66] Xinjun Zhang. Why the 2008 Sino-Japanese Consensus on the East Sea Has Stalled: Good Faith and Reciprocity in Interim Measures Pending a Maritime Boundary Delimitation [J]. Ocean Developmentand International Law, 2011, 42 (1-2): 53-65.

[67] Zou Keyuan. China's U-Shaped Line in the South China Sea Revisited [J]. Ocean Development & International Law, 2012, 43 (1): 18-34.

[68] Suk Kyoon Kim. China and Japan Maritime Disputes in the East China Sea: A Note on Recent Developments [J]. Ocean Development and International Law, 2012, 43 (3): 296-308.

[69] Seokwoo Lee, Young Kil Park. Maritime Delimitation and Joint Resources Development in the East China Sea [J/OL]. https: //www. law. berkeley. edu/files/Lee-Park-final. pdf, 2012-05.

[70] M. Taylor Fravel. Xi Jinping's Overlooked Revelation on China's Maritime Disputes [J/OL]. http: //thediplomat. com/2013/08/xi-jinpings-overlooked-revelation-on-chinas-maritime-disputes/?allpages=yes, 2013-08-15.

[71] Paul Michael Blyschak. Offshore Oil and Gas Projects amid Maritime Border Disputes: Applicable Law [J]. The Journal of World Energy Law and Business, 2013, 6 (3): 210-233.

[72] Leonardo Bernard. Prospect for the Joint Development of Hydrocarbon Resources in the South China Sea [J/OL]. http: //cil. nus. edu. sg/wp/wp-content/uploads/2013/08/Bernard-ASPI-Draft-6-Aug-2013-Prospect-for-Joint-Development-in-the-SCS. pdf, 2013-08.

[73] Yann-Huei Song, Stein TØnnesson. The Impact of the Law of the Sea Convention on Conflict and Conflict Management in the South China Sea [J]. Ocean Development and International Law, 2013,

44（3）：235-269.

[74] Ramses Amer. China, Vietnam, and the South China Sea: Disputes and Dispute Management [J]. Ocean Development and International Law, 2014, 45（1）：17-40.

[75] Joseph Y. S. Cheng, Stephanie Paladini. China's Ocean Development Strategy and Its Handling of the Territorial Conflicts in the South China Sea [J]. Philippine Political Science Journal, 2014, 35（2）：185-202.

[76] Car Thayer. Isa Philippine-Vietnam Alliance in the Making? [J/OL]. http：//thediplomat.com/2014/03/is-a-philippine-vietnam-alliance-in-the-making/, 2014-03-28.

[77] J. Ashley Roach. Today's Customary International Law of the Sea [J]. Ocean Development & International Law, 2014, 45（3）：239-259.

[78] Yoshifumi Tanaka. Unilateral Exploration and Exploitation of Natural Resources in Disputed Areas: A Note on the Ghana/Côte d'IvoireOrder of 25 April 2015 before the Special Chamber of ITLOS [J]. Ocean Development & International Law, 2015, 46（4）：315-330.

[79] Abhimanyu George Jain. Maritime Disputes (Peru v. Chile) [J]. The American Journal of International Law, 2015, 109（2）：379-386.

[80] Car Thayer. The Philippines and Vietnam Forge a Strategic Partnership [J/OL]. http：//thediplomat.com/2015/03/the-philippines-and-vietnam-forge-a-strategic-partnership/, 2015-03-10.

（三）报纸

[1] 王羽．别想借“准则”算计中国［N］. 人民日报海外版，2013-09-16（1）.

[2] 中越欲通过外交缓和关系［N］. 参考消息，2014-10-28（16）.

[3] 中日重启“海上联络机制”磋商［N］. 参考消息，2015-01-12（16）.
[4] 中韩今天开谈海洋划界［N］. 环球时报，2015-01-29（3）.
[5] 菲“无限期中止”礼乐滩油气钻探［N］. 参考消息，2015-03-04（16）.
[6] 中越强调共同管控海上分歧［N］. 参考消息，2015-04-09（1）.
[7] 苏晓辉. 中国与南海争议方有能力管控分歧［N］. 人民日报海外版，2015-04-10（1）.
[8] 圭委两国领海争端升级［N］. 参考消息，2015-06-08（3）.
[9] 国际能源署警告油价或再下跌［N］. 参考消息，2015-07-12（4）.
[10] 全球油价跌至六年新低［N］. 参考消息，2015-08-21（4）.
[11] 中日高官闭门磋商海上争端［N］. 参考消息，2015-12-09（16）.
[12] 油价跌至近7年来最低点［N］. 参考消息，2015-12-09（4）.
[13] 中韩海域划界谈判“困难而漫长”［N］. 参考消息，2015-12-25（16）.
[14] 中越首度开通防长热线［N］. 参考消息，2016-01-01（16）.

后　　记

本书是以自己的博士毕业论文为基础，进行了部分的增删。增加了2016年之后相关的国际司法实践和学术动态，删除了博士毕业论文中考虑欠妥的内容。非常感谢自己的导师——杨泽伟教授对于本书出版的资助。他的资助对我而言不仅是一种莫大的支持，更是一种鞭策，促使我在毕业一年多之后重新审视自己的博士毕业论文。在此过程中，我既否定了自己当初的部分观点，同样也坚持和强化了自己的许多观点。在不断修改的过程中，我也逐渐意识到了这件工作的意义所在。它不仅仅是我学术生涯的第一本专著，更是让我懂得要不断地反思和总结自己之前的工作。同时，我要感谢我的爱人——任纳对我一如既往的支持。当时正值我借调北京期间，而且结婚不到一年，她常常只身一人往返于北京与武汉之间。正是由于她无微不至的关怀，我才能安心地利用零散时间完成这项工作。争议海域的油气资源问题是一个复杂的问题，它的解决需要集众多学者之智慧。本书仅就争议海域内单方面石油活动做一个初步的研究，至于其他问题，本人将会持续跟进。如果读者在阅读本书后，存有不同观点，还请不吝赐教。

董世杰

2018年11月18日